U0058392

Money錢

Money錢

Money錢

Money錢

Money錢 2017修訂版

技術分析定法交易 掌握操作致富密碼

抓住線圖 股民變股神

朱家泓 著

目錄

自序1：
我的經驗談①：相信技術分析 你也能成為股神！........... 006

自序2：
我的經驗談②：要成為股市贏家 須做到4個「一定」...... 010

自序3：
我的經驗談③：股民要變股神 3大功夫缺一不可 017

第1篇▶ 改變觀念 改變自己

第1章：
一切由心造 內在成功 外在才會成功 024

第2章：
改變自己 才能改變股票賠錢的命運 033

第3章：
面對9種市場現象 你該有的投資思維 051

第4章：
會賣股票才是師傅 抓住停利點的12個關鍵.................... 055

第5章：
把技術分析當信仰 可以實現你的夢想 059

第6章：
股市賺錢的最高心法：等、確認、集中火力、學到做到 067

Contents

第2篇 ▸ 錢進股市的前置備戰作業

第1章：
想靠股票致富 進場前你必須做好的準備........................086

第2章：
我這樣展開股市公務員的一天..097

第3篇 ▸ 4大技術分析的進階應用

第1章：
波浪型態進階研究①：多頭、空頭及盤整圖形、買賣位置...102

第2章：
波浪型態進階研究②：底部及頭部的重要反轉型態..........115

第3章：
波浪型態進階研究③：從圖形看出股票上漲強弱度..........124

第4章：
波浪型態進階研究④：用週線控管依日線進場的風險.......133

第5章：
波浪型態進階研究⑤：抓住急漲末端最佳賣點的方法......139

第6章：
K線賺錢密碼①：合併兩條K線的做法及判斷方法............143

目錄

第7章：
K線賺錢密碼②：8個K線攻擊及下殺訊號 150

第8章：
K線賺錢密碼③：判斷長紅K線、長黑K線的祕訣............. 155

第9章：
移動平均線的進階應用：均線交叉及糾結的操作重點....... 165

第10章：
趨勢線的進階應用：找買點、空點、目標價及看強弱 175

第11章：
價量關係的進階應用：高檔暴大量的因應策略 186

第4篇 ▶ 抓住線圖的長短線操作戰法

第1章：
定法才能定心 定心才能執法...................................... 196

第2章：
長線波段操作是成為巨富的祕訣 207

第3章：
長波段操作戰法①：20週均線交易法 210

第4章：
長波段操作戰法②：5週均線＋12週均線交易法 225

第5章：
長短皆宜的順勢操作波浪型態戰法 234

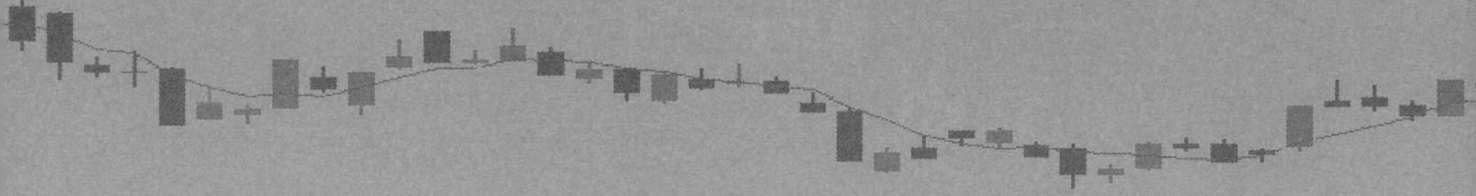

Contents

第6章：

輕鬆就能賺 智慧K線戰法 245

第7章：

一線定江山 簡易的一條均線戰法 254

第8章：

穩健獲利密技 三條均線戰法 261

第9章：

一年賺1倍獲利方法：股票獲利目標管理 266

第10章：

認清短線操作的優勢及必備的條件 271

第11章：

獲利目標達成利器①：短線攻擊的二條均線戰法 276

第12章：

獲利目標達成利器②：短期賺高報酬的飆股戰法 287

第13章：

財神就在眼前 聰明的續勢戰法 301

第14章：

搶反彈及放空密技：V形、倒V形反轉操作戰法 312

我的經驗談❶

相信技術分析
你也能成為股神！

我，當了22年的股市菜鳥，在57歲的年紀才開始學技術分析，歷經3年克服人性弱點，在60歲時加倍收割，2009年、2010年股市操作每年獲利都能達到1倍的目標。

當不少投資人才剛擺脫2008年金融海嘯陰霾，卻又在2011年歐債風暴再次被燙傷時，我因為篤信技術分析會領先基本面，得以躲過歐債風暴。

相信技術分析要像信「神」一樣！回想台股自2011年2月8日高點9220點開始連4天出現長黑日K線，讓我看到大盤多頭行情結束的徵兆；2011年6月10日，台股技術線型呈現三重頂頭部型態，令我再次確認多頭行情已經結束，因而得以及早降低手上的持股部位到最低，避免虧損，並且反多為空，跟著趨勢操作獲利。

現在，來上我講授技術分析課的同學，場場爆滿，連走道上都排滿座位，擠得水洩不通；有人甚至從美國特地請長假回來上課，有人則每周從台中、桃園坐高鐵來上課；即使是技術分析基礎課程，有人一上就是2遍、3遍，甚至5遍以上，希望能邁向股票操作的致富之路。

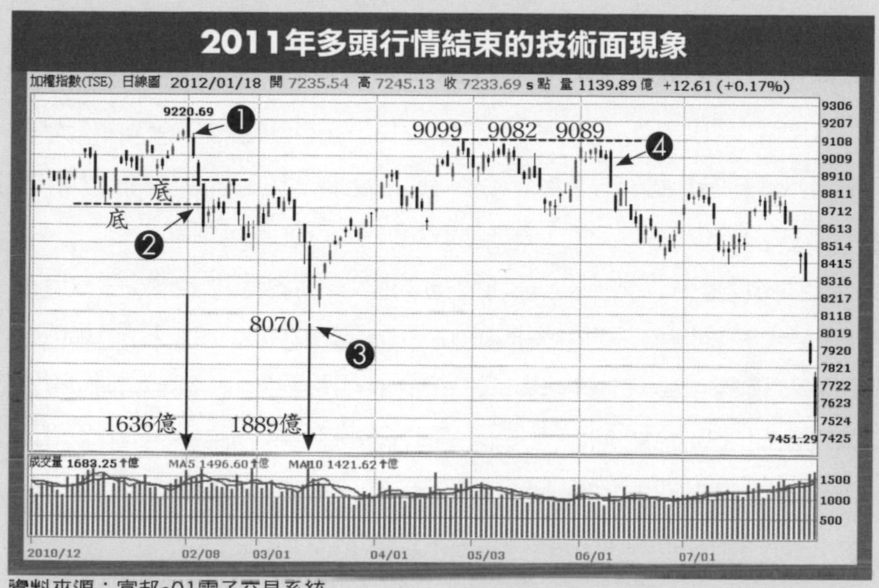

資料來源：富邦e01電子交易系統

▲上圖說明：

❶ 2011年2月8日大盤出現1636億元大量，加權指數創下9220點新高，收盤為下跌的長黑K線，是高檔轉折的訊號。

❷ 自2011年2月8日起，出現連續下跌4天長黑K線，跌破前面兩個底，是高檔吞噬的頭部型態。

❸ 之後大盤出現「頭頭低」下跌的局面，跌到2011年3月15日的8070點，共下跌1150點。

❹ 在2011年4月至6月反彈到高點，出現9099點、9082點、9089點的三重頂頭部型態，自2011年6月10日當天的長黑K線起，開始長達半年的下跌走勢，後來跌到2011年12月19日的6609點，一共下跌2228點。

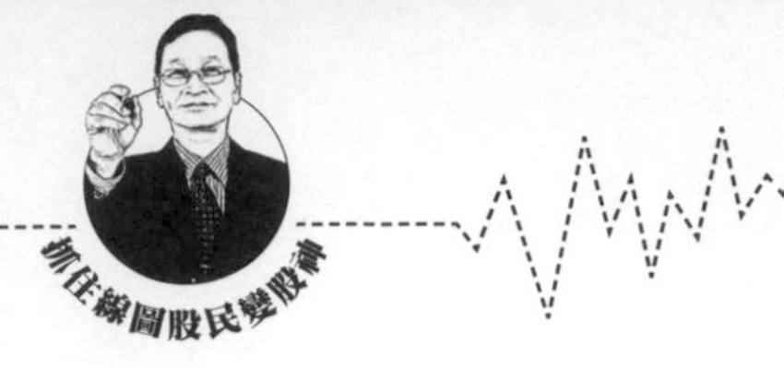

不想再一直賠錢 深刻反省自己賠錢原因

不過，在我過去27年的股市生涯中，前面的22年就如同大多數賠錢的股市朋友一樣，始終在追逐賺錢的方法，而忽略了「定心」的修養，因此，總是賺少賠多、賺多賠更多。

直到6年前，我徹底覺悟到以前的股票投資觀念及做法一定不對，否則為什麼一直在失敗的路上輪迴？因此，我下定決心一切從零開始，毅然決然結束自軍中退休後獨自經營13年的印刷禮品公司，同時，到好友李大哥介紹的教室上課，一切從頭自技術分析的根基開始學起，經過整整一年的全心投入學習，終於能夠「跳出海面」，看清市場的波浪走向。

離開教室後，因緣際會遇到「李大師」，聆聽他兩年的教導，學習他操作股票的風範。記得有一次，他說，如果自己操作錯誤賠錢，要站在電腦面前（現在都是用電腦下單）向圖形鞠躬認錯，並且檢討自己錯在哪裡？是該停損沒有停損？該買進沒有買進？該賣出沒有賣出？該等待沒有等待？還是該休息沒有休息？

下苦功夫抓住線圖 建立贏家必備習慣

對於上過的技術分析課程內容，我記得教導過我的老師所說的每一句話，同時自己慢慢建立了贏家必備的習慣。

就像影印一樣，我都把所學的技術分析圖形深深地複製在腦海裡，同時進行圖形練習，台股的10年日線圖，每根K線，我都一根一根看，至少看過2遍以上；我會把各種多頭、空頭、盤底、頭部型態圖，全部背起來，背到不會忘記為止；而且，我養成了每天寫股票日記的習慣，藉此持續掌握盤勢的感覺，再以技術分析為主軸，搭配基本面及題材面，進一步形成決策來操作股票。

除了用上述的做法抓住線圖，我還搭配固定資金操作的安全投資措施，每年以賺1倍為目標，雖然2011年股市因歐債風暴關係，在股票操作的獲利不及1倍，但所採取的多空雙向操作策略，也讓我擁有約有4成的獲利。

現在，除了每天該做的功課之外，晚上就寢上床之前，我都會坐在床邊，直立背脊，全身放鬆，兩手輕放在雙腿上面，輕閉雙眼，慢慢的、均勻的呼吸，讓一天忙亂的思緒沉澱下來，讓自己能夠回復原始的無我，用平靜的心結束今天，用平靜的心入夢，用平靜的心迎接明天。

每天，我都用感恩的心面對股市，為自己的努力付出鼓掌，我堅信「天助自助者」，當你下定決心去做時，你會發現，前面一直有路可以走下去，只要持續努力，幫助你的貴人也會出現，相信自己，你就會看到奇蹟！

我的經驗談❷

要成為股市贏家須做到4個「一定」

最近有位年近60歲從美國回來的朋友問我，他從來沒有做過股票，現在想學，他問我可以嗎？

我告訴他，當然可以！學習股票沒有年齡限制，沒有性別限制，沒有學歷限制，沒有貧富限制，沒有職業限制，任何人都可以學，有些人反應快，吸收快，用功的時間比較多，比較快學懂技術分析。有些人可能學習比較慢，但是多學幾遍，一樣可以學會。

一些投資朋友學了一大堆的理論、技術分析、指標、財務報表、操作戰法，可是操作績效卻始終不理想，檢討其中原因是，學到，但是沒有做到。

由學習到使用，由使用到熟練，由熟練到精通，由精通到爐火純青，這些進階的過程都要付出努力和堅持，學習只是開始的第一步而已，在往後的股市路上，不要忘記自己所學的東西，把知識融入操作之中，才能真正發揮知識的力量。

我們經常聽到或讀到股市前輩告訴我們要守紀律，紀律是我們學到的知識及經驗，然後有系統的整理出一些股市進出場的條件，依據這些規則，能夠讓我們在操作股票時不會雜亂無章、摸不到頭緒，不會受到一時情緒反應的影響，能夠嚴格遵守紀律，就是學到做到的最佳表現。

操作要有定法及心法 投資股票才能致勝

許多投資人長期學習技術分析，尋找致勝操作方法，可是一直浮浮沉沉股海之中，無法掌握到賺錢的訣竅，所以覺得在股市中沒有陣亡就萬幸，要賺錢難若登天，其實，問題是出在你那顆「不安定的心」。為什麼你的心無法安定？只因你一直身陷在股海當中，如果不能「跳出海面」，站在雲端高點綜觀全局，如何能看清前波後浪的起起伏伏？

2012年12月31日星期六上午，我到「飆股學堂」授課，當天是歲末最後一天，報紙大幅報導「2011年買台股 每人賠掉57萬元」，我問同學是否有人賠這麼多，結果真的有學員舉手，我請他們自己說明原因，大多是沒有遵照技術分析的方法去買賣，不是進場位置不對，就是方向不對，或是沒有立刻停損。總之，就是操作沒有定法。

如果，你以往操作股票一直賠錢，當然是有一些操作觀念錯誤、操作方法不對、操作紀律沒有遵守執行的結果，想要成為贏家，必須自己經過徹底的檢討改進，才有可能達成夢想。

股票市場要能夠長期穩定獲利，是需要長期的自我訓練及自我約束的，說得更明白一些，能否成為股市贏家，一切關鍵在你自己。

任何事業要成功，都要經過許多的考驗，投入股票市場也不

例外，除了基本的專業知識之外，還要具備超高的EQ管理能力，同時還要具備比常人更強的自制力與堅持力，具體歸納必須做到下面4個「一定」：

一定要「充分學習」

我有位學生，從未學過任何股票的知識，一開始就投入3000萬元買股票，沒多久就賠掉500萬元，這時他才驚覺到股票不是想像那樣容易賺錢，經由朋友介紹到我講授技術分析的教室上課，他從最基本的技術分析學習，並且認真閱讀各種有關股票投資的書籍。

經過一年的努力，現在，他已能掌握大盤及個股走勢方向，也懂得運用技術分析作為操作依據，不再憑空去猜測，雖然，他目前還不能賺大錢，但是已經知道控制投資風險，選出強勢股順勢操作，並建立了自己的操作模式，一步一步向贏家的目標邁進。

想要成為股市贏家，你要學習以下的專業知識：

1. 看懂圖形走勢方向的能力，能夠研判大盤、個股的走勢，在選股操作不會做錯方向而蒙受重大損失。
2. 技術分析中的K線、均線、趨勢線、成交量要徹底學通，並且要能綜合應用。
3. 學習一些適合自己使用的技術指標，例如擺盪指標MACD、相對強弱指標RSI、隨機指標KD等等，以輔助走勢的研判。
4. 要學習看公司的基本面、財務報表、籌碼的流向及公司產業的國際現況。

一定要「有自己操作的模式」

有次在技術分析基礎班的最後一堂課，中場休息時，一位同學跟我說：「老師，今天是最後一堂課，我一定要把我的故事說給你聽。」他說，在十多年前，他拿了一千萬元給一位高手操盤，開始時，每月都有分到20萬元、30萬元的獲利，他的日子因此過得很愜意，常常遊山玩水、出國旅遊，直到半年之後，這個股票帳戶開始出現虧損，最後甚至全部賠光，從此他的人生由彩色變黑白，他也不再相信讓別人操盤這回事，現在，他立志要自己學會之後再進場。

其實，這種拿錢給別人操作股票的例子實在太多，但是大多數結局往往都一樣慘賠，只有自己學會自己的操作模式，主動權掌握在自己手中，才能控制風險，贏得利潤。

有了專業知識，並不表示在股票市場一定能夠賺錢，股票技術分析的專業知識好比在商學院學的經濟學、財務學、國際貿易等商業知識；股票市場就是社會的商業行為，千變萬化，看似傳統但又不斷創新，要用學校學的知識到社會去成功應用，還要經驗的磨練，才可能成功。

學習股票專業知識並不難，認真用功學習，大概6個月可以學完，學會後能夠學以致用，就要經過市場經驗的歷練，後面成敗的關鍵，其實就是操作。

操作的第一步要找到自己的方法，剛開始先參考別人的操作

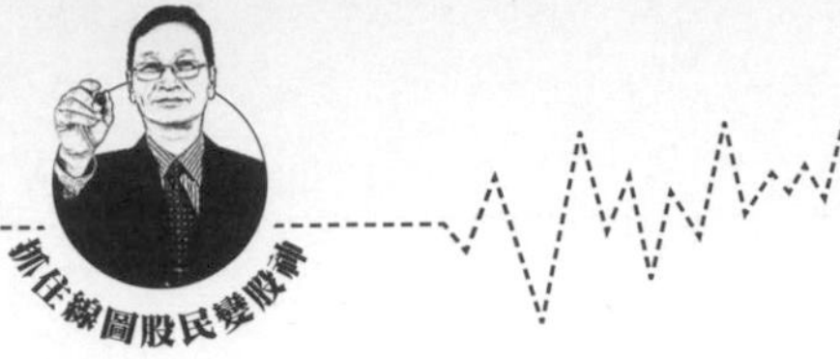

方式，例如有人用長線波段操作，獲利論倍計算，他的方法如何？有人用短線進出，累積獲利也很驚人，他又是如何操作的？有人當沖獲利，每天結算，一樣獲利，他的方法又是如何？股票市場高手如雲，個個武功不同，但是目的相同，都是要在股市獲利。

既然你要闖蕩股市，光有基本馬步功，是不夠的，縱使是「一招半式闖江湖」，還是得有一招半式才行，股市朋友必須依照自己的個性、自己擁有的資源環境、自己能夠運用的時間多寡，選擇一種方式，擬定一些交易進出的條件及規則，開始投入小量資金，測試自己的方法成效如何？缺點在哪裡？用什麼方法改進可以提高勝率？經過實際交易的經驗，檢討精進，最終擁有一套自己固定的操作模式，才能達到穩定獲利的境界，也才能夠長久經營股市事業。

一定要「修心養性」

在股票市場有操作經驗的人都知道，股票操作是一種很奇特的瞬間心理反應，經常會發生不由自主的衝動或恐懼。

例如，昨天信心滿滿的買進一檔看好的股票，今天開盤就下跌，心裡馬上就開始產生與昨日不同的想法；如果再往下跌一些，想法更悲觀，開始對這檔股票信心動搖，恐懼的陰影開始出現，心想是不是買錯了，要不要賣掉；沒一會兒，股價開始往上漲，逐漸到平盤，心裡的想法又開始改變，心想還好沒賣，自己昨天的判斷果然沒錯，結果一整天心情都在隨著股價的上上下下浮動，無法安定下來。

有人說股市即道場，修行不夠的人是無法在股市立足的。股價上下波動是常態，如果自己的情緒不能穩定，那麼有再好的技術分析能力，再多的資金，學再多的操作方法，也是枉然。因為，市場中的主力大戶洞悉人性弱點，利用放假消息、拉高殺低等等各種手段方法，讓散戶貪婪或恐懼而操作自亂陣腳。

保持身心的平衡，對一個專業的股市操盤手是非常重要的。一個人如果生活上不能保持最佳狀態，往往在股市中會犯下嚴重的錯誤，股市操盤本來就存在不小的壓力（說沒壓力是騙人的），而且經營股市要投入的時間、精力、金錢，絕不會比投入其他事業要少，要成為成功的操盤手，必須先要具備超人的EQ，否則在安靜無聲、殺人不見血的市場中根本無法存活。

一定要「堅持到底」

和我在同一教室中講授技術分析的王老師，即使擁有18年的業內資歷及操作經驗，她每天在收盤後，都要花好幾個小時研判大盤盤勢、分析個股、填入資料、手畫日K線，如此堅持的努力，才能掌握股市脈動，永遠領先大盤。

股票市場的經驗要經過長期的累積，堅持的行為能夠產生習慣，習慣的力量可以創造奇蹟，這正是看圖千萬遍，方向自然現，心中無雜念，自然見如來。

成功的過程要堅持「學中行、行中修、修中悟、悟中覺。」

投資自己從學習開始，再把學的東西到市場執行印證，從每

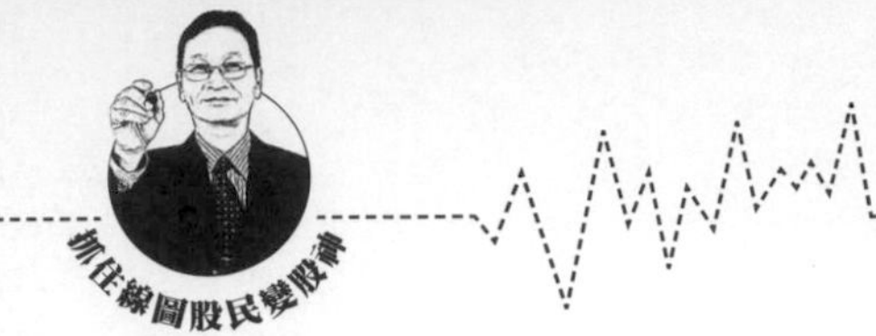

次操中去做檢討修正，不斷的檢討、修正產生無數次的體悟，直到找到自己的固定操作模式，遵守自己訂定的交易規則，發揮簡單的力量，最終會覺醒悟透股市漲跌的循環，自有一定可以遵循的道路。

在股市，我跟大家一樣被歸類為「一般投資人」，或者稱為「散戶」，是市場人數最多的最下層，上面有主力大戶、公司董事、法人、自營商、基金經理人、政府基金、外資、中資、金融巨鱷……這些人，大家的目的都一樣為賺錢。

試問，你的財力比他們多嗎？你的消息比他們快嗎？你的操盤功夫比他們好嗎？你有研究團隊嗎？如果以上都沒有，那你憑什麼可以到股市來賺錢？上面的4個「一定」，就是我們要進入股市之前的認知，只要你有心，學習技術分析方法，改變投資股市的失敗習慣，克服貪婪與恐懼，一樣能夠達到股海撈金的美夢。

我的經驗談❸

股民要變股神 3大功夫缺一不可

「市場為師、贏家為範、超越自己、追求卓越」，股票市場中沒有專家，只有輸家和贏家，許多人終其一生在追求名師指導，其實，股票市場的老師只有一個，那就是股票市場，所有想戰勝大盤的技巧，都必須通過市場的考驗。

沒有人能對抗市場趨勢

要成為長期贏家，技術分析、基本分析都是必備的工夫，應用這些基本功夫到市場去學習賺賠的道理，股票市場是個很公平的老師，無論皇親國戚還是平民百姓，只要進到市場就要遵從市場，即使你是號令千軍萬馬的將軍，也無法指揮股市的趨勢方向。

即使是富甲一方的華倫·巴菲特也說：「我也不能對抗趨勢」，股市才是所有投資人的老師。

一定要向贏家學習

股市中有一句話說：「股票市場是有錢人買經驗，有經驗的人賺錢的地方。」這句話清楚的說明，股市經驗才是最可貴的賺錢利器，因此，聰明的投資人要多接觸股票市場的贏家。除了學習基本功之外，最重要的就是吸收他的操作經驗，這樣可以避免自己再走一趟失敗的經驗之旅，不但節省時間，更節省在市場大量買經驗的錢。

人生有3件憾事，一是遇良師不學，二是遇良友不交，三是遇良機不握。想要成為股市贏家，你要以贏家為範，學習他贏的方法，以贏家為友，學習他贏的風範。

真正的敵人是自己

股票市場真正的敵人不是千變萬化無法捉摸的大盤，也不是奸詐黑心的主力大戶，而是你自己！

要從輸家變成贏家，問題的關鍵是「你能否改變自己」，如果你不做任何的改變，你永遠還是原來的你，當你開始做改變，並且以超越自己為進步的動力，有恆心有毅力的堅持去做，才能成為贏家。

想要成為股市長期贏家，在市場交易行為上大致要符合以下4項原則：

1. **長期贏家一定「順勢而為」**：天大地大，趨勢最大，市場第一。要能維持長期賺錢，一定要順著市場的方向去做，與市場做對，絕對討不到便宜。順勢而為，就好比順水划船，輕輕鬆鬆就能獲利。古今中外的股市交易高手哪一個不是多頭時做多、空頭時做空、盤整時休息？如此才能持盈保泰、避開風險。

當然，看出市場的方向是最基本的功夫，難在明知多頭而能忍住一時回檔不去放空，或是雖在高檔但行情並未反轉而想放空的心理。

2. **長期贏家一定「嚴守紀律」**：守紀律是唯一對付市場千變萬化難以捉摸的方法，世間有很多賺錢的交易規則或是交易程式，重點不是這些方法有多完美，而是操作時能否百分之百的做到，這些規則當然包括避開風險的停損機制。
3. **長期贏家一定「不停的進步，不停的檢討改進」**：吸收新知是長期贏家必備的條件，股市也像其他行業一樣，隨著時空的前進而有不同的面貌，要能長久立足，必須時時保持在最佳狀態。
4. **要長期賺到大錢**：除了恪守上面3項原則，還要抓住波段的機會順勢操作，完成數倍的獲利，有計畫的做好資金管理，低調，謙虛，獨自操作，禪修心境，自然就能成為股市的常青樹、不倒翁。

股票高手必備的絕學

要成為頂尖高手，「技術分析基本功」、「定法交易獨門功」、「恪遵紀律無我功」，此三大股市絕學缺一不可。

其中的「技術分析基本功」，我在《抓住飆股輕鬆賺》一書中有關技術分析中的「四大金剛」有詳細解說，讀者可以在此一基礎上，繼續增進其他技術指標的知識。

在本書中，針對「定法交易獨門功」，我特別在本書為讀者

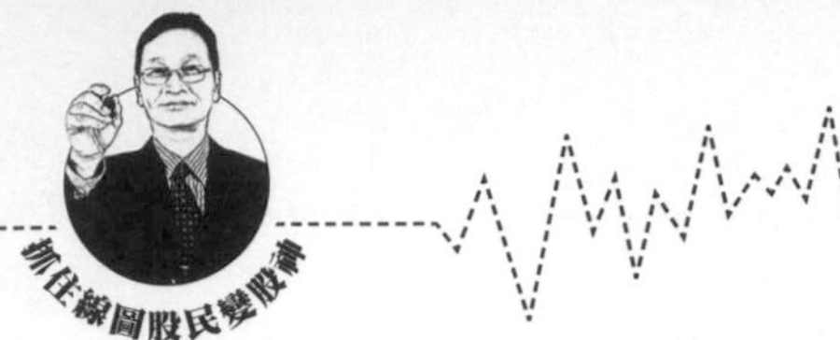

提供長線波段賺倍數的方法、智慧K線戰法、目標管理短線攻擊戰法、飆股戰法、均線戰法、守株待兔續勢戰法、V 形反轉戰法。這些定法的交易方法各有其特性，讀者詳讀透徹瞭解後，選擇認為適合自己的方法去交易，假以時日，必能輕鬆掌握每次的賺錢機會。

至於「恪遵紀律無我功」，其實是心法的上乘表現，本書中不厭其煩把各種正確觀念一一分別詳述，無非希望讀者在貫通所有觀念之後醒悟，股市中唯有「放棄自我，只有紀律」才能真正改變賠錢的命運。

最後，感謝《抓住飆股輕鬆賺》一書讀者的鼓勵，也感謝讀者購買這本書，我把自己在股市27年的經驗，有系統的歸納成4個單元，盡量用淺顯易懂的文字及圖例說明舉例，當你閱讀完後，我相信對你操作股票一定會有很多的幫助，希望你有如獲至寶的感覺，進而體悟出股票賺錢的道理，這是我寫這本書的原動力。

我，在57歲才覺悟開始學技術分析，60歲終於得償所願，以每年獲利1倍為目標，只要你願意，只要你下定決心，你也可以把夢想變成真實！

Yes，You Can！

2012年3月

自序3

- 把技術分析當信仰
- 把順從趨勢當信念
- 把交易規則當信條
- 把紀律操作當信守

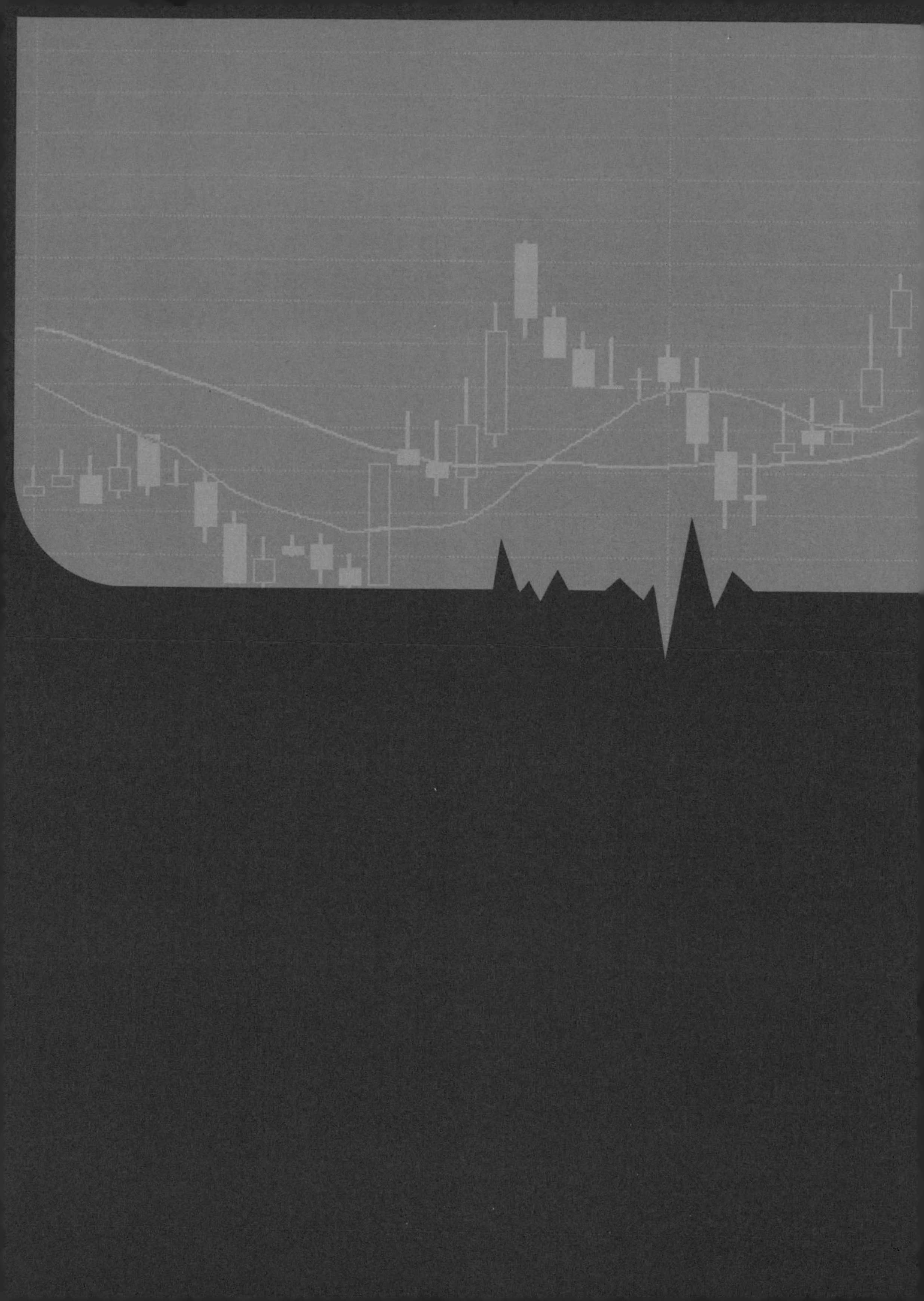

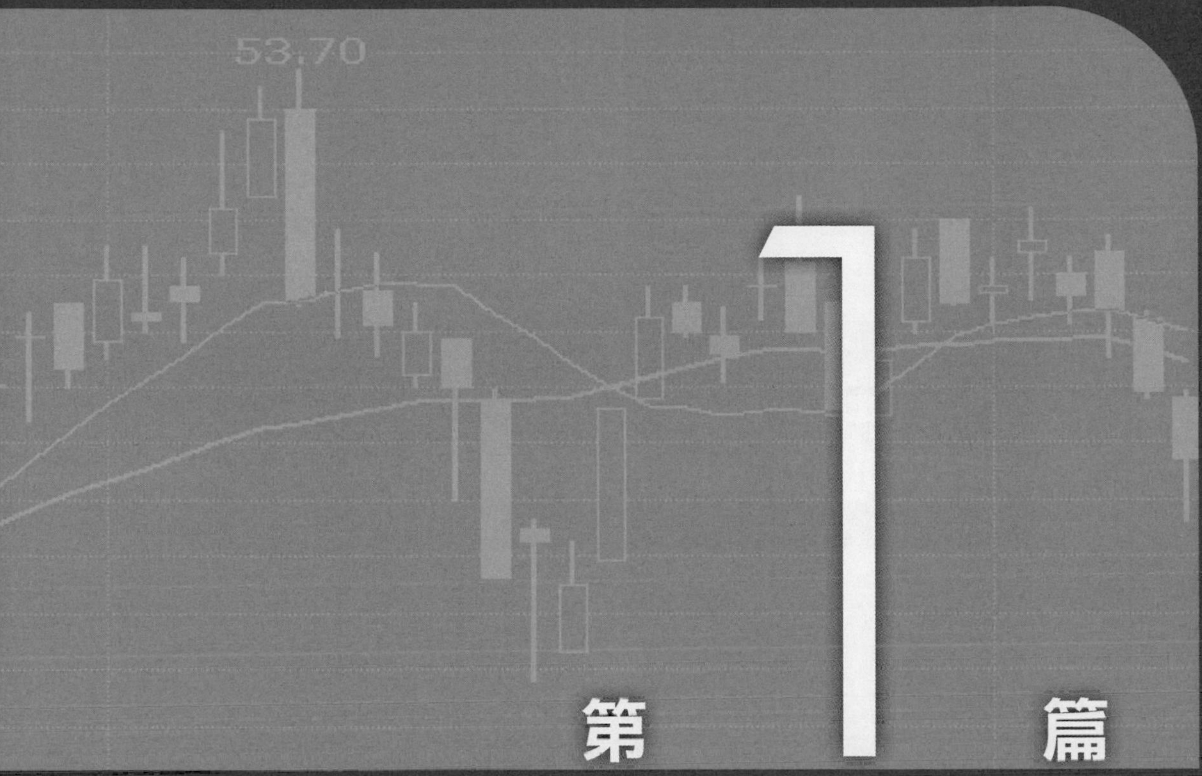

第 1 篇

改變觀念 改變自己

不能改變自己，就無法改變任何事，包括想要在股市賺錢。

觀念改變，行動就會改變，行動改變，結果就會不同。

要改變在股市中賠錢的命運，唯有向趨勢低頭，謙虛接受走勢圖所呈現的語言，信任它，執行它。

第1章 一切由心造 內在成功 外在才會成功

在2007年7月，大洋（1321）這檔股票當時股價約28元，許多人說大洋的中和舊廠要遷移，該土地在中和好市多的旁邊，以市價來說，股價應該有100元價值，可以把退休金或資金投入，後半輩子生活都不必愁了，當時網路上可以看到大洋中和的廠房及周遭環境影片，證明所言不假，許多投資人因此紛紛買進，結果股價漲到33元之後就一路下跌，最低跌到8.05元，5年多來，截至2012年2月底股價還在22.5元，基本面騙了一大堆人的感情，買進後死抱活抱。

上面大洋的例子，就理論數據來說，並沒有騙投資人，股票市場是企業向投資大眾集資的市場，正常來看，一家有資產的公司，土地價值的確誘人，但是土地不去變現，永遠只是帳面上的數字，投資人並不會分到紅利，市場卻經常拿資產題材來炒股價。

同樣的道理，國泰金控、三商銀的土地資產傲視所有電子科技公司，但是股價如何？各位想一想就知道，好的基本面，並不能讓你一定能夠賺到錢。

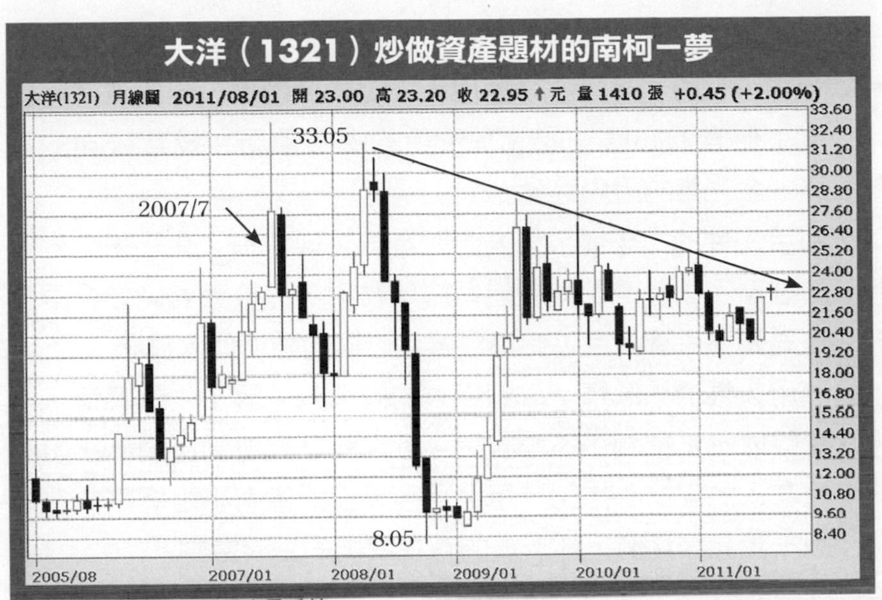

資料來源：富邦e01電子交易系統

事實上，股票市場並不是如此單純，這個開放的金融交易市場充滿了豺狼虎豹，不但有主力大戶、還有公司董監事、投信基金、自營商、政府基金、外資、中資……，試問，這些大咖拿著大筆金錢投入股市，真的都是要長期投資績優的公司嗎？他們進入股票市場的目的和一般散戶一樣，要在市場賺錢。因此，常看到外資上週大買台積電5萬張，這星期大賣台積電4萬張，就不足為奇了。

利用人性的高明騙術

現今社會上有許多詐騙集團，專門騙取錢財，他們的招式千變萬化，讓人防不勝防，但是萬變不離其宗，騙人的方法不外

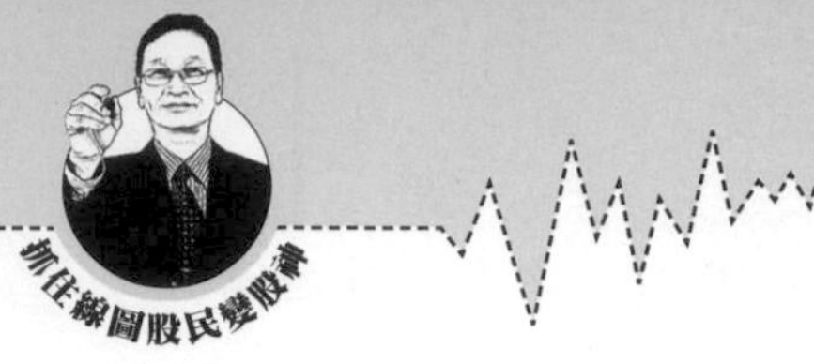

乎以下3種：

1. **利用人性的「貪婪」**：利用人性想不勞而獲、一夜致富、愛貪小便宜的心態，因此有所謂的中獎騙局、投資公司的騙局、金光黨的騙局等。
2. **利用人性的「恐懼」**：人們因為一時的害怕，往往失去理智的判斷，因此，歹徒製造假綁票勒索，假檢查官說你帳戶觸法要轉移保管帳戶，假傳票讓人恐懼而聽從他人擺布。
3. **利用人性的「感情」**：利用人的同情心，騙子先騙感情，再騙錢財，這種例子不勝枚舉，近來報紙報導剝皮酒店小姐利用客人的同情心詐財、單身且高學歷的富家小姐網路交友被騙千萬元等實例，都真實的存在我們的生活當中。

看穿股市騙術 做好不被人詐的心理建設

在股票市場，那些大咖要炒作一檔股票，賺取散戶的錢，用的方法其實跟上面所說的一模一樣，不相信我們來看一看。

1. 主力要布局吸貨的時候，在市場上放一堆的壞消息，讓散戶因「恐懼」而不敢輕舉妄動，即使有部分的散戶不怕，而且進場買進股票，還是會被他們用「甩轎」方式下殺，嚇得一些散戶出場。外資也是一樣，研究報告說要調降某檔股票評等，嚇得投資人趕快賣出，他們卻是在買進。
   散戶要瞭解，股市的主力大戶，不論內資、外資，都是要賺你的錢，所以都是與你敵對的，怎麼可能跟你說實話。
2. 當主力大戶要倒貨的時候，就利用人性「貪婪」的心態，高檔放利多，拉抬股價，誘惑散戶進場，當你發現被騙，他們早已荷包滿滿的下車了。

3. 股市中最毒的一招就是用感情騙你，讓你對某檔股票產生感情，讓你願意終身對它不離不棄。至於如何能讓你對它死忠呢？就是把公司的基本面說得太好，而且言之有理，讓你堅信不疑。

各位想一想，許多人股票套牢不肯賣，是不是認為公司很好，總會有回本的一天，結果當年股價1105元的彰銀（2801），抱了20年，現在的土地資產也沒有減少，截至2012年2月底，股價才18元左右，真是感情用事之後，情何以堪哪！

彰銀（2801）20年月線圖

資料來源：富邦e01電子交易系統

「心」放在「股票」上，「股票」不放在「心上」。

「簡單」不代表「容易」

2011年 6月，報紙、電視都在報導陳文茜9個月成功減肥 20公斤的新聞，也陸續報導其他人士減肥成功的消息，但是有更多的人每天都說要減肥，卻始終無法達到目標。

我們看看那些減肥成功的人，他們使用的減肥方法五花八門，但是基本上來說，都是些老生常談的簡單方法，綜合起來只有8個字：「控制飲食、勤加運動」，再簡單說，只有4個字：「少吃多動」。

既然方法那麼簡單，道理每個人都清楚明白，為什麼很多人始終減肥不成功，問題是「做不到」與「做不久」。根據國外曾經做過的一項統計，每100位減肥的人中有10人達到減肥成效，而能夠維持成效達一年的只有2人，由此可知，「簡單」並不代表「容易」，「堅持」更是「困難」。

操作股票也是一樣，投資者終其一生，希望找到賺錢的方法，然而許多在股市中成功的人，早就告訴我們成功的方法，這些方法也很簡單，但是百分之九十的投資人還是賺不到錢，能夠維持長期穩定賺錢的大概也只有百分之五，原因是「知道」但是「做不到」與「做不久」。

就拿「停損」來說，每位成功的前輩都告訴我們，在股市要控制風險一定要執行「停損」，華爾街大亨傑西‧李佛摩在他對資金管理法則中特別強調：「千萬不要承擔任何一筆超出本金百分之十的損失。」這個道理清楚明白，可是在股市賠錢的朋友，許多人套牢的股票早就超過這個百分比了！

堅定毅力及自我要求 才能養成賺錢的習慣

為什麼簡單的方法做不到？因為這些簡單方法「違反人性」，人性是「好吃懶做」，減肥要「少吃多做」；股票要「停損」會賠錢出場，人性是「不願賠」，股票要「停利出場」，人性是「貪婪」，還想賺更多而不賣，要克服這些人性的弱點，只有靠堅定的毅力自我要求，每天提醒自己要做到自己訂下的規則，經歷市場大盤的洗禮，慢慢養成賺錢的習慣。

減肥成功看似容易，其實不容易，即使成功達到減重的目標，更大的挑戰才開始，那就是「維持戰果」。要維持體重，要有長久堅持的力量，如果放鬆自己設的原則，體重會說話，數字會告訴你放鬆的代價。

股票市場也是一樣，想要當長久的贏家，自然不能輕易放棄讓你賺錢的方法及那些賺錢的原則，參透以上所說的道理，離股市成功指日可待。

向高爾夫高手學習成功的操盤態度

從事股票操作是一種自我挑戰，在這個市場中，那些大戶、法人、基金操盤人，都不是你的競爭對手，你，真正的敵人是你自己。

股票操作得好不好？功力夠不夠？能不能賺錢？這些都跟其他投資人沒有什麼關係。操作股票就像打高爾夫球比賽，每位選手打自己的小球，揮桿時別人也不能干擾你，對手打得好不好，跟你沒關係，關鍵是你自己能打多少桿。

世界知名的高球選手，例如美國的老虎．伍茲、台灣的曾雅妮，他們的成功都有以下共同的特質：

1. **高球是他們的終身事業，從小就以追求高球勝利為目標：**台灣的曾雅妮，5歲開始學球，小學時首次在美國觀賞了巡迴公開賽時，她就發下豪語：「我也要參加這個比賽。」從此學球、打球、練球、參加比賽就成為她生活的全部，專注專一的奮鬥精神，17年的堅持努力，最後她終於站上世界球后的頂峰。
2. **不斷超越自己，是他們維持巔峰的原因：**每次比賽都會有失誤，每次的失誤都是再一次的經驗及檢討，每次的經驗檢討與修正，都是再一次的超越自己，追求完美是他們永遠的目標。
3. **穩定的演出是致勝的關鍵：**就技術層面來說，他們十多年的揮桿，早已技術純熟，但是每次比賽能否發揮，端賴臨場的穩定，決定成績的好壞，在於比賽時的精氣神能否保持在最佳狀態，穩不穩定才是致勝的關鍵。
4. **永遠的學習是他們的內涵：**即使他們登上了世界球王、球后的寶座，並不代表永遠能夠坐在寶座上，抱持永遠的學習精神，不斷自我要求，保有一直求進的態度，才可能維持長久的榮耀。

5. **謙虛是他們的特質**：由於謙虛，老虎．伍茲每一次賽完後都會觀看自己比賽的紀錄片，同時請教練對不理想的揮桿給予修正；曾雅妮也一樣，對人態度可親，謙恭有禮，即使登上世界球后，並不以此驕傲，由於謙恭的態度，不但不會因驕傲阻擋了進步，同時也贏得他人的尊敬。

高爾夫球致勝技巧 也是股票贏的心法

如果你把股票操作當成事業經營，就好比要當職業高爾夫選手一樣，要達到巔峰，同樣要具備下列打高爾夫球的技巧：

1. **順勢而為**：高球揮桿，要看風向，不是一味往正前方打就是正確，不考慮風向，很難順利打上果嶺。洞前推桿，要看草的紋路方向、地勢的坡度，順著這些方向，使出適當的力量，才能輕鬆推入洞。股票操作要順勢而為，看清趨勢，借力使力，搭順風車，才能輕鬆賺錢。
2. **專一專注**：高球比賽過程，每一揮桿和推桿都非常重要，而且前一桿揮得好，不代表後一桿一樣能夠揮好，因此每一次都要全神貫注，一個洞一個洞的累積，最後才能有好的成績。股票操作每一次的進場都要謹慎小心，這次買對股票賺錢，不代表下次買股就一定賺錢，每一次都是一個新的開始，專一專注在每一次的出手，累積賺錢的次數，減少賠錢的機率，如此才能成為長期贏家。
3. **反敗為勝**：再頂尖的高球選手，在比賽中都會出現失誤，可能揮球到沙坑、到池塘，但是他們擁有反敗為勝的能力，善加處理失誤的球，即使暫時落後對手，比賽結束前仍不放棄逆轉勝的努力。球后曾雅妮在球場上求勝的精神令人敬佩，這種旺盛的企圖心，使她常常在逆境中「轉敗為勝」，除了她具備一流的技術之外，更重要的是在比賽中情緒的控制，有穩定的情緒，才能發揮原有的實力。股票操作也是一樣，股市多變，萬一操作不順，遇到失誤，同樣要有反敗為勝的能力，知道如何處理失敗的股票，採取停損、反向操作或是換強勢股操作的措施，設法反敗為勝，長久還是贏家。

4. **對準目標：**高爾夫選手比賽是設法用最少的揮桿數把球打進目標的小洞內，無論球打到哪裏，下一桿揮球的方向仍然對準目標小洞，用專業的揮桿技術，穩定的情緒，在耐心與信心的堅持下，一桿一桿往前推進，直到小白球入洞為止。
股票操作一樣要設定目標，依照自己資金的多寡，設定獲利的目標，不論多頭或空頭，都要以不同策略達成獲利目標。

曾雅妮在一次記者訪問時說：「如果你成績很爛，沒有人會甩你！」這一句話，道盡了真實的人生。其實，股票市場何嘗不是如此，操作一直賠錢，相信你自己都會看不起自己！

欲知前世因，今生受者是， 欲知後世果，今生做者是。
任何的對與錯、賺與賠，都是昨日的結果。

第2章

改變自己 才能改變股票賠錢的命運

2002年2月，股市大盤正在走多頭，當時我聽朋友介紹説威盛（2388）會漲到 200元，我看看當時的圖形，威盛由70元上漲到156元，回檔修正後又開始上漲，於是我在2月27日以143.5元買進了6張，成本約86萬元，股價經過6個交易日上漲到152元後就開始下跌，由於大盤繼續多頭，我認為威盛股價只是暫時回檔，後來威盛股價一路下跌，但是大盤指數卻繼續上漲，我想只要大盤維持多頭，股票一定能夠解套，一直到2002年10月11日，我再也無法忍受了，結果以40.2元賣出，慘賠62萬元收場。

股票套牢慘賠經驗 換來現在鐵的交易紀律

經過這次教訓（其實在這次以前，同樣情形套牢後殺出大賠過好多次），我才發現：

1. 原來大盤與個股不同，指數大漲，個股不一定同樣上漲。
2. 股價跌深被套牢，大多數是無法解套的。威盛股價從2002年到現在，最低跌至4.89元，截至2012年2月29日股價才

23.1元，請問，如果當時我沒認賠，要等到何時才能回本？

當我2006年下定決心學技術分析後，就不再發生股票套牢慘賠的情形了，現在只要買了股票，我一定以技術面出場。學會技術分析後，我檢討了當時買威盛的正確做法應該是：

1. 看到威盛上漲到152元反轉下跌，表示無法突破前面的高點156元，當2002年3月15日跌破多日盤整的最低點142元時，就該停損出場，那時如果出場，加上手續費用，每股才賠2.5元。
2. 當時大盤處於多頭走勢，我應該採取「汰弱換強」的策略，立刻換一檔多頭上漲的股票操作。

經過慘痛的經驗教訓，我現在的交易紀律中有一條鐵律，手中絕不持有賠錢超過百分之七的股票。

80%的人為什麼會賠錢？

西方有位大師曾經說過：「禱告並不能改變上帝，但是禱告可以改變禱告的人」。這是一句多麼有哲理的話。換句話說，如果禱告的人沒有做改變，上帝還是上帝，禱告的人還是原來的狀況，不會有什麼變化。

股票市場中百分之八十的人在賠錢，這些賠錢的投資人，有些人是「一無所知」的進入市場，有些人是「一知半解」的進入市場，也有許多人「學富五車」的進入市場，但是共同的命運都是賠錢。

我在與許多股友分享經驗的時候，發現無論哪個階層的賠錢投資人，在投資股票的觀念上都有或多或少的錯誤。

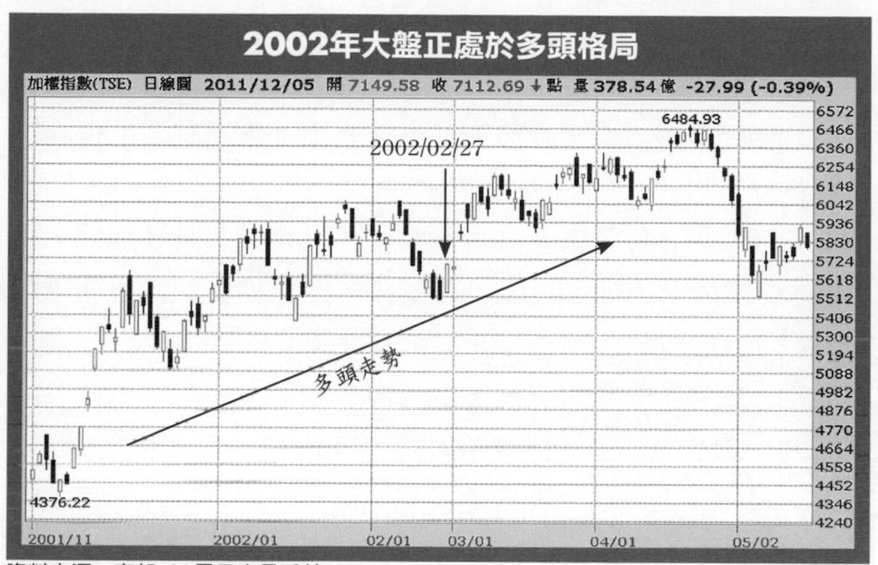

資料來源：富邦e01電子交易系統

資料來源：富邦e01電子交易系統

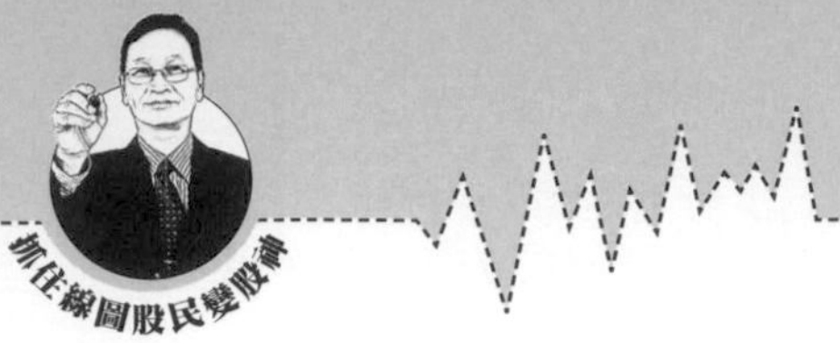

「一無所知」的投資人，對股票的看法都是建立在「感覺」上，因此他們提出問題時經常講到「我認為」這3個字。我最常聽到這些朋友說：「XX股票跌得很多了，『我認為』現在是買進的好時機。」

這些朋友大多數是聽消息、找明牌做股票，有時運氣好，聽到的股票剛好正在上漲，讓他賺到錢，因此他會認為股市賺錢很容易。

但是，運氣不是長久之計，當股價不是他預期的上漲，突然下跌時，由於自己看不懂行情走勢，而且當初消息來源只報好消息，會讓他下跌時不願賣出，結果股價一跌再跌，又是一個套牢長抱的投資人。

這種「一無所知」的投資人，簡單說，就是賺錢時不知道是什麼原因賺錢，賠錢時也不知道為什麼賠。

「一知半解」的投資人，研判股票經常建立在「自以為對」的基礎上，事實上，他的看法欠缺了全盤的考慮，有時也突顯了他對技術分析沒有透徹的瞭解，因此他們在提問題時，經常講到「應該」兩個字。

「一知半解」的投資人，經常拿了一張股票K線圖問我，股價今天大漲又出現大量，「應該」可以買進。事實上，那張走勢圖的股價表現根本是空頭的單日反彈，而且上面烏雲罩頂，哪裡是買進時機？別說做長期，即使做短期進出都不適合。

由於對技術分析的一知半解，經常誤認一些技術圖形的訊號，自以為是好機會而進場，因此造成損失，這些投資人也許到處去學過技術分析，但是缺乏整合成完整有系統的應用，造成自認為「應該」的判斷，經過多次的失敗，對自己所學的技術分析失去信心，因而會說技術無用的言論。

學富五車的投資人，經常對自己的判斷過於自信，這些朋友賠錢大多是當技術圖形發生改變的時候，太過執著於對其它的基本面、產業面或是消息面的自信而忽略趨勢改變的事實。

一般來說，這類的投資人不太會提出問題，他們經常表現出的是對自己的分析研判信心十足。另一方面，由於這類投資人所學太多，有時過多的考慮反而阻礙了對市場的判斷及應有的迅速反應。

以技術分析因應市場的變化

股票市場的變化，對一般投資人而言，會感到千變萬化很複雜，其實股票的變化沒有那麼複雜，只是人心的變化太快，對股票一點點的波動，反應太靈敏，尤其對任何消息的反應，更是容易陷入情緒的反應。

美國道瓊指數發明人查爾斯・道（Charles H. Dow），早在1900～1902年發表道氏理論（The Dow Theory）就提出過對股市循環的看法，同時很明確的指出，贏家（他稱為「聰明資金」）與輸家（散戶）的區別就是，輸家很容易受到大眾情緒的影響，而贏家不受大眾情緒的影響，其中最重要的原因是，贏家知道如何利用技術分析來克服市場及個人情緒。

眾人皆知，股票市場的波動是正常現象，股市的走勢方向不是上漲的多頭，就是下跌的空頭，或者橫向的整理等3種，因此，對股票走勢的判別是技術分析的第一步工作。

我們把多頭、空頭、盤整這3種走勢分辨清楚之後，再分別對每一種走勢找出因應的操作對策，如此一來就把複雜的盤勢簡化了許多，至少不會做錯方向而遭受重大損失。

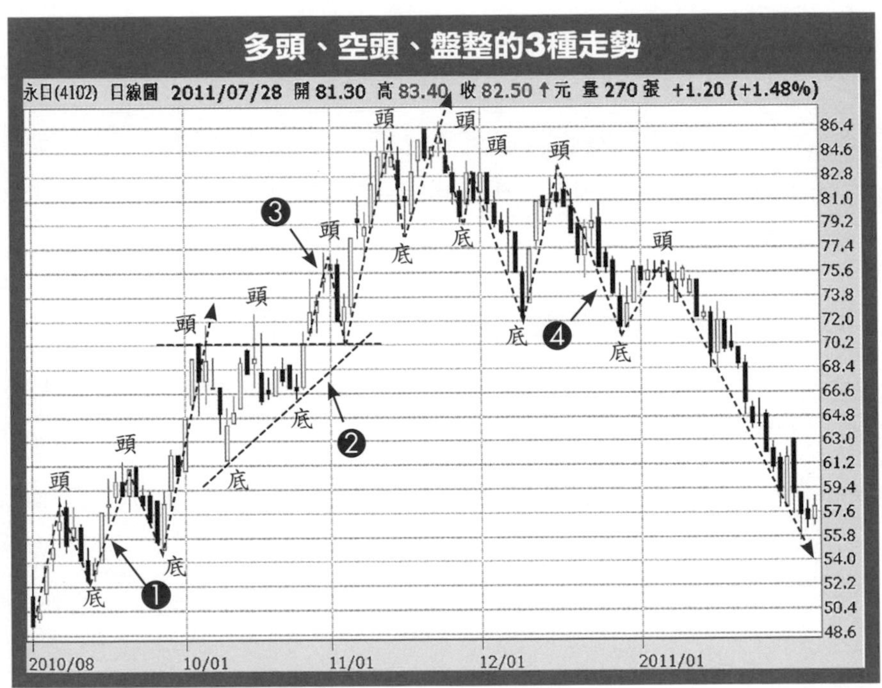

資料來源：富邦e01電子交易系統

▲上圖說明：

❶ ❸ 一頭比一頭高、一底比一底高的多頭方向。

❷ 一頭與一頭同高、一底比一底高的盤整區。

❹ 一頭比一頭低、一底比一底低的空頭方向。

用技術分析（參看作者第一本書《抓住飆股輕鬆賺》）很容易就能分辨出當下股票的走勢方向，一般散戶比較容易分不清的是如何區分短期、中期、長期的走勢方向。

其實用個簡單的方法就可以區分了，你用日線的K線走勢圖所看的方向，就是短期的走勢方向；用週線的K線走勢圖所看的方向，就是中期的走勢方向；用月線的K線走勢圖所看的方向，就是長期的走勢方向。

現在你也能像分析師一樣的說「現在大盤是短空、中期整理、長多格局不變」的專業話語了。

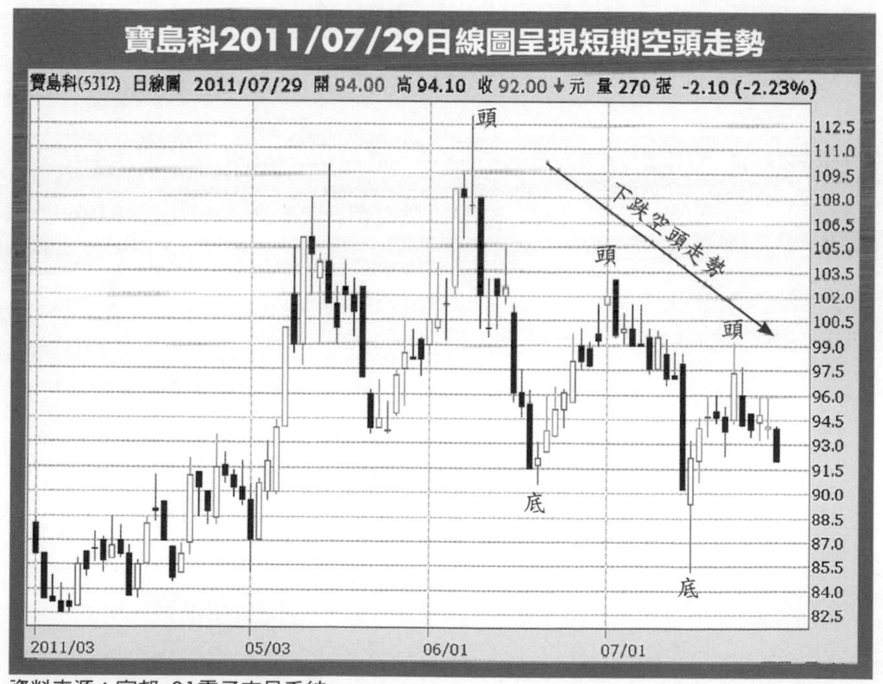

資料來源：富邦e01電子交易系統

寶島科2011/07/29週線圖呈現中期多頭回檔格局

資料來源：富邦e01電子交易系統

寶島科2011/07/29月線圖呈現長期多頭格局

資料來源：富邦e01電子交易系統

想要賺錢 就要改變正常合理的想法

股票市場說穿了，其實是綜合了所有基本面、技術面、產業面等等要考慮的因素，最後決定進場，在持有股票一直到賣出股票的過程，都受到心理面的重大影響。換句話說，主力在作價一檔股票，從頭到尾都在跟散戶打心理戰。

試想，主力在跟你打戰，而散戶還以為是正常合理的投資交易，難怪散戶每次賠錢後還是一頭霧水，弄不清楚到底是怎麼回事。

經濟學家凱恩斯曾經說過：「在非理性的世界中去進行理性的投資，將造成天大的災難。」例如，公司接獲大訂單，股價理應會有好的表現，為什麼反而下跌？投資績優公司應該會抗跌，為什麼大盤不好時，那些營運績優的公司反而跌更多？從以上可以知道，如果你沒改變「正常人」的合理想法，恐怕你在股票市場上永遠也賺不到錢。

以下幾個觀念是散戶經常犯的錯誤，在正常理論上是有他的道理，可是在股票實際操作上卻是一定要避免，否則永遠跳脫不出賠錢的命運。

改變自己 絕對不能往下攤平

往下攤平，的確是一種操作的策略，但是實施這種策略是要有條件的，其中最重要的條件是你的口袋要夠深，所以攤平的策略只適合有資金實力的大戶主力、法人及外資等去應用，一般小資本散戶是絕對不能採取往下攤平的方法。

其次，往下攤平的重要條件是股價來到低檔盤底位置，換句

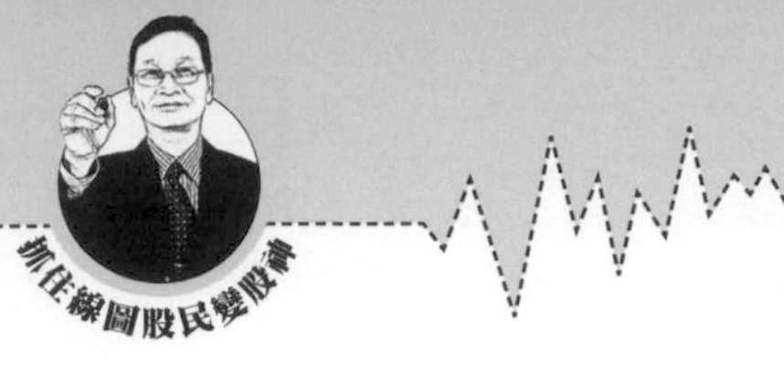

話說，就是下跌空間有限，股價進入超跌區，合乎股神巴菲特所謂的「價值型投資」位置，才能用往下攤平的策略。

我們在實務操作時，要出現合乎物超所值「價值型投資」的機會，可能要1、2年才會出現一次，絕大多數時間並不適合用攤平的方法，尤其對一般小額短線的投資人，更是不能在賠錢時往下攤平。

以下的說明希望能改變你賠錢時想要往下攤平的念頭：

1. 做多買股票是希望它上漲，如果股票不漲反而下跌，表示你選的股票走勢方向錯誤，它是往下走空頭，既然是往下跌的股票，當然不能去買。
2. 下跌的股票無法預測會跌到哪裏，如果一直在下跌時去攤平，會造成不可預測的風險及巨大的損失。
3. 往下攤平會使得資金長期套牢無法有效運用，即使止跌回升，一心只想早日解套，根本無法獲利。

研究股票者都知道艾略特晚年發表的費波南希數列（Fibonacci Sequence）及黃金定律（Golden Ratio），提到0.382、0.618兩個數字，一般在股票上漲一個波段之後，依經驗統計，在波段下跌回檔到0.382、0.5、0.618的位置時容易產生支撐，因此許多人股票套牢後，股價下跌到上述位置就再買進攤平，結果卻是經常愈攤愈往下跌，最後造成無法挽回的巨大損失。我們看宇峻（3546）的實際圖例就清楚了。

宇峻股價由240元漲到507元後開始回檔，上漲了267元（507－240元）。假如買在480元，下跌時沒有賣出，反而在回檔到0.382位置、股價405元，以及回檔到0.5位置、股價

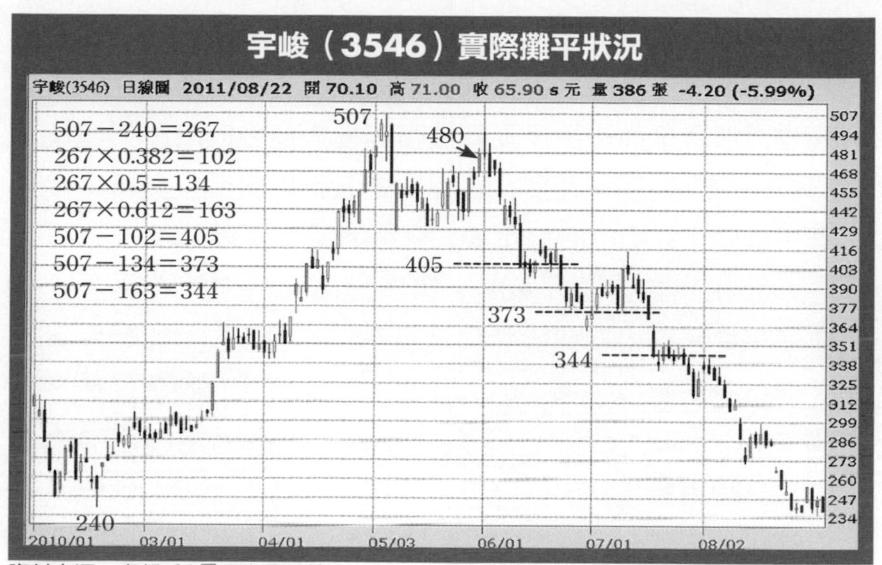

資料來源：富邦e01電子交易系統

373元和回檔到0.618位置、股價344元時，分別買進攤平，後來股價繼續下跌到2011年8月22日的最低價65.2元，往下攤平的結果，不但資金被套牢1年多，而且平均成本為400.5元，等於未來宇峻要上漲6倍，投資人才能解套。

改變自己 絕對不能套牢長抱

股票被套牢，幾乎是每個散戶都會發生的事，這是散戶最常犯的一個錯誤，大多數的原因是賠錢不願意賣。

有一次與軍中退伍的同事聚餐，一位長官在2007年8月8日用退伍金以80.8元買了30張國泰金（2882），聚餐當天國泰金收盤價已跌至42元，他問我該怎麼辦？

買股票被套牢大多是下列5種原因造成的：

1. 在多頭時買在高檔，接近快要到頂反轉的位置被套牢；空頭時自認股價低而去搶反彈時被套牢。大多數的散戶不會技術分析，無法判別是否買在高點，更看不出股價要反轉，當股票下跌時不知道何時會止跌，分不清是反彈還是回升。
2. 在多頭市場中去買弱勢股。當多頭市場時強勢股漲得快又高，一般投資人不敢追高或是買不到，因而去買比較緩漲或是落後的弱勢股，期望能夠補漲。但是多頭時股票往往是強者恆強、弱者恆弱，一旦大盤反轉，這些弱勢股會加快下挫，結果漲時沒份、跌時有份，如果一時以為沒漲應該不會跌而小賠不賣，結果最後反被套牢。
3. 買進股票時沒有設停損，股價下跌時不願面對，只想等幾天，希望能夠漲上來，但是經常事與願違。有人設了停損，但是賠錢時不願意賣，結果和沒設停損一樣，慘遭套牢。
4. 短線賠錢改為長期投資。這是最多散戶賠錢時的想法，他們的論調就是「不賣就沒有賠錢」，因此許多人股票一抱3年、5年，甚至8年、10年，卻一直處於賠錢狀態。
5. 受公司基本面影響，始終認為好公司的股票不可能一直下跌，因此不願意賠錢賣而遭套牢。

股票套牢的2種處理方法

股票住進套房，的確是件令人懊惱的事，不但心情受影響，每天看到股價上下震盪，賣也不是，不賣也不是，賣了要賠錢，又怕賣了就漲；不賣萬一繼續下跌怎麼辦？這就是投資人被套牢的心情。

股市中沒有專家，只有贏家和輸家，兩者區別在股票判斷錯誤或被套牢時要怎麼處理，才能夠化損失為最小，甚至反敗為勝。以下兩個方法可做參考：

1. 立刻出清手上所有的股票

這樣做聽起來很殘忍，也下不了手，雖然賠錢，但是這個動作可以立刻讓你脫離苦海，清靜思緒，檢討後靜待盤勢明朗之後再出發，否則手上有被套牢的股票，操作情緒難以不受影響，即使行情好轉，你的資金也在套牢的股票上。

2. 反敗為勝的唯一方法就是「汰弱換強」

如果一直抱著原先賠錢的股票，每天巴望著能上漲、回本、解套，基本上是一廂情願，股票既然成為下跌走勢，正常狀況反彈是無法回到前面的高價，所以趁著反彈出脫，換買多頭走勢、正在上漲的股票，才能迅速解套，甚至反賠為賺（請參看第49頁圖例說明）。

另外特別提醒，千萬不要往下去攤平，一檔下跌空頭的弱勢股票，攤平只會套牢更多的資金和時間成本，萬一繼續下跌，後果就不是一個「慘」字可以形容了。

資料來源：富邦e01電子交易系統

▲上圖說明：

大盤自2008年1月23日的7384點一直漲到同年5月20日的最高點9309點。

汰弱換強是股市反敗為勝的唯一策略

下面的實例發生在2011年上半年（參見作者第1本書《抓住飆股輕鬆賺》第16頁自序〈不信技術分析的慘痛經驗〉），一位朋友在2010年12月22日以92元買進宏碁（2353）被套牢，當時我告訴他要採取「汰弱換強」策略，趕快換股操作，

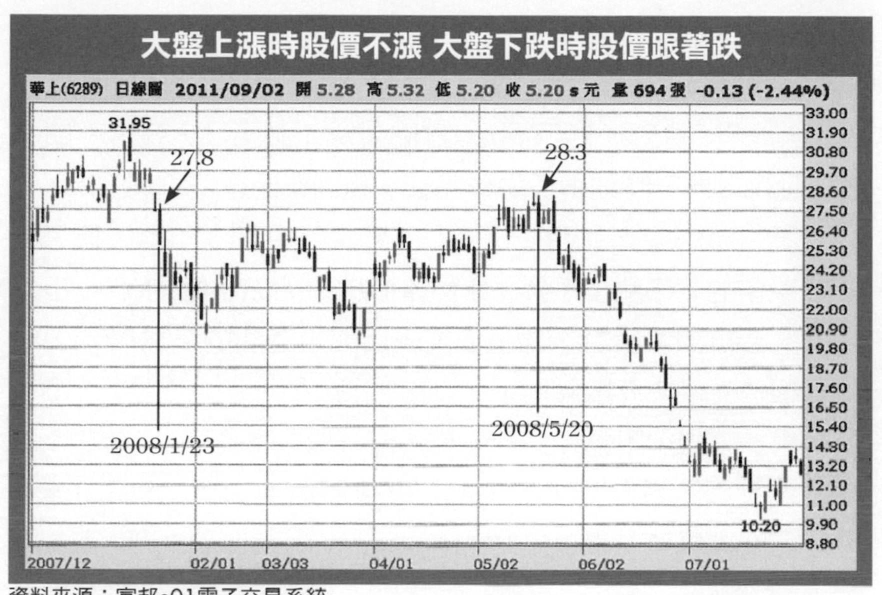

資料來源：富邦e01電子交易系統

▲上圖說明：

大盤2008年上半年創9309點高點的同一時期，弱勢股華上（6289）股價由27.8元拉回整理，後來只上漲到28.3元，當大盤反轉之後，華上股價則一路大跌到10.2元。

否則難以解套。

結果，他一直到2011年5月25日才願意以52.7元認賠賣出，轉進正在多頭上漲的股票基泰（2538），5月25日當天以17.5元買進基泰，截至6月20日以21元賣出，7月4日再用20.4元買進，到7月20日以23.5元賣出，一共操作兩趟。

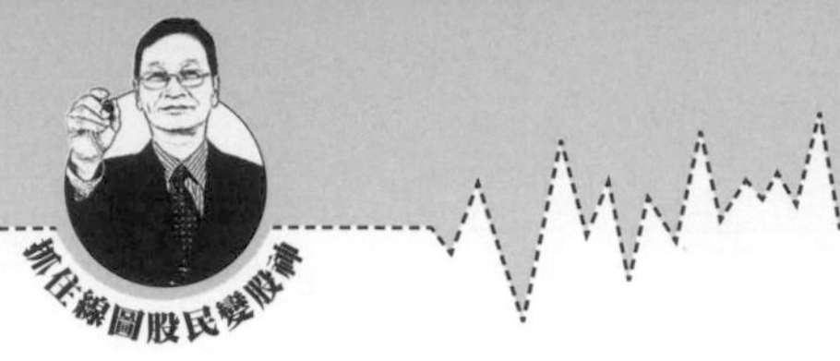

我們檢視比較一下：

1. 如果這位朋友套牢續抱宏碁，不換股操作，宏碁股價在2011年5月25日至7月20日間繼續下跌了12.8元，跌幅24.3%。同一時期換股操作基泰，獲利6.5元，漲幅達37%。
2. 宏碁92元買進，到52.7元認賠換股時，共賠了43%，後來換股操作的基泰漲幅37%，雖然整體結果仍然小賠約6%，但是已經接近回本解套，繼續去找一檔開始上漲的多頭股票，相信很快就能「反敗為勝」。
3. 如果一直抱牢不換強勢股操作，宏碁股票截至2011年8月26日，股價跌到27.3元的低點，之後股價至少要上漲3.3倍，才能回本解套。

抱到弱勢股很難解套

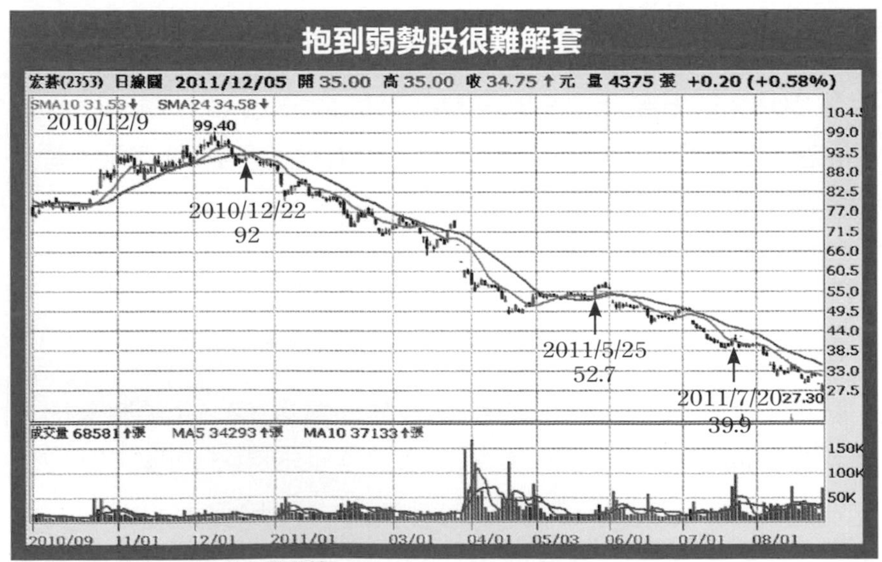

資料來源：富邦e01電子交易系統

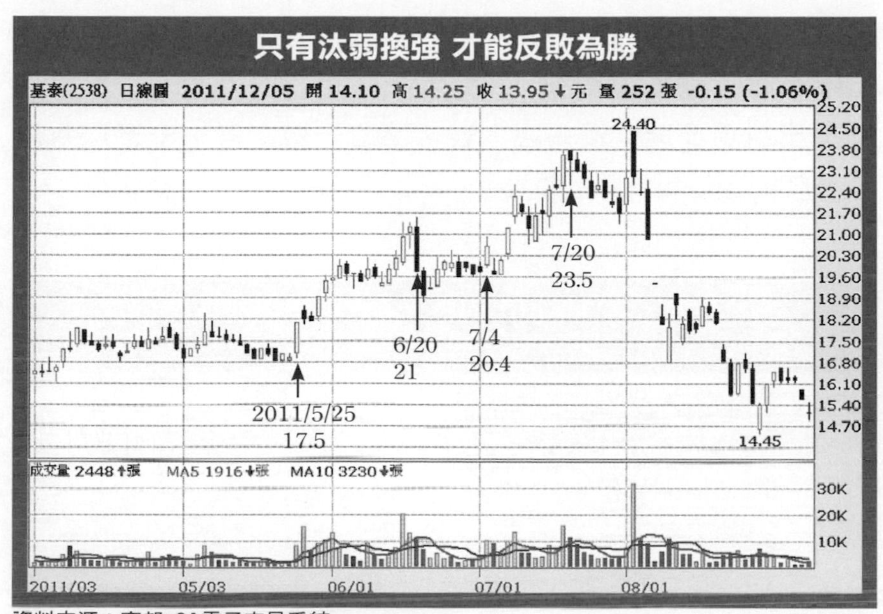

資料來源：富邦e01電子交易系統

改變自己 絕不擁有賠錢逾7%的股票

希望讀者看完這本書之後，能夠下定決心，以後手中絕不持有賠錢7%以上的股票（指收盤價）。

傑西．李佛摩（Jesse Livermore）在談到資金管理時說：「請記好：投機客在出手交易前，一定要牢牢設好一個停損點，而且千萬不要讓自己承擔超過本錢百分之十的損失！」

如果讀者再去看其他華爾街頂尖操盤高手，例如威廉．歐尼爾（William J.O'Neil）、伯納得．巴魯克（Bernard Baruch）等等，他們各有操作的絕技，但是都共同遵守停損出場的紀律，絕不容許損失擴大。

傑西・李佛摩（Jesse Livermore）說：「假如你損失了百分之五十，你必須賺百分之一百才能扳回失土。」下面是一張李佛摩提出的百分之十損失回本表，讀者一邊參考，一邊深入思考，就能體悟到停損的重要了。

傑西・李佛摩提出的百分之十的損失回本表				
買進金額	賠錢金額	剩餘資金	損失	要回本須賺
1000元	80元	920元	8%	8.7%
	100元	900元	10%	11.1%
	200元	800元	20%	25%
	300元	700元	30%	42.8%
	400元	600元	40%	66.6%
	500元	500元	50%	100%

讀者看第49頁的標題，為什麼是寫7%呢？這是我個人的最大賠損幅度限額。根據自己多年的操作經驗，當停損來到7%時，實務上經常出現真正殺出股票時已賠到8～9%；如果設10%為停損，實際上會賠到12%以上。我最多停損7%，取回93%的資金，隨時可以找尋好的機會反敗為勝，而且操作股票能夠掌握主動權，操作EQ才能保持穩定。

其次，現在股市操作環境與當年那些高手操作環境不可同日而語，現在一切都是電腦資訊，股價的判斷與反應非常快，因此風險的控制也要跟著提高。

第3章

面對9種市場現象 你該有的投資思維

2011年3月15日，有位學生看到振維（3520），當天K線長黑跌破長期盤整區，立刻放空，結果第2天開盤下跌，收盤反而上漲。他問我：「不是盤整跌破，應該要下跌嗎？怎麼不跌反漲？」我問他：「是不是不正常？既然不正常，表示這次的跌破，可能是假的，如果明後天再上漲，要反向做多。」結果，振維股價在後面3天都上漲，而且第3天，3月21日拉出長紅突破盤整區，造成後面的飆漲。

我們學技術分析，由數據統計的圖形去對後面走勢的研判，當然有很高的準確性，我們可以視技術分析為在正常的情況下應該如此的表現去推論。學技術分析好比在學校唸的課本，即使考試一百分，到了市場去不一定保證就是績優生，問題出在哪裏呢？其實問題出在市場經常不照著正常的邏輯理論去走，這樣一來，就把那些只會捧著課本的學生打敗了，要如何不被市場（主力大戶）玩弄呢？

各位要瞭解市場什麼情況是正常、什麼情況是不正常的現象，再針對不同的現象採取一些簡單的策略，就能輕鬆應付，

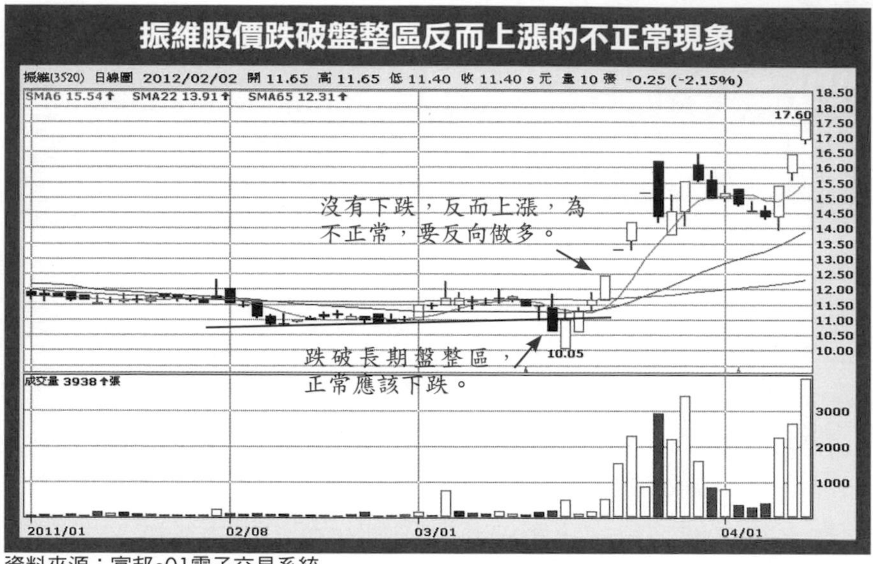

資料來源：富邦e01電子交易系統

慢慢熟悉市場的生態就是如此，你就會漸漸成為操盤高手了。

不管市場反應正不正常 9種因應策略報你知

以下探討市場出現正常與不正常的9個現象，讀者如能舉一反三，就能看出市場的變化萬千，其實萬變不離其宗，掌握當下出現不正常現象時，能夠按紀律處理，你就出師了。

1. 當利空消息出現時：

(1) **正常現象**：股價下跌，例如宏碁宣布調降財測，股價應聲大跌。

(2) **不正常現象**：股價不跌或反漲，例如宏達電股價在200多元時發布毛利減少、蘋果告侵權利空，但是股價卻不跌，反而從此往上漲。

(3) **因應策略**：出現正常時，執行停損；出現不正常現象時，鎖股進場。

2. 當利多消息出現時：

(1) **正常現象**：股價上漲。

(2) **不正常現象**：股價不漲或反跌。

(3) **因應策略**：出現正常現象時，鎖股進場；出現不正常現象時，執行停損。

3. 當大量長紅K棒出現時：

(1) **正常現象**：股價上漲。

(2) **不正常現象**：股價不漲或反跌。

(3) **因應策略**：出現正常現象時，追進；出現不正常現象時，觀察或退出。

4. 當大量長黑K棒出現時：

(1) **正常現象**：股價下跌。

(2) **不正常現象**：股價不跌或反漲。

(3) **因應策略**：出現正常現象時，出場或做空；出現不正常現象時，觀察或買進。

5. 盤整區或型態往上突破：

(1) **正常現象**：股價上漲。

(2) **不正常現象**：股價在3日內拉回盤整區或反向跌破盤整區（假突破真下跌、穿頭破底）。

(3) **因應策略**：出現正常現象時，買進；出現不正常現象時，執行停損，反手做空。

6. **盤整區或型態往下跌破：**

(1) **正常現象：**股價下跌。

(2) **不正常現象：**股價在3日內反彈回到盤整區或反向突破盤整區上漲（假跌破真上漲、穿底破頭）。

(3) **因應策略：**出現正常現象時，放空；出現不正常現象時，執行停損，反手做多。

7. **跌破重要均線支撐：**

(1) **正常現象：**股價下跌。

(2) **不正常現象：**股價在3日內反彈再站上均線（跌破均線再站上均線）。

(3) **因應策略：**出現正常現象時，空手觀望；出現不正常現象時，買進。

8. **突破重要均線壓力：**

(1) **正常現象：**股價上漲。

(2) **不正常現象：**股價在3日內拉回均線之下。

(3) **因應策略：**出現正常現象時，持股續抱；出現不正常現象時，賣出持股或放空。

9. **島狀反轉：**

(1) **正常現象：**反轉向下或向上。

(2) **不正常現象：**封閉缺口不反轉。

(3) **因應策略：**出現正常現象，要改變操作方向，例如多轉空的島狀反轉，改成做空；出現不正常現象，則要立刻修正思維，該空不空反多力量強，做多。

第4章

會賣股票才是師傅 抓住停利點的12個關鍵

2012年1月30日（星期一）新春開紅盤，當天大漲173點，2月1日（星期三）下午上課時，許多同學都很興奮的說，他們前天去買股票，今天賣掉，賺了幾千塊錢，我恭喜他們，龍年好兆頭，但是我問他們，為什麼要賣掉了？他們的回答都一樣，看到今天盤中在下跌，有賺先賣。

這就是一般投資人的心態，其實賣股票和買股票是一樣的，都要事先就規畫好，不是想賣就賣，否則會買不會賣，原本可以賺到3成的股票，結果只賺到1成，豈不是浪費了一次賺錢的機會。

俗話說：「會買股票只是徒弟，會賣股票才是師傅。」經過學習，多數人曉得如何挑選股票，卻都沒有停利的規畫。換句話說，懂得買進，不懂得賣出，看到股價上漲，又看著下跌，或者抓到一檔會漲的股票，但是只漲一點點就賣掉，該賺的沒賺到。

股票賣出換成現金，結算有獲利，才是真正賺錢。沒有賣出前，股價隨時都在上上下下，如何拿捏到應該賣出的價錢，的確不容易。賣的太早，只賺到一點點的小錢，該賣沒賣，又可能遇上股價快速回跌反而賠錢。

如何賣出股票是獲利重要的關鍵，也是每次交易的最後一個動作，如何劃下完美的句點，讓辛苦的付出有代價，是重要的功夫。

精通這些觀念 保住獲利沒煩惱

首先，觀念要正確，否則在決定賣出的時候，永遠會捉摸不定，造成該賣沒賣、不該賣卻賣掉的狀況。

1. 股價漲多會拉回，有獲利賣壓、有解套賣壓，有大戶調節賣壓、洗盤賣壓。因此，除非是飆股，否則即使是上漲的多頭格局，也是漲一段、回跌一段或是盤整一段。
2. 記得！股票操作過程中，停利與該股的基本面無關，賣出的決策取決於價格的走勢及成交量變化。
3. 好的進場點是操作成功的一半，好的賣出點則是成功的另一半。
4. 股價的起漲與起跌，不是個人能夠掌控的，永遠不要想賣到最高點。一般人往往認為還有高點，卻因而錯失在相對最佳高點的賣出時機，最後股價反而下跌到更低。在操作中，達到自己設定的目標價、出現賣出訊號時，都應該斷然賣出。賣出後，如果股價繼續上漲，不要覺得可惜，「十鳥在林，不如一鳥在手」，買賣股票的目的是獲利，不能掌握賣出獲利的契機，只是自我陶醉、空歡喜一場而已！
5. 正常多頭股價上漲超過10%利潤時，就會引來獲利賣壓，如果又接近壓力區，更容易引來解套的賣壓，因此，達到10%以上利潤時，要注意隨時出現的賣壓訊號，掌握機會，賣在相對的高點。

6. 強勢多頭股票上漲獲利20～25%時，要注意容易回檔整理。當出現回檔的訊號時，可以先走一趟，待修正完成後上漲時，再進場操作。
7. 如果是依據5日均線操作，股價跌破5日均線時出場。但是以下兩種情況可做調整：
   (1) 在關鍵進場點（詳見第3篇第1章第102頁）進場，獲利未達5%，且未跌破停損價位，則可暫不出場。
   (2) 往上走出趨勢，且獲利達10%以上時，下列5種情況可先獲利出場：
      ① 當日大量上漲到高點，股價折返下跌超過3%時。
      ② 當日暴量不漲，股價創新高後，收盤時股價跌破前日最低點。
      ③ 跌破上升趨勢線時。
      ④ 波形產生「頭頭低」，股價不過前波高點往下跌時。
      ⑤ 出現長黑、長上影線、帶大量的十字線等出場訊號。
8. 飆股漲勢凌厲，必須盯住走勢，當轉弱時，要立刻獲利出場；出現繼續強勢時，再介入操作。（可參考第4篇第12章「短期賺高報酬的飆股戰法」）
9. 空頭下跌時的10%幅度比較不明顯，獲利回補位置則以K線止跌回升訊號為主。
10. 股價上方的長期均線向下彎，會帶來壓力，靠近均線時，

要注意反壓的賣出訊號。

11. 分清停利與加碼點，看清是獲利幅度的滿足高點，還是盤整後的起漲點，有些人在盤整區買進後抱了好多天，結果開始突破的第1天就趕緊賣掉，實在可惜。
12. 綜合而言，停利點應該包含在自己操作策略的一環，當符合停利的現象出現，應依紀律停利，如此就能把握每次的獲利入袋。

目標要達成，策略先擬好，最多做5檔，專心操作好。
長線要短做，風險自然少，紀律能執行，獲利不會少。

第5章

把技術分析當信仰 可以實現你的夢想

我跟一般散戶是一樣的，做人做事規規矩矩，只是一個自己操作的小額投資人，在以往做股票時，總是希望找到基本面很好的公司，這樣買進來比較放心，公司不會倒，股票應該不會變成壁紙，再看公司有沒有賺錢、本益比合不合理，如此一來，即使股票下跌，還能拿到一些股利。如果這支股票又有投顧老師推薦，那就一定不會錯，如此萬全的挑選應該萬無一失，可是結果總是令人失望。

當我學習技術分析，再分析研究過上萬張圖形之後，這才發現，股價任何的變動，在走勢圖上都一清二楚。

2012年龍年開紅盤之後，當時很多人一定感到年前、年後兩個樣，才放個春節，國際市場也沒有出現什麼大變化，怎麼台股大盤差那麼多，5天就連漲441點。其實，各位去看一看所有上漲的股票，早在2012年農曆年前，就已在低檔完成「底底高」的底部型態了。

但是，大家公認最佳投資的公司──中華電（2412），在2012年1月9日跌破盤整區，過了不久，農曆年開紅盤，別的

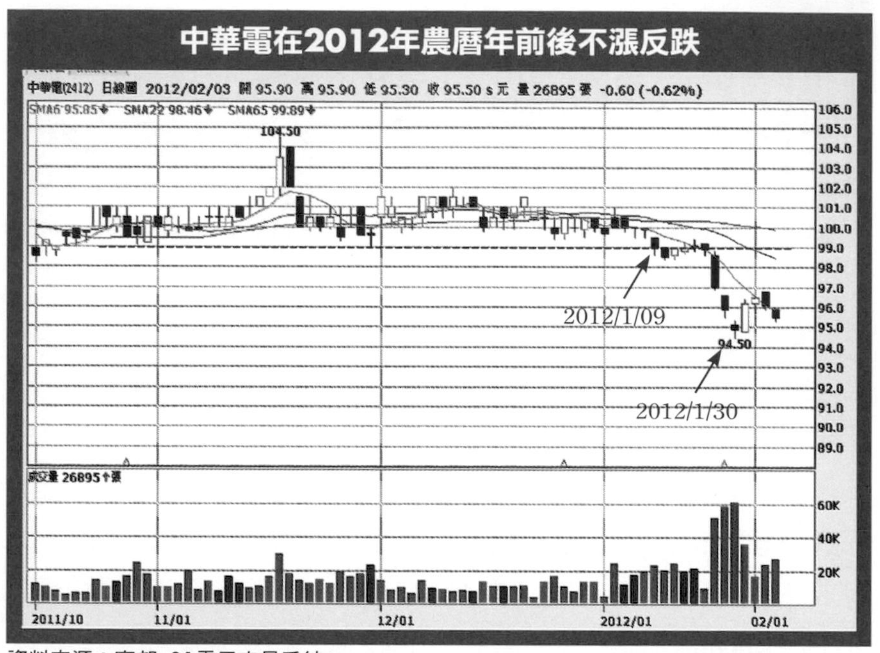

資料來源：富邦e01電子交易系統

股票連續3、4天上漲，它卻往下跌，在這個農曆過年期間也沒有看到該公司有什麼壞消息，請問它為什麼這樣走勢？其實，不必問為什麼？技術圖形早就告訴你了，只是你信不信而已！

為什麼要用技術面操作股票？

研究股票很複雜，包括基本面、消息面、技術面、產業面、經濟面、政治面、心理面……，要面面俱到可不容易，但是操作股票要簡單，只要用「技術面」就可以面面俱到，因為技術面充分反應所有影響股價的因素。

1. 可以反應市場所有交易人的行為

股價走勢包含著市場中理性與非理性交易的結果。其中，公司的基本面如資本額、本益比、淨值、財務報表、營收等經濟數據都是客觀的具體數字統計，可是，還有對產業的前景、產業的轉型、公司經營人的形象及國家經濟的現況等多空變數，這些都是主觀的判斷，屬於市場的心理面。

客觀的數據大家都看得到，所以決定要買或賣股票，都是在心理情緒的主導下進行交易，否則一家公司的基本面只有一個版本，市場怎麼有人會看好去買？同時有人看壞去賣呢？

無論交易人是以什麼方法去衡量股市，只有完成交易的股價、成交量等數據產生的技術分析圖，才足以衡量真實市場的現況。

2. 技術分析可以具體訂定交易方法

技術分析每天產生的數據，能夠讓我們訂定出一套可以具體研判及執行的操作方法，例如設定進出價位、停損停利的點位、研判未來的走勢方向、風險控管等。

任何人都會受到情緒影響，對行情判斷容易陷入一些主觀的認定而做出錯誤的決策，技術分析可以避掉這些情緒的干擾。

3. 技術分析是散戶唯一可以依賴的市場訊息

散戶是市場中資訊管道最弱的族群，幾乎不可能拿到第一手的內部或是外部的資訊，因此，學會技術分析更為重要，看得懂行情走勢及瞭解圖形發出的訊息，才能在詭譎多變的市場中確實掌握方向，而不會被周遭一堆的消息所迷惑，因為所有的消息面、基本面、心理面等，都會反應在當天交易的價格以及

成交量之中。

4. 學習技術分析的目的是看懂圖形語言

股票走勢圖是每天交易結果出現的連續圖形，反應出所有交易人的想法及做法，我們學習技術分析就是為了能夠在圖形中去瞭解他們的想法及做法，以作為日後可能發展的研判及自己策略的擬定。

用技術面操作 可改變散戶賠錢的命運

散戶賠錢的原因很多，下列6點是最常見的原因，我們只要用技術面去操作，就能夠改變賠錢的命運。

1. 做錯方向

散戶賠錢的第一個原因是做錯方向，聽消息買股票，根本不知道大盤及個股現在走勢的方向或位置，例如個股正在中期回檔格局，前兩天的上漲只是反彈，今天追買到反彈高點，結果明天就下跌而套牢賠錢。

要清楚知道股票現在的方向，唯有技術面可以解決，基本面再好的公司，股價一定會有下跌的時候，所以基本面不能告訴你現在股價的方向。

2. 買高賣低

散戶賠錢的第2個原因是經常買到高點，這個原因很簡單，因為股價上漲的第1天，心理沒有準備，即使盤中看到它在上漲，由於前面走勢是下跌，心中不免會懷疑真的會再漲嗎？第2天繼續往上，觀察後，大致確認應該是真的上漲；第3天看它還漲，趕快追進，往往就買到高點。你想一想，漲了3天，漲幅大致都有10%以上，第1天買的人開始短線獲利賣出，股價自然要休息或回檔整理了。

技術面可以看出第1天上漲的型態位置，是否符合買進的機會。如果是很好的買點，當然不會猶疑，立刻買進，如此買在低點，風險小，獲利機會高，當股票漲上去，別人追高時，你正可擇機賣出，獲利輕鬆入袋。

3. 不知盤整是「整你盤」

散戶賠錢的第3個原因是股價在盤整區上下震盪，仍然在買進賣出操作。盤整盤又稱「整理盤」，意即「整你盤」。散戶要不是看不出股價在盤整區，就是受消息面影響一直想操作這檔股票，結果不是兩頭被扒，就是資金套在盤整中。如果遇到一盤兩個月，鬥志消滅殆盡不說，盤整結束是往下跌破，那可還要再賠大錢呢！

我們從技術面可以看出股價是否進入盤整，這時可以退出休息，或者把資金挪去買其他上漲的股票，等到該股盤整結束，往上或往下，方向明確時再來做它，不是很好嗎？

4. 不會停利

散戶賠錢的第4個原因是，買到一檔上漲的股票，到高檔該獲利了結時，因為貪婪而捨不得賣出；當股價回跌時不甘少賺，心想等到漲回上次高點時再賣出，結果股價一路往下，該賺的沒賺到，反而倒賠。

不會停利是因為不知道哪裡是高點，如果用技術分析，可以知道是否是高檔？是否出現賣出訊號？主力是否在出貨？自然就能夠即時出脫股票，賣到相對的高點。

5. 沒有耐心

散戶賠錢的第5個原因是沒有耐心等待，隨隨便便就投入資金，憑感覺喜好或聽消息就介入，結果不是被套牢，就是賠錢出場。

在技術分析圖上，可以清楚知道何處是好的買點，當買點沒有出現時，要耐心等待，千萬不可浪費子彈（資金）。

6. 沒有定法

很多散戶操作雜亂無章，一會兒想買，一會兒想賣；不知道為什麼要買，不知道為什麼要賣；賺了一點點就跑，賠了一大截卻死抱活抱。如此沒有定法，賠錢是必然，賺錢是運氣。

技術分析最重要的一項功能，就是可以訂定出一定條件下的交易規則，有了固定的交易規則，自然要比不切實際的胡思亂想操作的成功賺錢機會大得多。本書第4篇介紹的「長短線操作戰法」，特別介紹多種長短線的操作方法給讀者參考運用。

經營股票當事業 要有的基本認識

有一種事業沒有年齡的限制，沒有性別的區分，不必很高的學歷，不須姣好的外貌，不必投入很多的資金，不須昂貴的設備，不須很大的空間，不用面對老闆，不用僱用員工，不用開發客戶，不用拋頭露面，不用交際應酬，不須背景後台，不會風吹日曬，不必上班打卡，不用遠離家門，而且市場天天開門（周休二日及例假日休市除外），客戶數以百萬，交易金額日上千億……。真的有這種事業嗎？

有！那就是經營股票市場。

俗話說得好，「靠山山會倒，靠人人會跑。」經營股票市場，確實是個很棒的事業，不過，「天下沒有白吃的午餐」，經營股票市場要賺錢，如同熱滾滾的油鍋中撈黃金，看得到，卻不容易拿到，想要看得到又撈得到，是需要一些本事的。

要學撈黃金的功夫，要先過下面3關：

入門第1關：學習技術分析，改掉錯誤觀念。
進階第2關：學習操作方法，找到自己模式。
賺錢第3關：修煉上乘心法，完全紀律操作。

而且，把股票當成事業經營，你必須對股市要有以下4點基本認識：

1. 操作股票的目的是從股市賺錢，但是想賺錢並不表示你就能賺到錢。你必須在正確的時間做正確的事，賺錢只是結果，做正確的動作比想賺錢重要。
2. 要有心裡準備，學股之路是艱難且漫長，要想從股票學校畢業，你必須具備一項特質，就是「堅持的毅力」，如此才可能熬過黑暗沮喪的日子。
3. 操作股票是一種投機行為，投機本身是一門學問，既然是學問，那麼就有道理可循，股市中的投機行為要奉行兩個最高指導原則：

   (1) 能小賠不能大賠。

   (2) 大賺小賺都要賺。

   簡單說，投機原則包括：

   (1) 要掌握主動權，小賠出場，擁有現金，才有主動權，如

果被套牢不出場，不但大賠而且完全被市場操弄。

(2) 要掌握攻勢權，每次出手前做好進攻及撤退的策略。做對，追求最高獲利；做錯，按照策略撤退。

4. 進場操作時注意兩種現象：

(1) 順著股票運動的方向操作賺錢，當方向改變時要出場。

(2) 行進中注意危險訊號避險：任何時候，你手上持有的股票上漲機率必須大過下跌的可能，否則你就不該留在手中，即使是五五波也不該留。看到危險訊號，表示你獲勝的機率此時已不超過50%，這時要當機立斷，採取行動，千萬不要在鐵軌上，見到火車向你衝來，還漫不經心的散步。

「股市即生活，生活即股市。」面對股市，接受當下走勢，處理手上持股，放下賺賠結果。

第6章 股市賺錢的最高心法：等、確認、集中火力、學到做到

2011年雙十節前一天，我參加師大附中的同學會，高中同學范同學說：「做股票好像在遊樂場中玩打土撥鼠一樣，一下子這隻探出頭，趕快去打，還沒打到，另外一隻又冒出頭，想趕快打卻令人措手不及。股票也是，一下子這檔在漲，一下子那檔在漲，不知道到底要追哪一檔？追到的話，整天一顆心懸在那裡，害怕追到高點；沒追到的話，又眼睜睜看著股票漲上去，心有不甘啊！」

范同學說得一點都不錯，一般散戶做股票的心態就是如此，一顆浮動的心，始終無法安定下來，我建議他來上課，除了學習技術分析之外，學習正確的操作觀念及心法，瞭解做股票是怎麼回事，心自然就不會那麼亂了，後來，范同學不但自己來上課，還帶他的兒子一起上課。

股市瞬間千變萬化，心隨境轉誠屬必然，要想降伏不安定的心，無法外求，只能內省，看破股海紅塵，知其陰陽時序，順其多空輪迴，賞花折枝自然水到渠成，保持一顆平實有序的真心，股海揚帆頓時海闊天空。

在股市中要成功，除了技術、方法之外，最後也是最重要的階段就是「定心」，如何能夠降伏一顆不安定的心，是本章重要的內容。希望讀者閱讀同時能夠用心體會，當你一念不生，就是「開悟」之時。

心法1 股市賺錢是「等」來的 不是「追」來的

在我授課的股票教室裏有位黃同學，是一位知名的心臟科醫生，也是一位名攝影師。他說，為了要捕捉一個鏡頭，經常需要長久的等待，尤其是為了拍自然景觀，如果到達目的地時天氣不好，為了等天氣好轉，一等3、5天是經常的事，至於翻山越嶺、酷熱寒冷，更是家常便飯。

這讓我想起，每次到植物園時，都看到一些愛好攝影人士架好腳架及相機，為了等待而在聊天，他們無法追逐飛鳥，只有等待鳥兒的到來，捕捉完美的精彩畫面。

在股票市場，許多人終日在追逐明牌，追逐消息，追逐金錢，如同天氣的變幻無常般，也好像飛鳥的捉摸不定。其實，我們只要靜下心等待，強勢股票在技術圖形中自然會表態，只要按照規矩買進，上漲多時，日後好消息自會出現。定法定心，遵守紀律操作，金錢自然跟著來。

「等待」是完美作品的必備條件，卻是股票操作的至高心法。俗話說：「錢四隻腳，人兩隻腳。」到處去追明牌，想發財，往往追得筋疲力竭，仍然不可得。其實，股市要賺錢的第一心法就是「股市賺錢是等來的」，因此你一定要遵守以下6個等待原則：

1. 當股票下跌時，不要猜底，要「等」到打底，出現「底底高、不破底」及大量上漲格局時，再考慮做多。
2. 當股票打底突破前波高點，出現「頭頭高、底底高」及多頭往上漲格局時，要「等」到拉回沒有跌破前波低點，再次往上上漲時，再進場做多。
3. 當多頭行進連續上漲時，要「等」到回檔修正後再上漲時，才買進。
4. 遇到盤整時，要「等」到向上突破盤整區上頸線時，才做多買進。要「等」到向下跌破盤整區下頸線時，才做空。
5. 高檔暴大量，不要猜是否頭部到了，要「等」到出現「頭頭低」及股價往下跌時，才可以考慮做空。
6. 股價空頭下跌，要「等」到反彈不過前面高點，再下跌時，才做空。

股票在進行時，除了上面的買賣位置之外，都是要「等」機會，只要會「等」，總是能夠等到賺錢的機會。

心法2 「確認」是很重要的步驟

操作股票除了訂好交易規則之外，「確認」是很重要的步驟。有一次，幾位股友一起討論股票，其中一位做長波段的戴大師談到，他做大波段是看月線機會、週線有打底，然後在日線正確位置切入，然後沿著20週均線操作，在整個操作過程中，每個地方要確認後才會進場。

例如做多，必須月線確認突破下降趨勢線，週線確認打底上揚，日線確認多頭進場位置，他才會進場；比如週線是多頭回

檔、日線呈現M頭格局，即使月線、週線都確認是多頭走勢，他還是要等到日線轉成W底、確認再度走多時才進場。

一位同學在2011年9月23日那天，當晨星（3697）股價下跌，在盤中接近20日均線時，認為會像前兩次一樣有支撐，就進場去買，沒想到當天收盤價居然跌破月線，而且第2天又一根長黑，只好停損認賠出場。

我們看看這位同學的問題出在哪裡？

問題是他沒有確認就出手，如果他能夠每次都確認之後才出手，就會買在右圖❶、❷、❸、❺的位置。各位看看，是不是每次都賺錢？所以，千萬不要去猜測股價的支撐何在，要等到確認K線有支撐且再上漲時才出手，你可能無法買到最低價，但是你一定是個贏家。

買賣股票，懂得「確認」是很重要的！多多體會，不要急，不要慌，等到圖形確認再動作，這樣投資股票不是很輕鬆嗎？

聖嚴法師法語：「要能放下，才能提起。提放自如，是自在人生。」股市何嘗不是如此，買賣自如，自在股海。

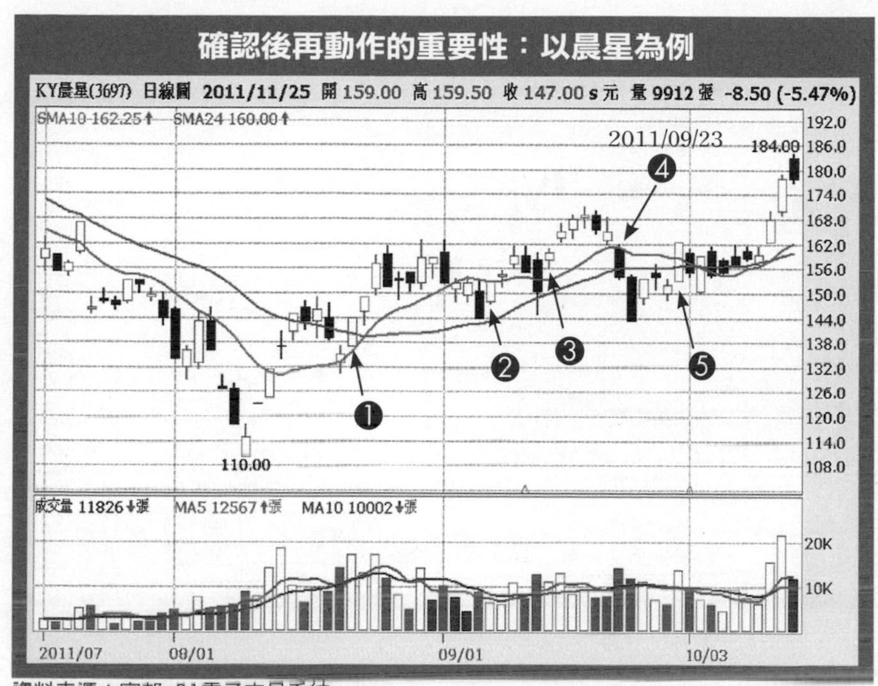

資料來源：富邦e01電子交易系統

▲上圖說明：

❶ 晨星股價反彈結束後下跌，股價再向上時，確認過前一日最高點，且沒有跌破前低點110元。

❷ 多頭回檔到月線，沒有跌破月線，第2天再上漲時，確認月線有支撐。

❸ 多頭回檔到月線，跌破月線，收盤時回到月線之上，第2天再上漲時，確認月線有支撐。

❹ 2011年9月23日收盤跌破月線，次日再下跌，月線沒有支撐。

❺ 股價再站上月線，拉出長紅K線，突破前5天K線的最高點。

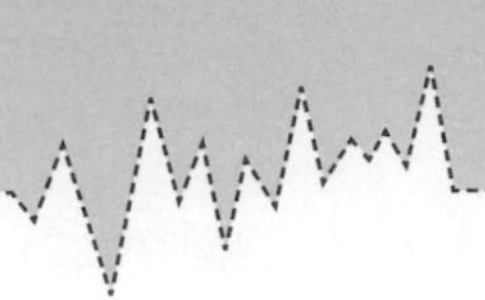

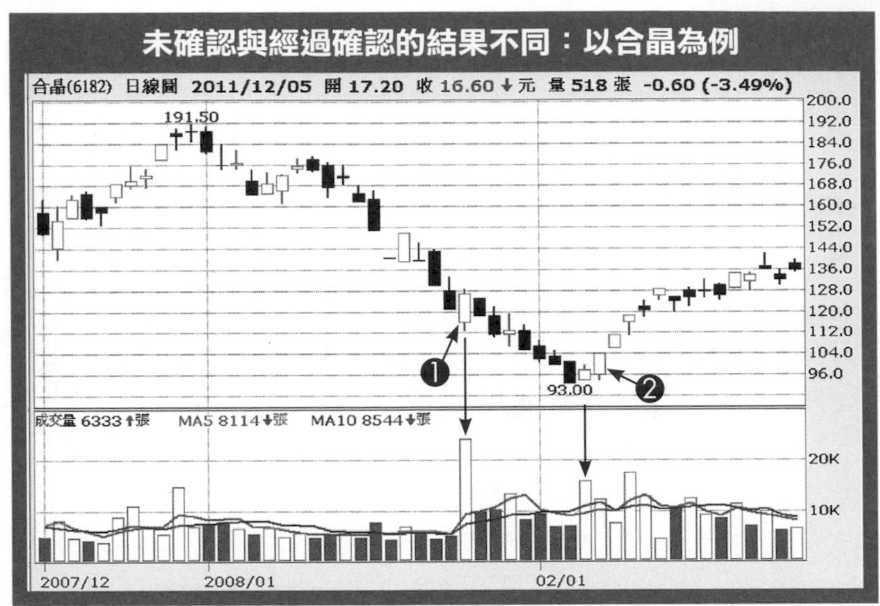

資料來源：富邦e01電子交易系統

▲上圖說明：

❶ 急跌當天開低走高，同時暴大量拉出紅K線，有機會反彈，但是第2天沒有過紅K線的最高點確認，不能進場搶反彈。

❷ 前一日出現大量止跌，今日拉出紅K線過昨日K線的最高點，確認，可以搶反彈。

我們在多頭回檔該買進股票的時機，是當回檔不跌、股價再向上上漲時才買進，為什麼要等到再上漲時？這就是等確認沒有跌破前面一天的最低點。

同樣的，股價跌到支撐位置，要等到不跌再上漲時，才能確認這個位置是有支撐的；多頭趨勢沒有改變前，不能自認為多頭趨勢結束，除非波浪型態經確認出現「頭頭低、底底低」格局時，才可以說趨勢改變。

心法3 集中火力才能專心操作

分散風險好？還是集中風險控管好？這是每個投資人都會想的問題，這要回到你投入股市的目的是什麼，如果是作為長期投資，自然是分散風險較好，股票應該只是投資理財的一個選項，其它可以分散投資在不動產、基金、黃金等工具上。

如果你的資金不多，只能投入股票市場，希望能夠獲取高報酬，那麼就要集中火力，把雞蛋放在同一個籃子裏，全心全意地照顧好，如此才能達到高利潤的目標，原因如下：

1. 分散風險的同時也會抵銷利潤

許多人覺得好股票太多，這個也買，那個也買，手中持股10～20檔，實際上，股票走勢不會都一樣，結果有的漲，有的跌，到最後，賺到的被跌掉的給抵銷掉了。

2. 同時持有多檔股票難以兼顧

當手中持股10～20檔，每天收盤後每檔股票的功課都做不完，盤中還要兼顧那麼多檔股票的漲跌，往往顧此失彼，要是遇到什麼大的變動，恐怕要緊急處理都來不及。

3. 持股3～5檔，專心操作

精選有題材、有趨勢、有發動中的強勢股票買入，持股不超過5檔，集中火力及專注每一檔股票的走勢變化，更能隨時果斷執行停損及停利。

4. 汰弱換強，以保持獲利

手中永遠留著正在上漲的股票，盤整不漲或下跌的股票要換掉，保持利潤的延續性。

學會以下操盤EQ過4關

第1關：起漲的買點

- 具備看圖正確選股的能力，清楚知道是否為正確的買進位置。
- 具備「敢不敢」的執行力，機會來了要敢買，猶豫不決，機會稍縱即逝。

第2關：停利的賣點

- 急漲時要抓住最佳賣點，本書後面篇章都有詳細說明。
- 遇壓不漲時，停利。
- 停利要「狠」。不該貪時，要捨得出場，才能保證獲利入袋。要記得！會賣才是師傅。

第3關：等殺低買點

- 第2關高檔停利之後，才能找殺低買點。
- 情緒快樂：在高檔停利賣掉的人，等殺低後找買點輕鬆買回，立於不敗之地。
- 情緒掙扎：第2關沒賣的人，殺低會想停損，每次耐不住就殺在最低點，常常會陷入追強勢股但是賺不到錢的困境。

第4關：出現頭部結束

出現高檔暴大量、量價背離、多頭不過前波高點、K線反轉、均線死亡交叉等5種現象，拍拍屁股走人。結束多頭操作。

賺錢的關鍵是要會停利，不賠大錢的關鍵是要執行停損。

心法4 學會、做到 才能成為贏家

很多投資人很努力，花錢買書來看，繳費上課學習，但是操作績效還是沒有改善，關鍵在於沒有「學以致用」。

說實在的，股票要學的知識真的不多，大概只要看不同的10本書就可囊括了，這些不多的知識，在操作時卻往往做不到，才是投資人一直不能成功賺錢的原因。由於股票市場不是個平靜穩定的市場，每天上下波動，深深牽動投資人那顆不安定的心，身在股海，心不由己。

大家都知道，軍隊訓練是為了要打戰，為了怕士兵真的上戰場時驚惶失措，所以在平時有所謂的「軍事演習」，操作股票的自我訓練，同樣要「股海操練」，把自己所學的實際應用，建立信心和習慣，才能改變賠錢的命運。

「一次完整賺錢的經驗」是非常重要的經歷，用少量的5～10萬元資金，根據所學的知識，挑選一檔當下有題材、符合技術圖形多頭起動的位置，買進一張股票，選擇一種固定的操作方法，然後要求自己絕對按照紀律進出，該停損時停損，該買進時買進，該停利時停利，一直做到趨勢改變為止，如此守紀律完整的操作一次，相信會有很大的收穫及體悟，下定決心試一次吧！

學到什麼就要做到什麼 才能致勝

前面說明，想成為贏家，要把平常學到的知識在操作時做到。首先，各位要徹底瞭解技術分析名詞的定義，然後要知道股票操作時該做什麼動作，並確實執行。

1. 多頭走勢

定義：股價一直創新高，回檔時不破前面低點。

動作：做多買進，買進的位置請看第3篇「技術分析進階」。

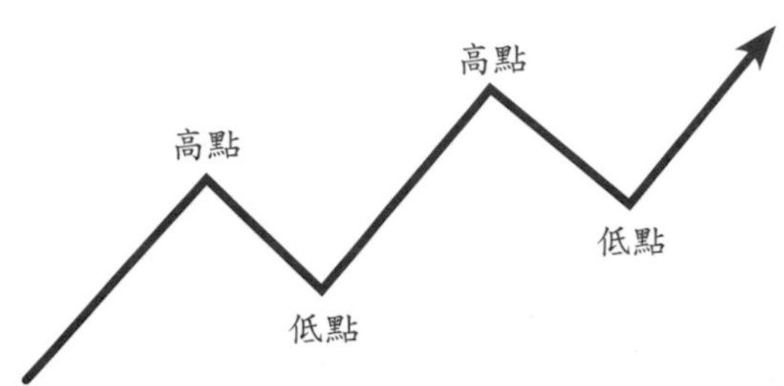

2. 多頭回檔

定義：多頭上漲一段後的下跌修正，回檔時沒跌破前面低點。

動作：回檔下跌時，不可預測止跌的位置買進，要「等到」出現止跌訊號，第2天不再跌破前一天最低點，同時收盤前確認是上漲過前一天最高點的紅K線後買進，也就是「回後買上漲」。

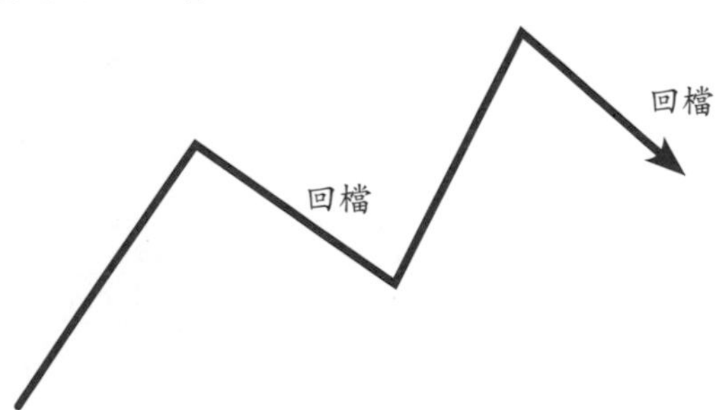

3. 多頭休息

定義：多頭上漲一段後出現「頭頭低」現象，波浪轉折高點不過前面波浪轉折高點而下跌，注意！這與「多頭回檔」不同，多頭回檔是突破前面高點後才下跌。

動作：持有多單的要退出，避開股票進入盤整或反轉的風險。空手投資人不可有做多或做空的動作，要「等到」趨勢明朗時再說。

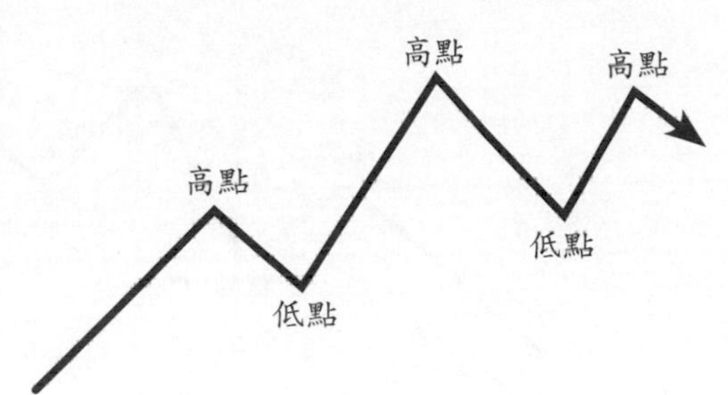

4. 多頭盤整

定義：多頭上漲一段後出現「頭頭低」現象，波浪轉折高點不過前面波浪轉折高點而下跌，下跌時沒有跌破前面波浪轉折低點就上漲，股價橫向發展成「高不過高、低不破低」的區間盤整。

動作：盤整時勿操作，「等到」盤整結束，股價大量突破盤整區時，做多買進；股價跌破盤整區，為做頭反轉，可以做空。

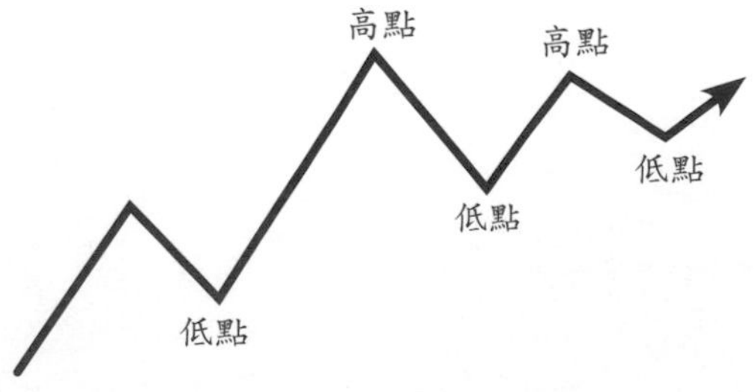

5. 多頭反轉

定義：多頭上漲一段後出現「頭頭低」之後，又出現跌破前面低點，呈現「底底低」格局。

動作：符合空頭型態，思考做空，「等到」反彈不過前面高點，再往下跌時，做空單賣出。

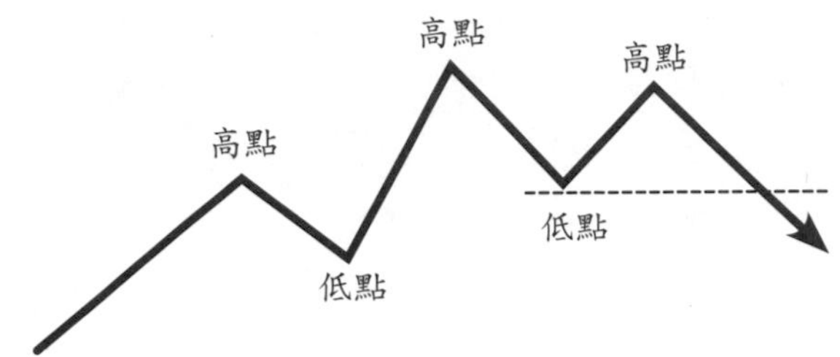

6. 空頭走勢

定義：股價一直創新低，反彈時不過前面高點。

動作：做空賣出，賣出的位置請看第3篇「技術分析進階」。

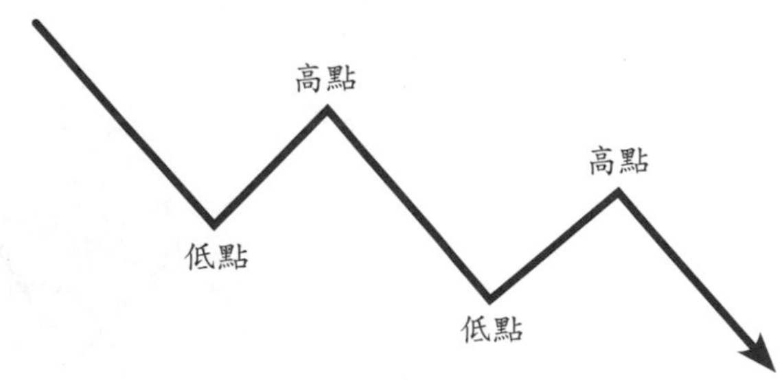

7. 空頭反彈

定義：空頭下跌一段後的跌深短線反彈，反彈時不能突破前面高點。

動作：股價反彈上漲時，不可以預測會彈到哪個位置而去做空，要「等到」出現止漲訊號，不再突破前一天最高點，同時第2天下跌，跌破前一天最低點的黑K線確認後再做空，也就是「彈後空下跌」。

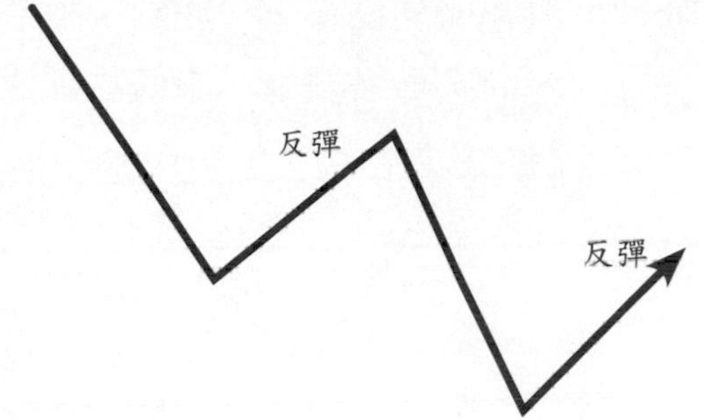

8. 空頭休息

定義：空頭下跌一段後，出現「底底高」現象，波浪轉折低點不破前面波浪轉折低點而上漲。注意！這與「空頭反彈」不同，空頭反彈是跌破前面低點後才上漲。

動作：持有空單的要回補退出，避開股票進入盤整或反轉的風險。空手投資人不可有做多或做空的動作，要「等到」趨勢明朗之後再說。

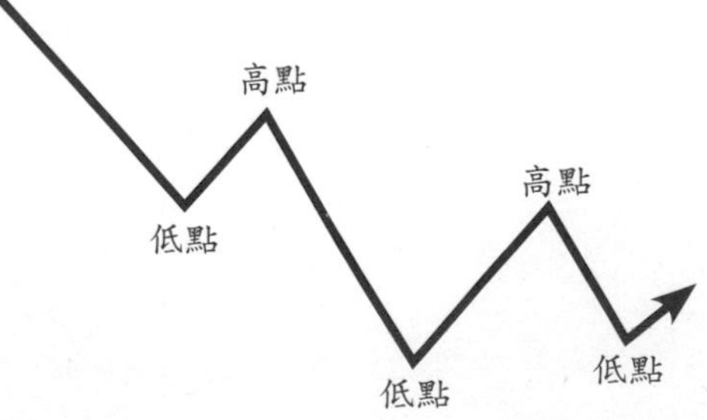

9. 空頭盤整

定義： 空頭上漲一段後出現「底底高」現象，波浪轉折低點不破前面波浪轉折低點而上漲，而上漲又沒有突破前面波浪轉折的高點又下跌，股價橫向發展成「高不過高、低不破低」的區間盤整。

動作： 盤整時勿操作，「等到」盤整結束，股價大量突破盤整區時，做多買進；股價跌破盤整區，為續勢空頭，可以繼續做空。

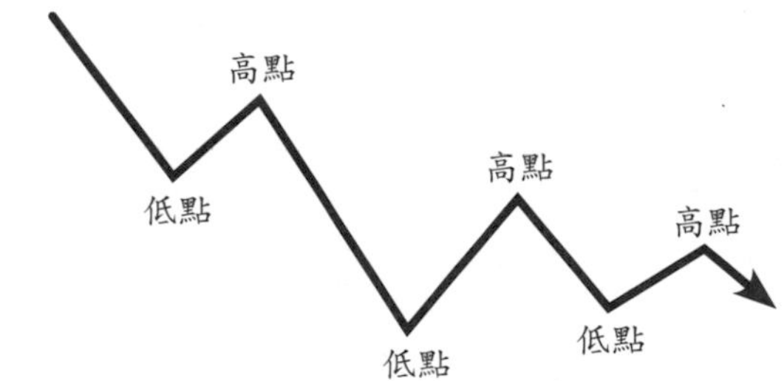

10. 空頭反轉

定義： 空頭下跌一段後，出現「底底高」現象，之後又出現突破前面高點，呈現「頭頭高」現象。

動作： 符合多頭型態，思考做多，「等到」回測不破前面低點，再往上漲時，做多買進。

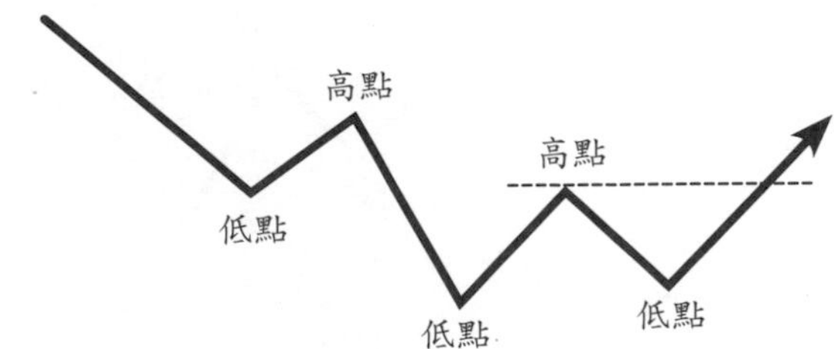

11. 盤整

定義： 股市走勢不符合多頭的定義，也不符合空頭的定義，往橫向發展。盤整位置又分為底部盤整、續勢盤整與頭部盤整。

動作： 進入盤整區，建議退出觀察，因為盤整期間可以是一週，也可以長達數月之久，資金不宜留在盤整區。任何位置的盤整，都是另一次上漲或下跌的機會，最好的策略就是「等待」，「等到」盤整結束，向上帶量突破時，做多；向下跌破時，做空。

12. 停損

定義： 停止讓損失擴大，賠錢賣出。停損是進入股市避開危險的煞車機制。

動作： 任何時候進場做多或做空，都要設定停損；股價到達停損時，要果斷執行停損。

13. 停利

定義： 結束操作，出脱股票，讓獲利入袋。停利是進入股市是否能夠賺錢的關鍵動作。

動作： 股價到達預定目標價附近，股價出現不再續強的現象，停利出場；股價獲利到達自訂交易規則的出場條件時，停利出場。

14. 假突破

定義： 股價上漲突破壓力後，3天內又跌回到壓力下方。壓力包括股價前高、盤整區的上頸線、均線、下降趨勢線、缺口等。

動作： 按照交易紀律進場買進，如果出現假突破，要立刻出場，避開真下跌的風險；假突破後出現真下跌，要反手做空。

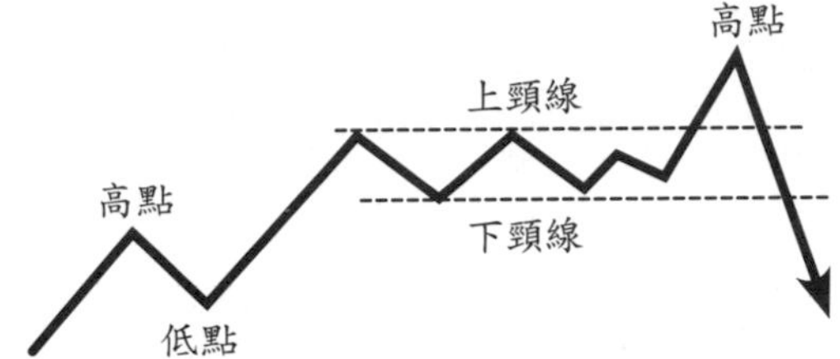

15. 假跌破

定義： 股價跌破支撐後，3天內又上漲回到支撐上方。支撐包括股價前低、盤整區的下頸線、均線、上升趨勢線、缺口等。

動作： 按照交易紀律進場做空，如果出現假跌破，要立刻出場，避開真上漲的風險；假跌破後出現真上漲，要反手做多。

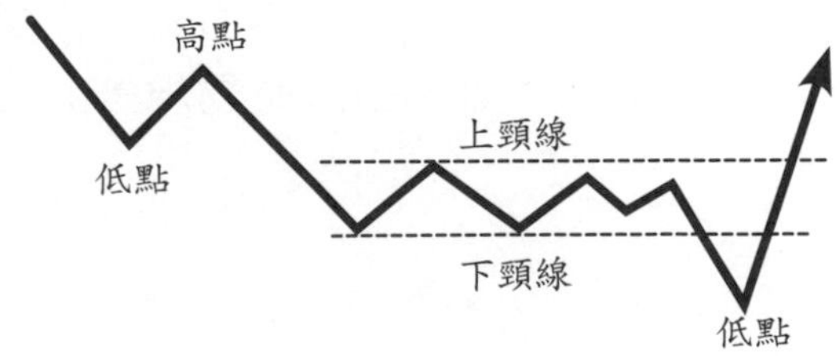

聖嚴法師法語：「把自己的心轉過來，運也就好轉過來。」股市何嘗不是如此，運隨心轉，觀念改變，動作改變，賠錢的命運也就會改變。

第2篇

錢進股市的前置備戰作業

操作股票的賺賠是最後的結果，前面的學習、準備的過程才是執行成功的原因。

如果不去瞭解整個學習、訂定策略及操作過程，就想得到賺錢的結果，可謂「緣木求魚」。

讓我們站在制勝高點綜觀全局，才不會犯下見樹不見林的錯誤。

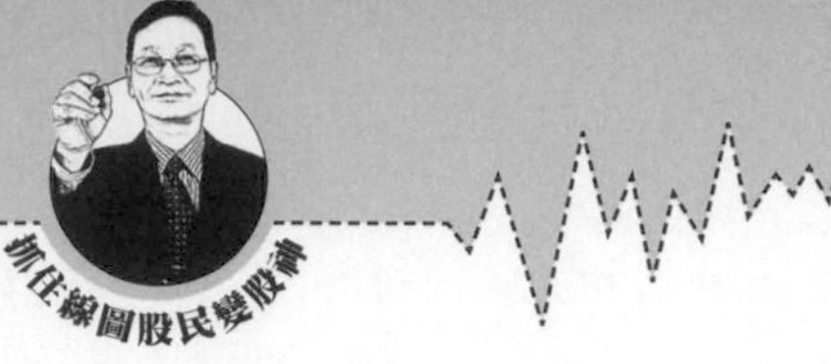

第1章

想靠股票致富 進場前你必須做好的準備

一般人總把股票交易看成是一件很簡單的事，認為只要在低價時買進、高價時賣出，不就成了。因此，總是很輕率的就投入資金，等到手上持有股票時，才發現股價上上下下，跌了要不要賣？漲了要不要跑？不知道如何是好。

我們拿錢投入股市，如同投資其他事業一樣，要認真的面對他，如果漫不經心，沒有整體規畫及策略，那麼一定會損失大筆金錢。

其實，幾千年前的《孫子兵法》第一章「始計篇」中強調的「廟算」觀念，即說明了同樣的道理。孫子說：「夫未戰而廟算勝者，得算多也；未戰而廟算不勝者，得算少也。多算勝，少算不勝，而況於無算乎？吾以此觀之，勝負見矣。」

孫子的意思是指，作戰之前，就預計可以打勝戰的一方，是因為在開戰前就已經分析過敵我的利弊條件，制訂作戰攻防策略、籌畫周密的結果；作戰之前，就預計無法打勝戰的一方，則是因為在開戰前就欠缺戰勝條件、籌畫不夠周密的結果。作戰之前，條件具備、籌畫周密、策略完備的一方就能夠取勝；

條件不全、籌畫不周、策略錯誤的一方，就無法取勝，更何況是不做準備、沒有籌畫、毫無條件、沒有策略的人呢？

股票市場就如同戰場，不瞭解敵人（市場），沒有經過準備訓練，又沒有做事先的評估，計算獲勝的機率，毫無章法就進場投入資金，無非是飛蛾撲火，屍骨無存，不可不慎！

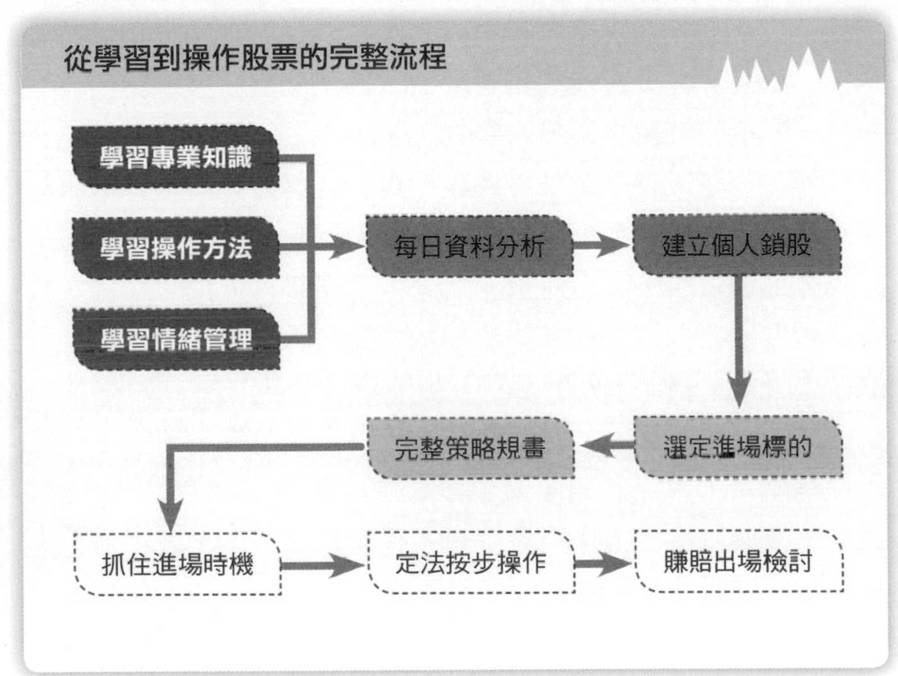

進場前 你該學習的專業知識

做股票要學的專業知識很多，但是一定要先學會以下基本的重要知識：

1. 股票投資基本入門常識

投資股票前一定要先了解什麼是開戶、買賣股票、交割集保、本益比、股票淨值、殖利率、股票分類、融資融券、上市上櫃、面值、市值、手續費、證交稅、違約交割、全額交割、市價限價、當日沖銷、除息除權等股市基本常識。

2. 完整的技術分析專業知識

技術分析是進入股市的基本專業知識，如同在學校所讀的教科書，任何人只要花時間用功學習，都能學會。技術分析是基本功，具有完整的技術分析能力，基本上，你已經可以判斷一支股票的好壞，但是這並不代表你真的能夠賺到錢，如同大學畢業後，不代表進入社會就會從此一帆風順。

我在這裡特別強調「完整」兩個字，現代社會資訊發達，投資人都懂一些技術分析。問題是，大多數人只是知道一些片面的技術分析，就拿來分析研判，結果當然常常失敗。

例如，上漲有量，追買力道強，可以買進股票，事實上一定是這樣嗎？如果沒有對股價位置、均線變化、K線型態、走勢方向、籌碼數量、指標現象等有完整的綜合考慮，就會經常判斷失誤，進場操作失敗。

完整的技術分析包括：(1) 波浪型態、(2) K線強弱、(3) 均線切線、(4) 價量關係、(5) MACD、RSI、KD等指標，其中前4項，我稱為技術分析的「四大金剛」，在我的第一本書《抓住飆股輕鬆賺》中有詳細的介紹，讀者可以參考。

3. 研究基本面的專業知識

解讀公司的財務報表、財務結構、營運方向及未來發展等。

要有毅力 認真學習操作股票的方法

很多人都會問：「做股票真的有賺錢的方法嗎？」答案是：「有的」。

早在1983年，美國芝加哥知名交易員理察．丹尼斯（Richard Dennis），當時他37歲，已經用幾百美元賺到數百萬美元。他認為，賺錢的操盤員不是天生的，只要經過適當的訓練，任何人都能學會如何交易。丹尼斯本身就是用技術分析操作的成功交易員。

當時他的合夥人威廉．艾克哈特（William Eckhardt）並不同意丹尼斯的看法，艾克哈特認為，投機操作的能力是一種天生的感覺、主觀、直覺的天賦。

為了證明各人的論點，他們倆在1983～1984年做了一個實驗，召募各行各業各個階層，不同年齡、學歷、生長背景的一群有意願學習交易的學員，花了兩個星期教導他們所需要知道的商品知識，以及一套簡單、易於遵守的交易規則，完成課堂學習指導之後，每個學生都分配到100萬美元資金以供交易。其中，許多學員每年獲利可達100% 甚至更高。

這個出名的實驗訓練，就是後人眾所周知的「海龜特訓班」。丹尼斯的實驗證明，在一切條件相同下，任何人都能學會股市賺錢的方法！

每個投資人都有一套自己操作的方法，有些人憑感覺買賣股票也能賺錢，有人做當日沖銷賺錢，有人用基本面財報賺錢，有人等大機會做波段賺錢，方法百百種，能夠賺錢的就是好方

法，怕就怕沒有方法就到股市亂衝，頭破血流事小，粉身碎骨也不意外。

所以，一定要先學會幾種操作股票的方法，再到戰場練兵，本書第4篇介紹操作方法，讀者可選擇適合自己個性的方法，先用小錢（10萬元就夠了）開始練習，在實際操作中去感覺，再用實際經驗去做修正，慢慢找到你可以信任的賺錢方法。

培養操作致勝必備的7種能力

在股票操作過程中要具備一些能力，這些能力的強弱，直接影響操作績效的好壞。所以，我們一邊操作，一邊要在操作實際經驗中提升以下7種能力：

1. 看圖選股的能力

選股的能力不是單純指技術分析，技術分析固然可以幫助我們研判圖形的走勢，但是一些實務上的經驗，更能提高判別的準確度。例如，圖形無法看出這檔股票是否為主流類股，圖形無法知道股票的基本面，所以公司基本面、產業未來發展情形、當下主流股、熱門題材等等這些都是選股的能力範圍。

看圖能力可以經由不斷練習來提升，所謂「熟能生巧」，如同跳舞一樣，基本的舞步不純熟如何能夠跟上音樂？如何顧到姿勢？如何變換花式？更不可能做到行雲流水的動作了。

2. 執行停損的能力

「停損」只有兩個字，能夠做到，可是一項不容易的能力，因為沒有經過一段時間的毅力、決心的訓練，一般凡人是很難每次都做到的，偏偏執行停損的能力是古今中外，任何成功投資者的必備條件。

要在股市生存，一定不能大賠、慘賠到重傷不起，能夠做到小賠的唯一方法只有「停損」這兩個字。股市中再大的風險，只要執行停損都能夠避開，這項「執行停損」的能力，就如同車子的煞車系統，不能沒有。

3. 果斷停利的能力

我們到股市投資，當然不是來停損消費或娛樂的，投入股市的目的是為了「賺錢」，操作的重點全在此處。無論要賺「大錢」或「小錢」，都要具有「停利」的能力。不會「停利」，如同入寶山，空手而回，難怪股市中說：「會停損只是徒弟，會停利才是師傅。」

許多人會選股、會停損，可是仍然覺得很難賺到錢，原因是欠缺「停利」的訓練。我追隨李大師學習的兩年期間，他曾經在技術分析教室告訴我們，停利要「狠」。該貪的時候要貪，不該貪的時候不能貪，到達獲利目標，在技術分析出現該賣的訊號，或者出現自己紀律交易的出場條件，就要狠狠的賣出股票，獲利入袋。

「停利」有兩個重要的意義，第一當然是讓獲利入袋，第二是「避險」。該賣出卻不賣出，非但獲利被吐回（這就是賺不到錢的原因），如果行情是反轉，反而要賠錢。因此，沒有「停利」能力，在股市中是難以賺錢的。

4. 反敗為勝的能力

固然「勝敗乃兵家常事」，股市中只有贏家與輸家，要成為長期的贏家，就必須要具備「反敗為勝的能力」。

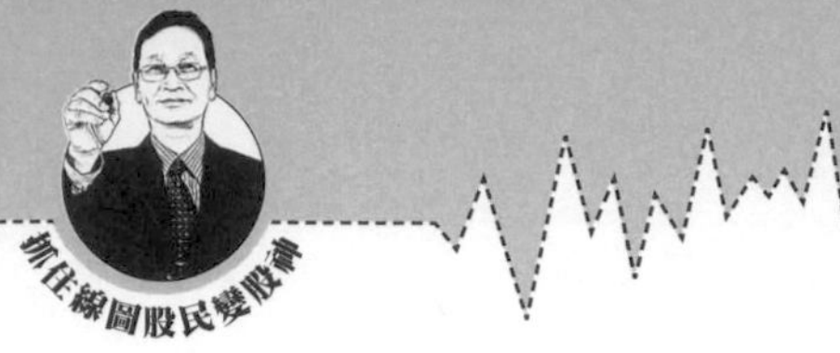

股市變化理由錯綜複雜，再厲害的高手也難免馬失前蹄，對瞬息萬變的股市要具備應變的能力，如果掉到敗部，必須能夠反敗為勝。

例如2011年11月下旬，台灣股市低迷不振，大多數股票處在下跌的空頭，手中持空單的人很多，在11月30日晚上，中國突然發布調降存款準備率2碼，國際股市應聲大漲，美國道瓊指數更是大漲490點，這樣的突發性經濟利多，當然會立刻反應到第2天台股的走勢，這時必須採取斷然措施立刻回補空單，千萬不能漠視不管。

股票「反敗為勝」最重要的方法就是「汰弱換強」，汰弱只是止血，還要「換強」才能反勝，當手上股票弱勢或賠錢時，要立刻「汰弱換強」。

5. 操作短線或波段的能力

股市賺錢終究是靠操作，同一檔股票，會操作與不會操作的結果差很多，由於市場的環境不會一成不變，所以要具有短線操作的能力，當波段獲利的機會來時，要有操作波段的能力。本書第4篇分別介紹多種操作方法，當然讀者要自己經過實際操作，才能靈活應用。

6. 守株待兔的能力

讀者可能會認為「守株待兔」就是等待機會而已，哪裡需要什麼能力？如果你也這樣想，那可就大錯特錯了！守株不一定就能等到兔子，看到兔子不一定就能抓到。

守株待兔的能力就是鎖股追蹤的能力，鎖對股票，機會出現，要有勇氣立刻抓住進場的時機進場。

7. 檢討改進的能力

每一次的交易都是寶貴的經驗，對初學的投資人來說，每次交易無論賺或賠都要把圖印出來，把當初進場的理由、採用的策略、操作的過程、賣出的理由一一寫下，並且檢討這次的心得，不要嫌麻煩，這是自我成長進步的重要功課。

以上每項能力都很重要，每天能夠要求做到，日積月累，自然能夠提升股市賺錢的功力。

做好情緒管理

學習的最後一項，也是最難的一項，就是情緒管理。偏偏情緒又是決定操作成敗的關鍵，無法控制情緒，即使有很好的技術，也無法發揮，像曾雅妮打高爾夫球、王建民投球，臨場的抗壓、心情的起伏，絕對會影響比賽時的表現。

人是情緒動物，任何人都會受到心理面的影響，我們要設法控制自己的情緒，使它的影響降到最低。

有人說：「股市如人生」，人的一生起起落落到終了，沒有幾個人沒有遺憾，大家都說要修行，可是能修成的也沒多少人。人生境遇太複雜，許多時候不是自己能夠掌控的。股市比起人生要單純得多，至少許多地方我們可以預測、可以掌控。

每日一定要做的資料分析功課

現在資訊發達，網路盛行，每天可以看到許多的資料，當然，如果你是專業人員，分析的資料可能層次比較高，例如電子類股票，會分析國際上電子相關的產業公司的狀況。

你也會收集國際主要國家發表的各項經濟數據做分析，對世界各地的政經政策也會提出看法，可是對一般投資小民，恐怕無法做到這些境界。但是，有些貼近台灣股市，短期會影響股市的資料，即使是一般投資人，還是要每天紀錄觀察，可以幫助投資人瞭解股市動盪的原因及可能對股市造成的影響。

1. 國際股市要看美國、德國、法國、英國、中國、香港、韓國及日本的盤勢，這些國家的經濟都會影響台灣股市。
2. 台灣股市每天要看走勢的變化，包括日線、週線，長期的方向則要看月線。
3. 價量的變化要分析，尤其是轉折的位置、成交量的變化，能夠透露主力的企圖，必須列為每天一定要分析的資料。
4. 現在外資對台股的影響很大，因此每天要紀錄外資的進出，另外，對外資在期貨上的多空布單也要認真看待。
5. 要看國內前五大及前十大交易人及特定法人的期貨多空未平倉單變化。
6. 每日三大法人的買賣超、市場融資融券的變化資料。
7. 台股收盤後的各項數據，例如當天收盤價、開盤價、最高價、最低價、短中長期均線變化。
8. 各類股的走勢狀況、交易資金分配狀況，以及對大盤的可能影響。
9. 台股指數期貨的各項數據與台股指數的正負價差可能造成的影響。
10. 逐一審視當日強勢股及弱勢股，歸納發現主流類股、多頭或空頭剛發動的股票。

建立個人的鎖股資料庫

台灣股票上千檔，不可能每檔都做或每檔每天都看，因此要選擇一些有賺錢機會的股票，建立個人資料庫以方便鎖住它，平日就注意它們的發展，機會一出現，能夠在最短時間搶奪先機，立刻買進。

前述的每日資料分析中的第10條：「審視當日強勢股及弱勢股」，是發現好股票的重要功課，借用市場的自己表態，很輕鬆就能發現強勢股、弱勢股、主流股等股票。

自己經過基本面、技術面的分析篩選，剔除一些股本過小、成交量過少、股價太低、基本面太差可能下市的股票之後，可以把下列股票納入自己的鎖股資料庫。

1. 波浪型態明顯，剛開始發動的股票。
2. 正在底部盤整的股票。
3. 多頭回檔或盤整等待續勢再上漲的股票。
4. 高檔盤整，可能做頭的股票。
5. 中小型的強勢飆股。
6. 主流類股中的強勢上漲股。
7. 各類股的龍頭股。
8. 占大盤權重的指標股如台積電、鴻海，高價股如宏達電、大立光等，做為影響大盤指數的參考。

開盤前的準備工作

「凡事預則立，不預則廢」，操作股票每天要做好次日的準

備工作，這樣就不會慌慌張張的就上戰場，有了規畫，操作有所依歸，可以大大減少受情緒的影響。

例如，前一天就先分析好手上的股票走勢，如果次日股價收盤前5分鐘沒有跌破10日均線，則繼續持有，那麼第2天盤中股價的上下波動就不會影響你的心情，到下午1時25分看看股價是否要處理就可以了。

開盤前要先完成以下4項事情：

1. 分析手上持股，如果手中有持股，分析持股是第一項工作，因為你已經投入了資金，關係到賺賠，一定要全神貫注你的股票，詳細說明今天盤中的策略，是否要停損或要停利，還是要加減碼或換股……。
2. 對計畫今天要進場的股票，要做好準備，什麼價位到要進場或符合什麼條件時就要進場。
3. 對今天大盤可能的走勢要有一個方向，作為行情背景的參考。盤中根據市場變化做調整。
4. 上午開盤前要看一下韓國及日本股市狀況以及期貨開盤的情形，這些都可以提供你對今天大盤的修正參考。

第2章

我這樣展開股市公務員的一天

如果把做股票當做事業，那麼每天的工作就像是公務員上下班一樣，我就是股市公務員！每天早上8點上班，到我的工作室，在開盤前準備好今天工作的「備戰表」，內容如下：

我操作股票的每日「備戰表」

第1步	分析國際盤，包括美股、歐股、陸股及早上剛開盤的韓股及日股行情。
第2步	對台股大盤的分析，包括研判今天可能的走勢是開高走低、開低走高、還是上下狹幅震盪，預判可能的高點及低點、往上壓力的位置及往下支撐的位置。
第3步	分析昨日台股K線、設定今日高低關卡的點位。
第4步	分析昨日期貨指數的走勢、設定今日高低關卡的點位。
第5步	分析手中持股，包括：上檔可能的壓力、走勢是否保持原來的方向、今日可能來到要停損或停利位置的處置以及那些鎖股今日要觀察的盤中現象（例如接近盤整末端的鎖股對象）。

股市公務員的標準 SOP 作業流程

上述5項作業完成，沖泡一杯香濃的咖啡，翻閱一下當日的財經報紙（只是參考），等待上午8:45分台指期貨開盤，就正式展開始今天重要的工作了！

8:45 台指期貨開盤

我的主畫面是5分K線圖，開始記錄開盤點數。前面3根5分K線的收盤點數，可以做為現貨可能開盤點位的參考。

9:00 台股現貨開盤

記錄開盤點位、上漲或下跌的%、成交量、委買/委賣比值、均買張與均賣張差數、委買賣張差、估計成交量。以上資料數據除了開盤記錄外，還要記錄9:05、9:10、9:15及10:00等4個時間的資料，同時觀察這1小時盤面變化，大至掌握今日的概況。

盤中同時也要瀏覽亞洲股市的走勢狀況，當然要看手中持股變化，是否來到「備戰表」的停損停利位置，以及走勢狀況、成交量情形及盤中是否出現異常大量連續買單或賣單的情形，只要仍符合個人定法紀律的持股條件，原則觀察就好，守紀律操作如同公務員依法行政一樣，安穩行得百年船。

10:00～12:00

在這2小時的中間時段應多看少做，因為股票主力今天的策略動作在上午10點前就已完成，在10點至12點期間，大多是散當日晚上要利用時間寫完「股票日誌」，進行每日資料分析，建立及檢視鎖股資料庫，做好明日的準備工作。如此充實忙碌的一天，看來要做個稱職的「股市公務員」，也實在不簡單呢！

戶交易，或者是主力為配合期貨的多空在做現貨的調整。這段時間，除非手中持股有出現紀律要出場的狀況必須處理，或者在盤中看到自己的鎖股已到進場的機會點，才做動作，否則這段時間可以站起來活動一下筋骨或閉目養神一下。

12:00～13:00

通常這期間股市交易又開始活絡，這時要觀察是否有尾盤強勢往上的股票，這些股票明日會有續漲的能力，檢查線型後可以買進一些，進行短線獲利。

13:00～13:30

要精神貫注，注意自己手中持股的今日K線型態，預估收盤是否到自己訂定的停損或停利價位，如果還在正常行進範圍內，就放心持股續抱。

13:30 現貨收盤～13:45 期貨收盤

把今天大盤的走勢圖再看一遍，檢討是否與自己盤前研判的「備戰表」一樣，並且把大盤、期貨、手中持股今天的價量、均線、高低價、買賣等資料登記在「股票日誌」。哈哈！公務員今天準備下班啦！

第3篇

4大技術分析的進階應用

技術分析除了是分析圖形的工具外，更是我們操作上的依據。

在面對股市變化時，技術分析可以提供即時的訊號，讓我們能夠抓住機會，進場獲利，或者是立刻出場避開災難。

本篇為技術分析的進階應用，能夠幫助讀者對技術分析更進一步認識，在操作上更能夠得心應手。

第1章 波浪型態進階研究①：多頭、空頭及盤整圖形、買賣位置

在我這幾年教課的經驗中，發現同學的問題大多是看不出趨勢方向，因此經常在下跌的時候做多，做錯了方向。其次，是進場位置不對，自己認為股票好就趕快買進，結果往往買到高點；或是回檔修正，自己認為股價低就去承接，往往股價繼續下跌，這些問題在在說明了波浪型態的重要，只要能透視波浪型態的特性，就可以清楚看出趨勢方向，同時也可以知道最佳的買賣位置，如此自然能夠輕鬆操作。

技術分析的「四大金剛」是波浪型態、K線、均線及成交量，其中以「波浪型態」為首（「四大金剛」請參考《抓住飆股輕鬆賺》一書），因為波浪型態可以判別多頭、空頭或盤整的走勢方向，同時發現方向的改變、確認方向的結束，並且能夠有明確的進出位置，所以是學技術分析很重要的基礎。

本章進一步說明波浪型態的角度、位置、回檔及反彈的幅度、突破及跌破關鍵支撐或壓力的型態、底部及頭部的型態判別等，幫助讀者在實際操作中更能駕輕就熟。

多頭波浪的完整走勢及進場位置

同學大多習慣做多，2011年大盤直直落，股票跌的多、漲的少，害得不少同學賠錢。如果對多頭走勢的特性充分瞭解，就不會在行情不好的時候一味做多了。

1. 對多頭波浪應有的重要認知

(1) 轉折高點（稱頭或峰），後面頭比前面頭高，股價一直在創新高（簡稱為「頭頭高」或「峰峰高」）。

(2) 轉折低點（稱底或谷），也是後面底比前面底高，股價的低點一直在墊高（簡稱為「底底高」或「谷谷高」）。

(3) 當股價回檔時，要觀察不能跌破前面低點，然後再繼續上漲，如此波浪走勢仍然維持符合多頭「底底高」的條件。因此，回檔要觀察不能跌破前面低點是必要條件。

(4) 當股價經過回檔修正後，沒有跌破前面低點再上漲，當上漲突破前面高點，走勢繼續創新高，確認波浪走勢繼續是「頭頭高」、「底底高」的多頭。

(5) 多頭走勢總是上漲的多、回跌的少，股價一步步往上推升。緩漲急跌，出現長黑後不繼續下跌的現象。

(6) 價漲量增，價跌量縮。

(7) 見壓不是壓，見撐多有撐。

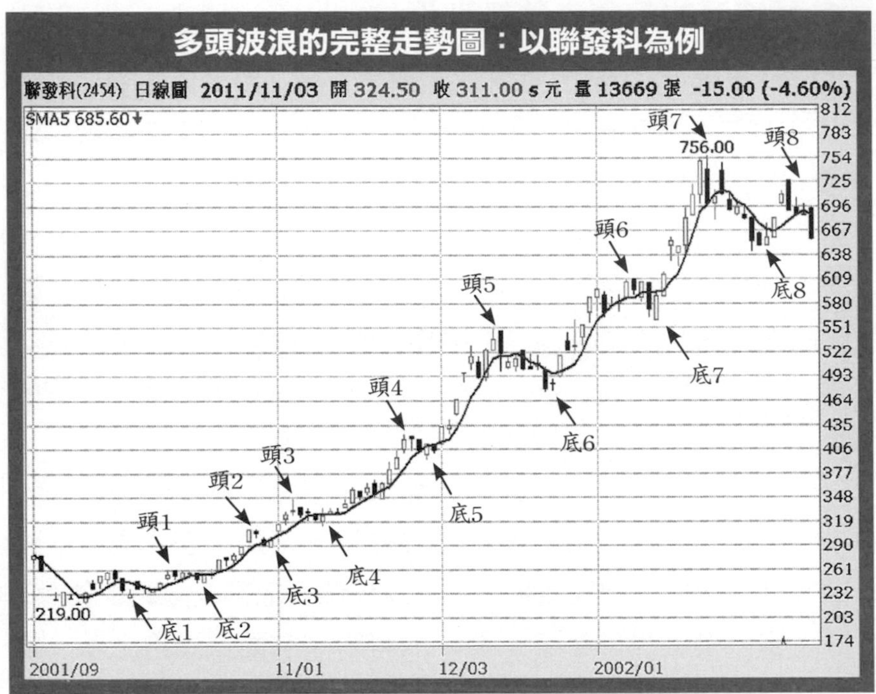

資料來源：富邦e01電子交易系統

▲上圖說明：

❶ 「底1」開始出現「底底高」，走多頭，在「頭1」回檔到「底2」時沒有跌破「底1」就往上漲。

❷ 「底2」上漲過前面「頭1」的高點，確認多頭走勢。

❸ 往後一直是「頭頭高」、「底底高」的多頭格局，直到「頭8」出現無法過「頭7」就回檔的現象，表示多頭趨勢開始變化，多頭可能要休息盤整或反轉。

2. 多頭的黃金買點位置

(1) 底部盤整，股價已向上突破下降切線，並出現「底底高」且帶量拉出長紅K線時。

(2) 底部盤整完成，出現突破前面高點的帶量長紅K線時。

(3) 回檔時沒有跌破前面低點，且出現再向上漲的紅K線時。

(4) 盤整末端，股價出現帶量長紅K線往上突破上頸線時。

3. 操作時的重要觀念

(1) 多頭進場，最佳買點就是前述的4個位置。我們在選好股票準備做多之前，必須看日線是否為進場位置點，如果不是，最好等到進場位置時再動作，否則隨便進場很容易短期套牢或遭到停損。例如：沒確認打底就去買、回檔尚未止跌回升就去買、盤整還沒有結束就去買、上漲好幾天還去追高買，結果造成操作困難而賠錢。

(2) 股價突破前面高點的買進，前述說明只有兩個位置：一是底部盤整完成的突破確認，一是盤整末端的突破。為什麼行進中回檔後再上漲突破前面高點時，不是最佳買點？理由是一般主力在往上拉漲走一段創新高後會洗盤，讓過多的浮額賣壓換手，所以連漲3～5天之後容易回檔，因此當創新高時去追買，往往是買在回檔後上漲的第3或第4天，正好處於過高要拉回的時候，隨時會碰到拉回的狀況，所以盡量買在回檔後再上漲的第一根紅K線，既容易停損，獲利空間又大。

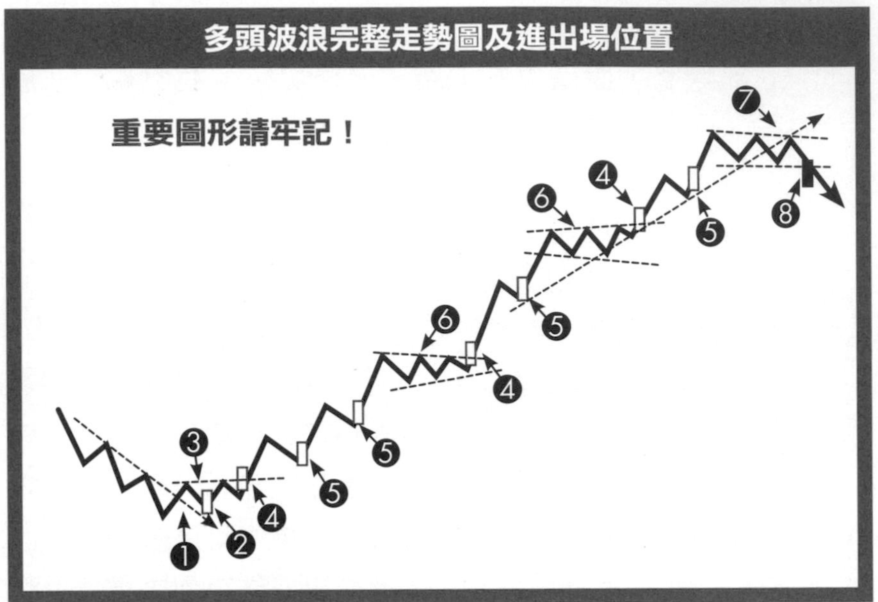

▲上圖說明：

❶ 突破下降切線，是空頭轉弱的訊號。

❷ 底部出現「底底高」，帶量拉出長紅K線。此處是空頭的止跌，低點不再破前面的低點，先以盤整看待，是試單的買點。

❸ 虛線是盤整的上頸線。

❹ 突破盤整上頸線，帶量拉出長紅K線。波浪符合「頭頭高、底底高」的多頭走勢，是買進的位置。

❺ 回檔修正結束，再帶量拉出長紅K線。是回檔後再上漲的買進位置。

❻ 續勢的盤整。

❼ 跌破上升切線，是多頭轉弱訊號。

❽ 跌破盤整下頸線，帶量拉出長黑K線，轉為空頭。

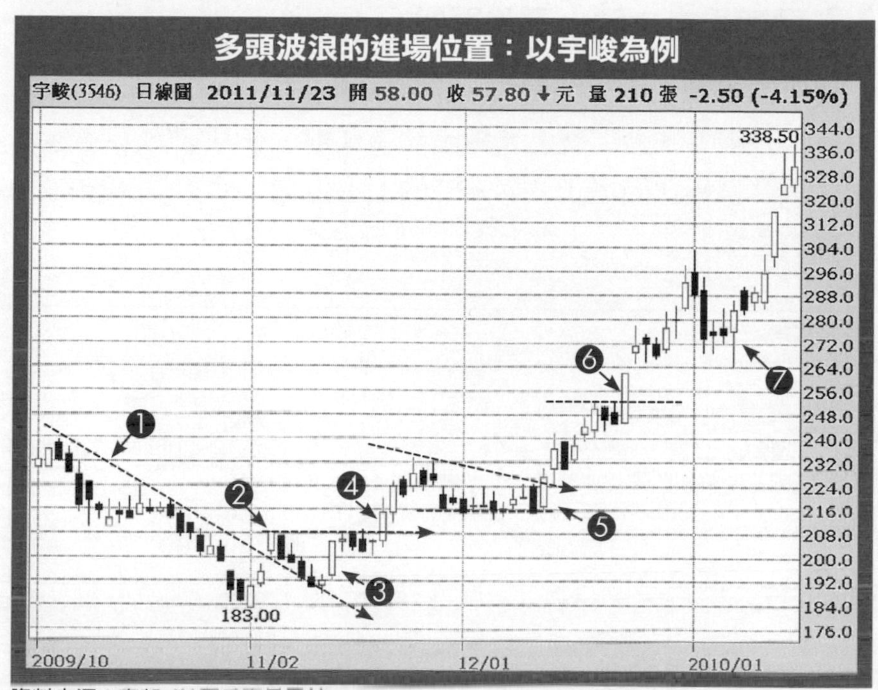

資料來源：富邦e01電子交易系統

▲上圖說明：

❶ 下降切線。

❷ 紅K線突破下降切線，仍不是買點。

❸ 底部出現「底底高」，拉出長紅K線，可以買進，請設定好停損點。

❹ 突破盤整上頸線，為買進位置。

❺ 突破盤整上頸線，為買進位置。

❻ 突破盤整上頸線，為買進位置。

❼ 回檔修正後拉出上漲紅K線，為買進位置。

多頭回檔後止跌上漲的買點

在前面多頭波浪進場買點，只有在底部盤整的突破前面高點，以及盤整平台突破上頸線時建議買進，在其它的上漲行進中，則建議買在回檔止跌回升時的上漲位置，而不是突破前面高點的位置。

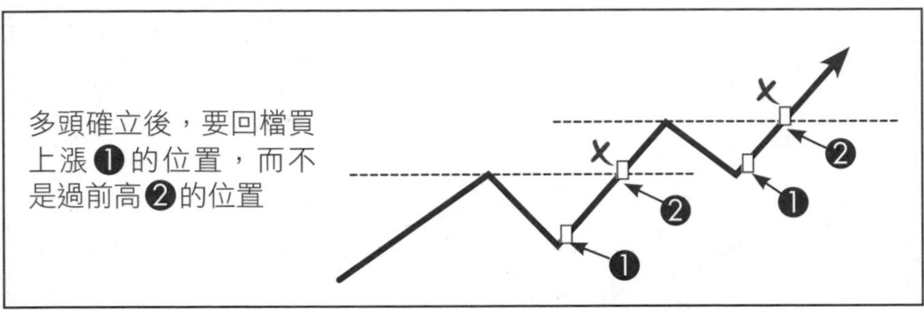

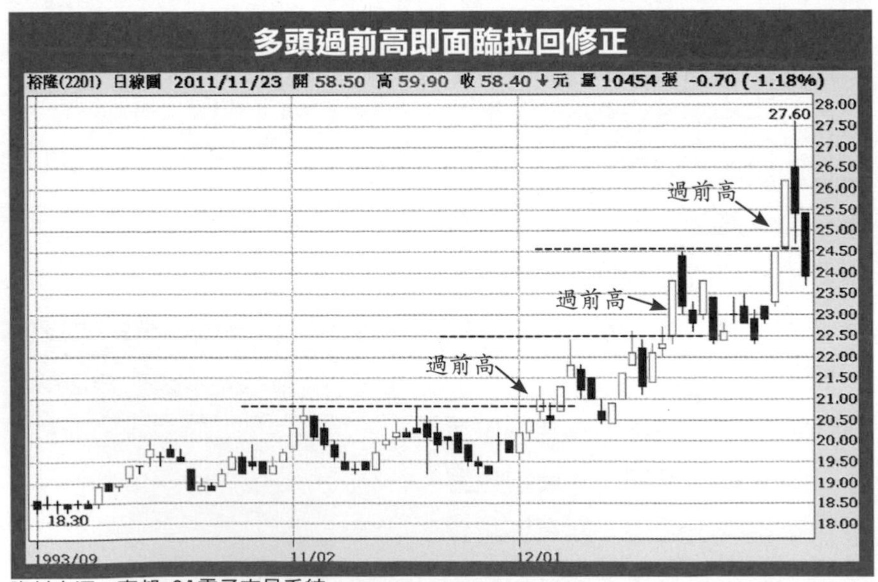

資料來源：富邦e01電子交易系統

空頭波浪的完整走勢及進場位置

1. 對空頭波浪應有的重要認知

(1) 轉折高點（稱頭或峰），後面頭比前面頭低，股價一直在破新低價（簡稱為「頭頭低」或「峰峰低」）。

(2) 轉折低點（稱底或谷），也是後面底比前面底低，股價的低點一直在往下（簡稱為「底底低」或「谷谷低」）。

(3) 在空頭走勢中，當股價反彈時要觀察不能突破前面高點，且之後再繼續下跌，如此波浪走勢仍然維持符合空頭的「頭頭低」的條件。

(4) 當股價經過反彈沒有突破前面高點再下跌，如果繼續跌破前面低點，繼續創新低，則可確認波浪走勢繼續是「頭頭低」、「底底低」的空頭，因此，下跌繼續創新低是確認的條件。

(5) 空頭總是下跌的多，反彈的少，股價一步步往下走。

(6) 空頭出現長紅後不繼續上漲的現象。

(7) 價跌量增，價漲量縮。

(8) 見撐不是撐，見壓多有壓。

2. 空頭的黃金賣點位置

(1) 頭部盤整，股價已向下跌破上升切線，再出現「頭頭低」的長黑K線時。

(2) 頭部盤整完成，跌破前面低點的長黑K線時。

(3) 反彈沒有突破前面的高點，再向下下跌拉出黑K線時。

(4) 盤整末端，股價帶量拉出長黑K線往下跌破下頸線時。

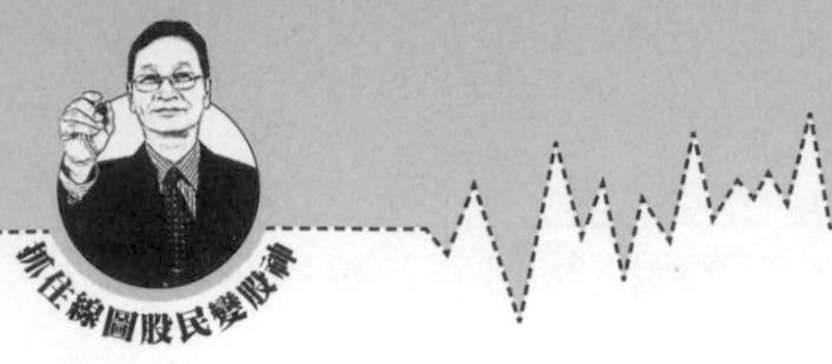

3. 操作時的重要觀念

(1) 空頭放空最佳賣點就是前述4個位置。我們在選好股票準備做空之前，必須看日線是否為放空位置點，如果不是，最好等到放空位置時再動作，否則進場容易短期套牢或遭到停損。

例如做頭沒確認就去空、反彈尚未止漲回跌就去空、盤整還沒有結束就去空、下跌好幾天還去追低空，結果造成操作困難而賠錢。

(2) 股價跌破前面低點的放空做法，前面說明只有兩個位置：一是頭部盤整完成的跌破確認，一是盤整末端下頸線的跌破。

為什麼行進中反彈後再下跌的跌破前面低點時，不是最佳空點？理由是股價下殺時，往往走一段後因為散戶會認為價低而進場，造成跌多的反彈，所以連跌3～5天之後容易反彈，因此去空在下跌的第3天或第4天，正好處於隨時要反彈的狀況，因此盡量在反彈後再下跌的第一根黑K線去放空，既容易設停損，獲利空間又大。

空頭波浪的完整走勢圖：以聯發科為例

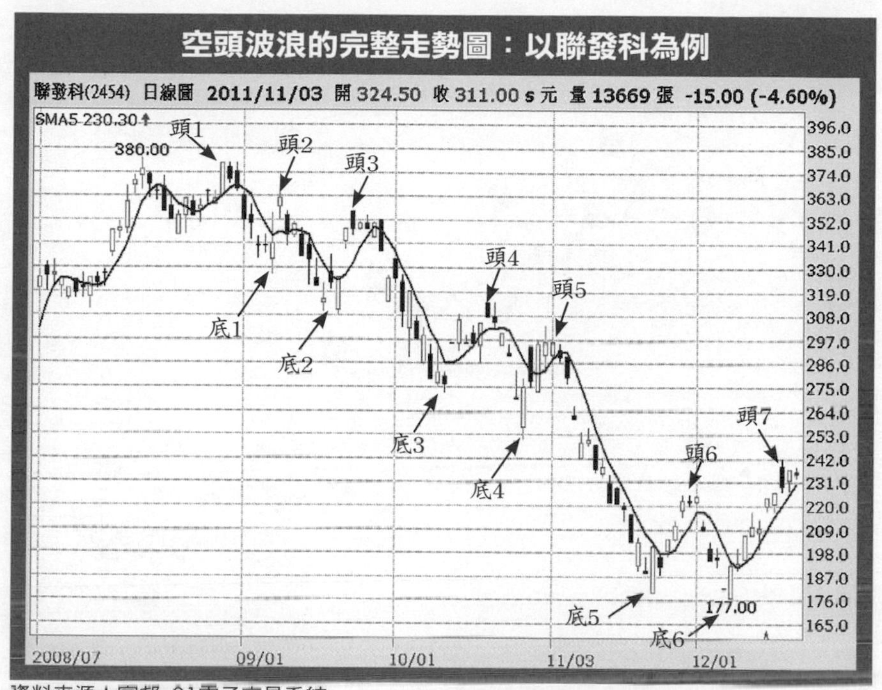

資料來源：富邦e01電子交易系統

▲上圖說明：

❶「頭1」開始出現「頭頭低」現象，走空頭，在「底1」反彈到「頭2」時， 沒有突破「頭1」就再往下跌。

❷「頭2」下跌，跌破前面「底1」的低點，確認空頭走勢。

❸往後一直是「頭頭低」、「底底低」的空頭，直到「頭7」出現突破「頭6」的高點，表示空頭趨勢開始發生變化，可能要盤整或回升。

空頭波浪完整走勢圖及進出場位置

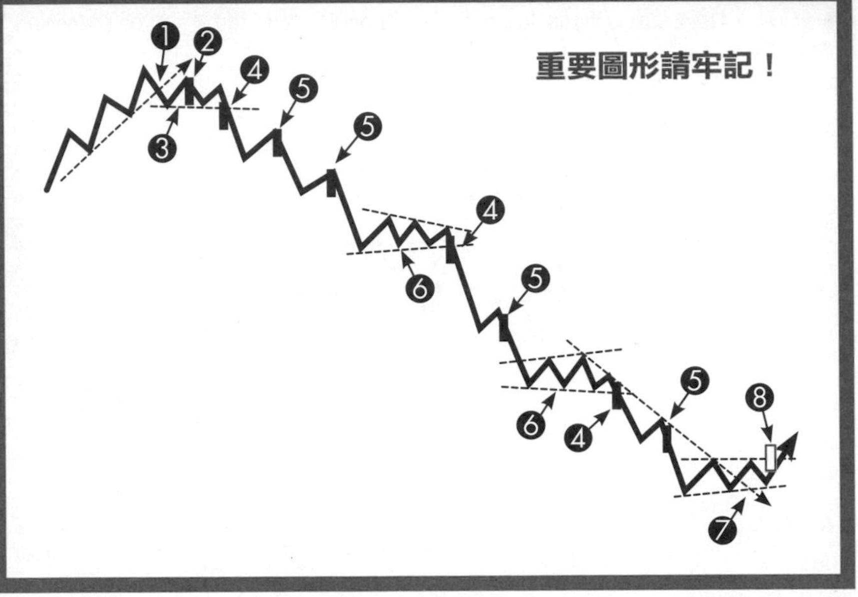

重要圖形請牢記！

▲上圖說明：

❶ 跌破上升切線，是多頭走弱的訊號。

❷ 頭部出現「頭頭低」的現象，且拉出長黑K線，是做空的試單位置。

❸ 虛線是頭部盤整的下頸線。

❹ 跌破盤整下頸線的長黑K線，是做空位置。

❺ 反彈結束，再拉出長黑K線，下跌，是做空的位置。

❻ 續勢的盤整。

❼ 突破下降切線，是空頭走弱的訊號。

❽ 突破盤整上頸線，帶量拉出長紅K線，反轉為多頭走勢。

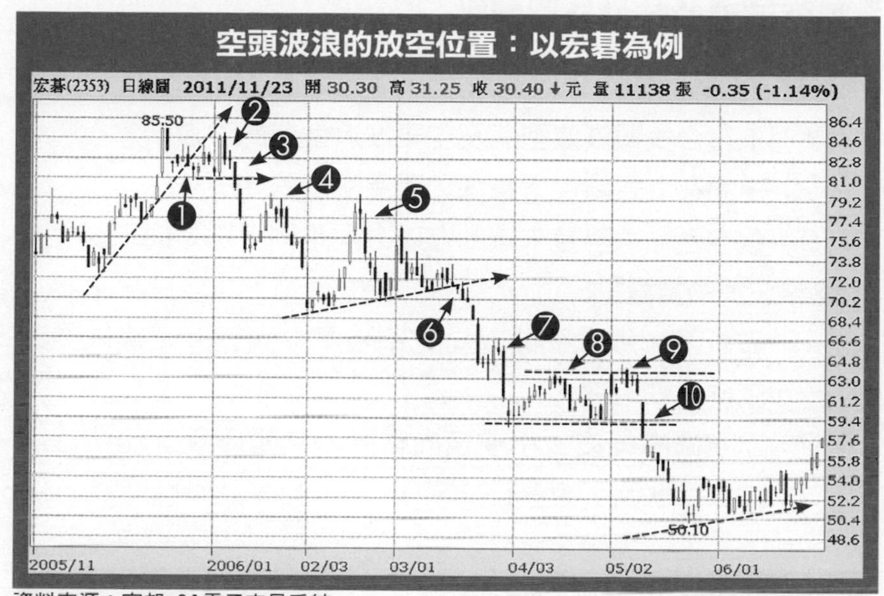

資料來源：富邦e01電子交易系統

▲上圖說明：

❶ 跌破上升切線。

❷ 頭部出現「頭頭低」的長黑K線。

❸ 出現跌破盤整下頸線的長黑K線，空頭確認。

❹ 反彈結束，再出現長黑K線，做空。

❺ 反彈結束，再出現長黑K線，做空。

❻ 出現跌破盤整下頸線的長黑K線，做空。

❼ 反彈結束，再出現長黑K線，做空。

❽ 反彈結束，再出現長黑K線，做空。

❾ 反彈結束，再出現長黑K線，做空。

❿ 出現跌破盤整下頸線的長黑K線，做空。

盤整波浪的特性及買賣點

1. 盤整波浪的特性

（1）不符合多頭波浪型態及空頭波浪型態的波浪。

（2）橫向在上頸線與下頸線之間漲漲跌跌。

（3）觀察重點：盤整末端的突破方向是向上還是向下。

2. 盤整波浪的買賣點

（1）靠近下頸線未跌破就向上漲時買；靠近上頸線未突破就向下跌時賣。

（2）盤整區間幅度太小或橫向盤整時交錯雜亂，無法確認波浪型態時，應停止交易。

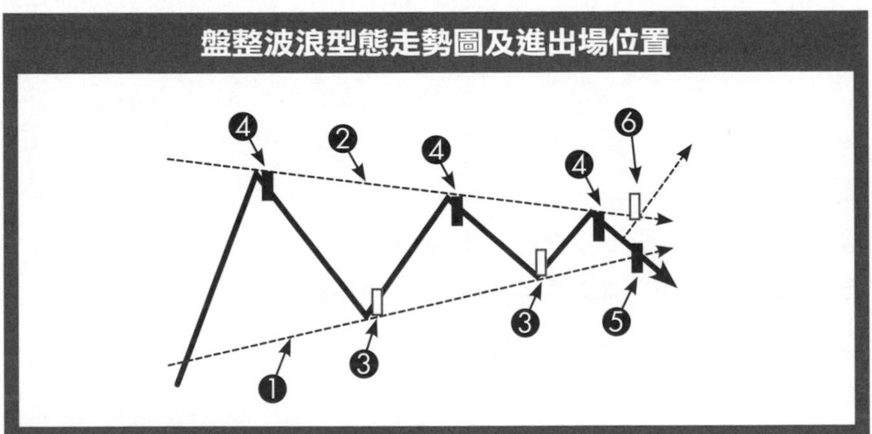

▲上圖說明：

❶ 盤整下頸線。

❷ 盤整上頸線。

❸ 下頸線買點。

❹ 上頸線賣點。

❺ 跌破下頸線的賣點。

❻ 突破上頸線的買點。

第2章

波浪型態進階研究②：底部及頭部的重要反轉型態

教室的一位張同學，說他在2011年7月底股市下跌時賠了不少錢，如果他能看出趨勢反轉的型態，就不會在股票轉空後還繼續抱著多單。

多頭不會永遠走多，同樣的，空頭不會永遠走空，因此，看出反轉的型態，就能掌握多與空的轉換位置了。

底部的3種重要反轉型態

股價跌到低檔，底部要經過盤整打底，本章說明的3種底部型態是最常見也最重要的底部反轉型態。

底部的反轉通常伴隨成交量的放大，讀者要把底部的重要反轉型態看熟練，因為這些反轉型態是做多賺錢的機會。

如果是在週線圖或月線圖出現這些反轉型態，極可能是大波段起漲的開始。

1. 平底穿頭

股價跌到低檔，出現2個或3個價位相近的低價後，往上突破前面的高點，是打底完成的訊號，可以鎖住該股票，把握做多買進的機會。

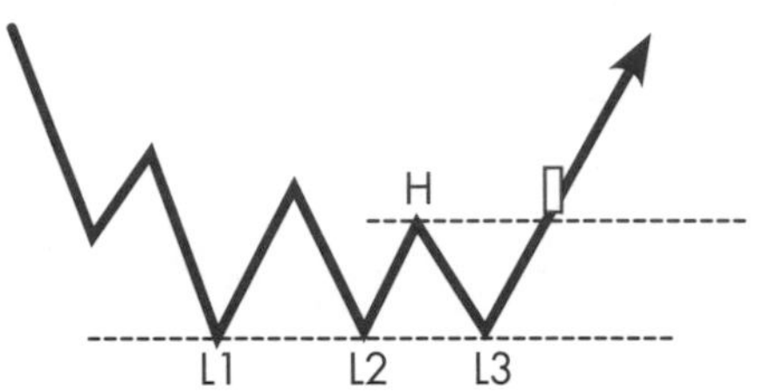

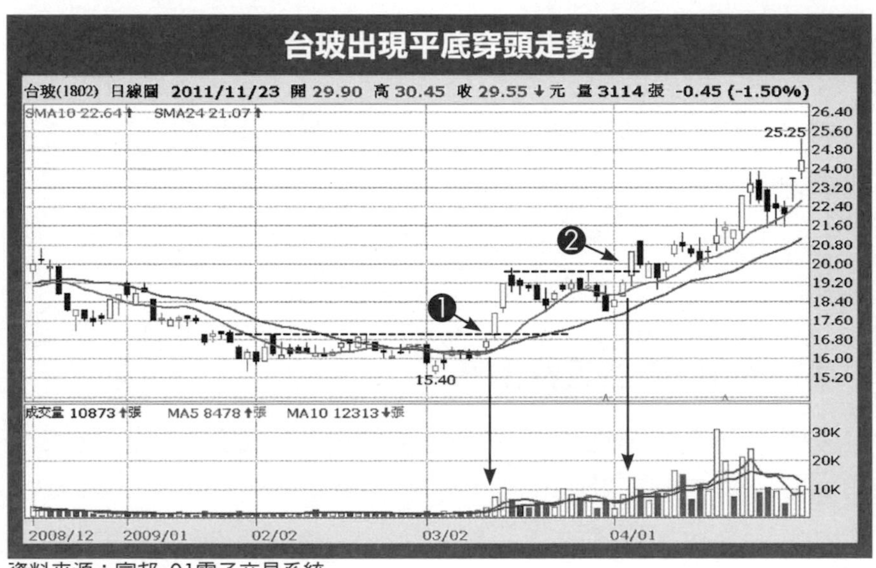

資料來源：富邦e01電子交易系統

▲上圖說明：

❶ 股價跌到低檔，在底部盤整打底，出現兩個價位相近的低點，之後股價帶量突破盤整區上頸線，是突破買點。

❷ 在股價上漲中的盤整格局末端，出現帶量突破盤整區上頸線，是突破買點。

2. 高底穿頭

股價跌到低檔，出現「底底高」且不破前面的低價，再往上突破前面的高點，是打底完成的訊號，可以鎖住該股票，把握做多買進的機會。

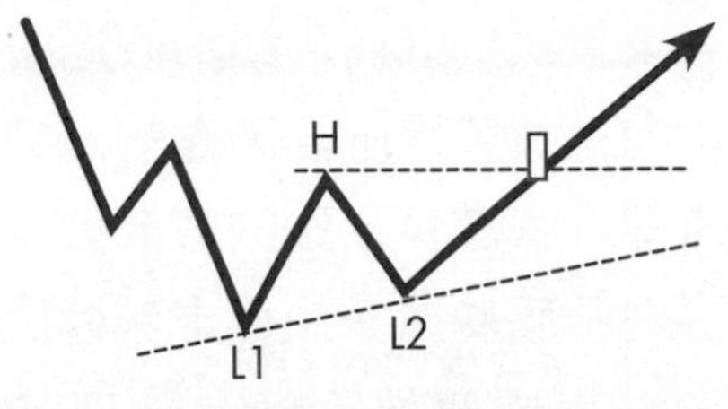

鴻準出現高底穿頭走勢

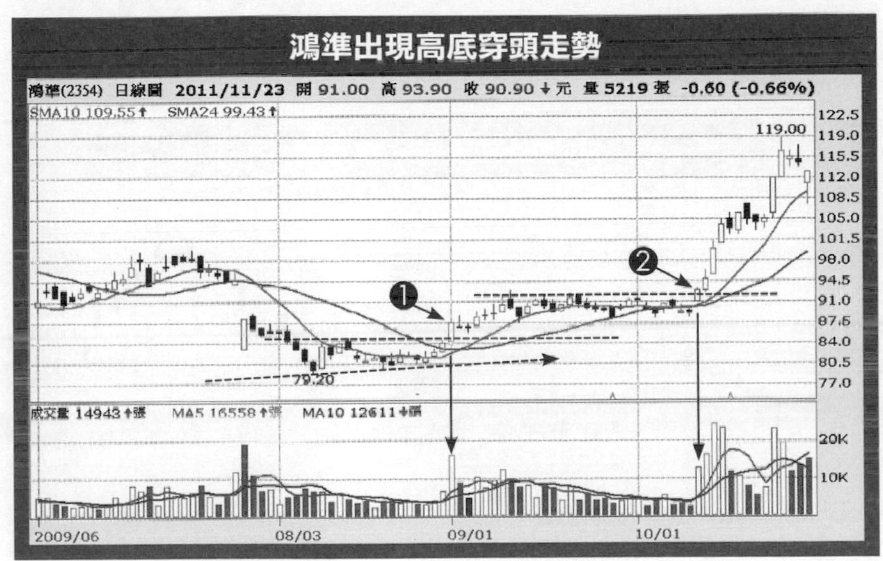

資料來源：富邦e01電子交易系統

▲上圖說明：

❶ 低檔出現「底底高」後，股價帶量突破盤整區上頸線，是突破買點。

❷ 上漲中的盤整末端，出現帶量突破盤整區上頸線，是突破買點。

3. 破底穿頭

股價跌到低檔，繼續破底後出現向上反彈過前面高點的走勢，這種假跌破真穿頭的底部型態，由空頭反轉成多頭後走勢會比較強，我們無法買到在破底的低點，但是可以鎖住穿頭後拉回的「底底高」買進位置。

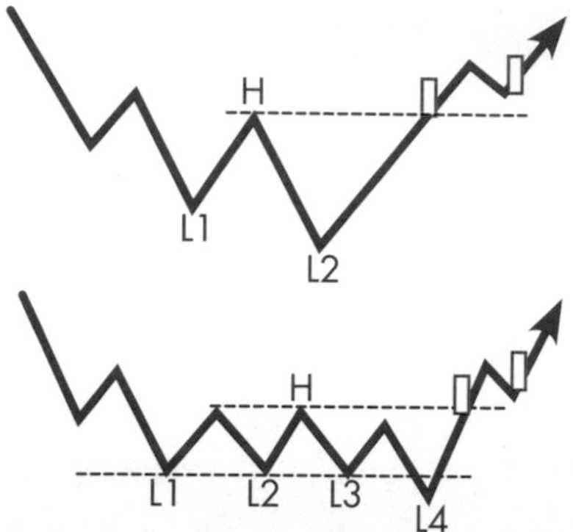

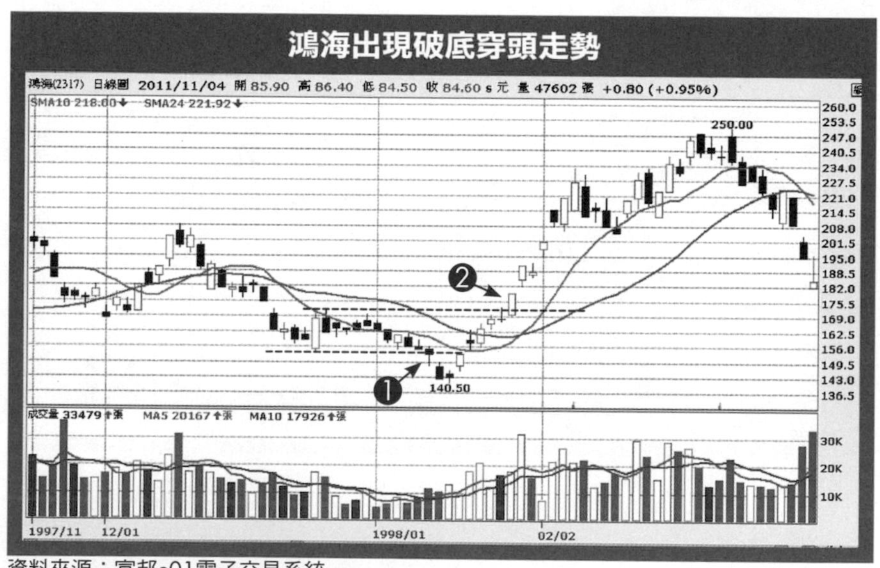

資料來源：富邦e01電子交易系統

▲上圖說明：

❶ 在低檔出現「底底低」，繼續下跌。

❷ 在低檔出現往上反轉走勢，突破前面高點，是突破買點。

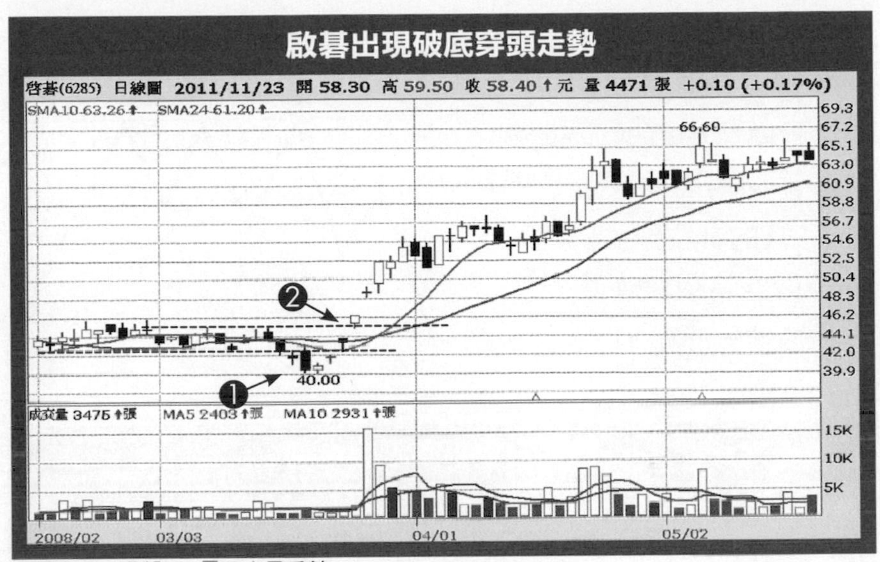

資料來源：富邦e01電子交易系統

▲上圖說明：

❶ 低檔盤整，出現跌破下頸線的破底現象。

❷ 連續往上跳空，出現突破盤整區上頸線的穿頭走勢，是突破買點。

頭部的3種重要反轉型態

股價漲到高檔，頭部經過盤整做頭，本章說明的3種頭部型態是最常見也最重要的頭部反轉型態。頭部的反轉不一定出現大量，讀者要把頭部的重要反轉型態看熟練，這些反轉型態是多頭的結束，是做空賺錢的機會，手中如有做多的股票則要出場，如果是在週線圖或月線圖出現這些反轉型態，極可能是大波段起跌的開始。

1. 平頭破底

股價漲到高檔，出現2個或3個價位相近的頭部後，往下跌破前面的底點，是頭部完成的訊號，多頭要出場，做空可以鎖住該股票，等待放空的機會。

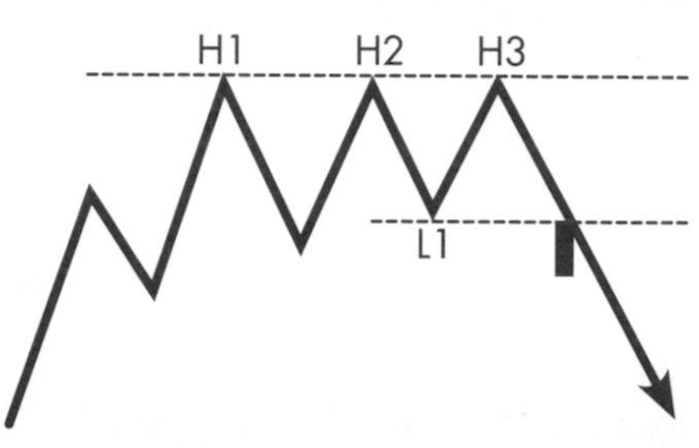

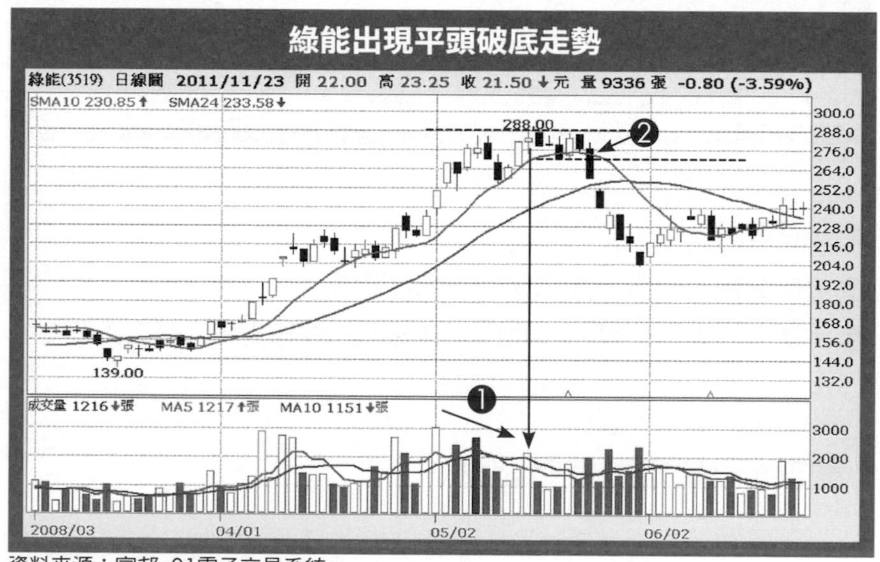

資料來源：富邦e01電子交易系統

▲上圖說明：

❶ 高檔出現價量背離。

❷ 股價漲到高檔，頭部盤整做頭，出現兩個價位相近的高點，股價跌破前面低點，是跌破賣點。

2. 低頭破底

股價漲到高檔，出現頭不過前面的高點，再往下跌破前面的低點，是頭部完成的訊號，多頭要出場，做空可以鎖住該股票，等待放空的機會。

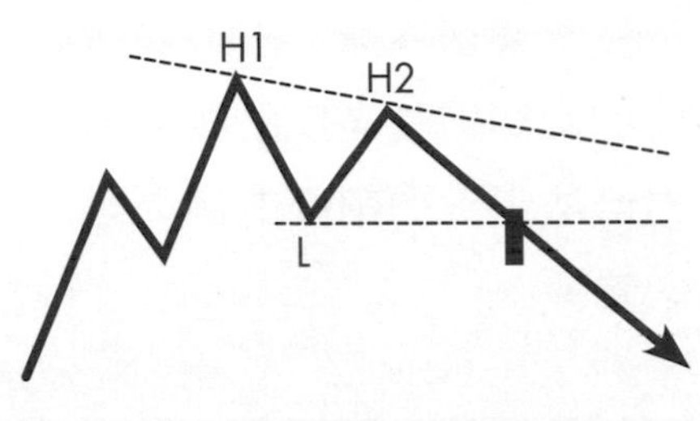

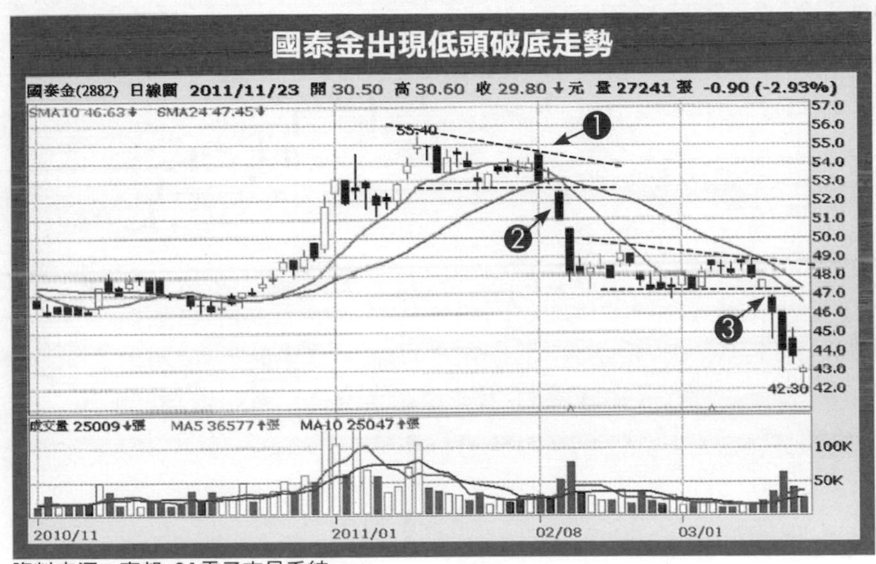

資料來源：富邦e01電子交易系統

▲上圖說明：

❶ 高檔出現「頭頭低」現象。

❷ 股價漲到高檔，跌破前面低點，頭部確立，是跌破賣點。

❸ 股價跌破盤整低點，是跌破賣點。

3. 穿頭破底

股價漲到高檔，出現繼續過前高後向下回檔跌破前面低點，這種假突破真破底的頭部型態，反轉成空頭走勢會比較強，我們無法賣到過前高的最高點，但是可以鎖住做空，等待放空的機會。

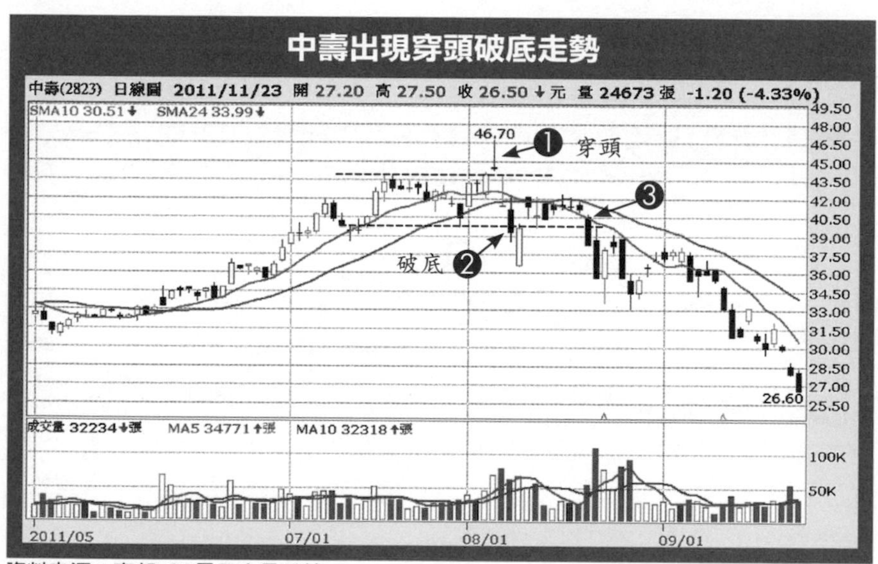

資料來源：富邦e01電子交易系統

▲上圖說明：

❶ 股價突破前面高點，盤中拉高突破前面高點，引誘看多的人買進，然後出大量主力賣出，留長上影線。

❷ 股價連續下跌兩天，跌破下頸線，穿頭破底頭部型態完成，後續容易大跌。

❸ 反彈不過前面高點，下跌繼續做空。

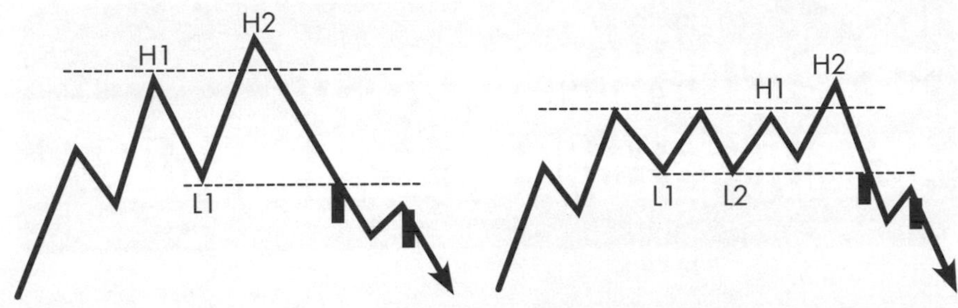

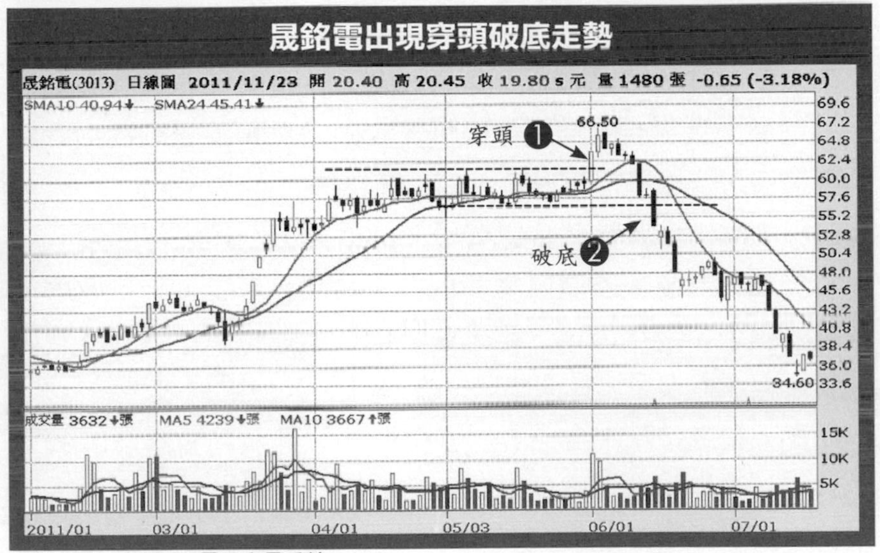

資料來源：富邦e01電子交易系統

▲上圖說明：

❶ 股價突破盤整區的上頸線，出大量拉高，引誘看多的人買進。

❷ 股價次日正常續攻上漲，日後連續下跌，跌破下頸線，穿頭破底頭部型態完成，後續容易大跌。

第3章

波浪型態進階研究③：從圖形看出股票上漲強弱度

波浪型態雖然可以分辨走勢的方向，但是同樣多頭的股票，有的強勢上漲，有的卻漲得很慢。我們當然希望能夠找到會飆的強勢股，這樣不但賺得多，而且賺得快。

公司未來的發展當然會影響股價的上漲，例如去年賠錢，今年能夠轉虧為盈，股價自然會表現。問題又來了，一般散戶怎麼會知道公司半年後、一年後會賺錢呢？等到你知道的時候，股價已經漲上天了，如果這時才買進時，又是愛到最高點。

其實，在走勢圖中會透露出強勢股的態勢，強勢會漲的股票從起步到邁步前進，處處擁有強者的風範，現在讓我們由圖形來看走勢圖會透露出哪些態勢。

突破盤整前 股價會這樣表勢

盤整的突破是非常重要的，如果能夠事先就看出強勢股盤整要突破的方向，對我們選股操作有莫大的幫助。

1. 下面5種盤整型態，哪個最好？

(1) 橫向矩形盤整，向上或向下機率各一半。

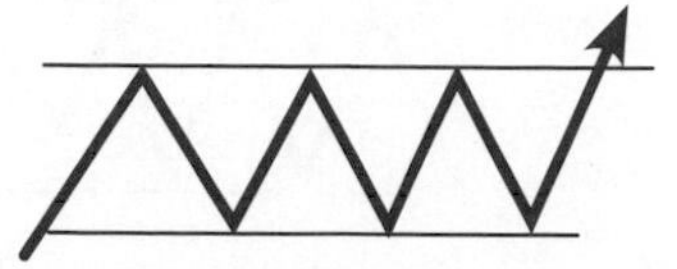

(2) 收斂盤整，向上或向下機率各一半。

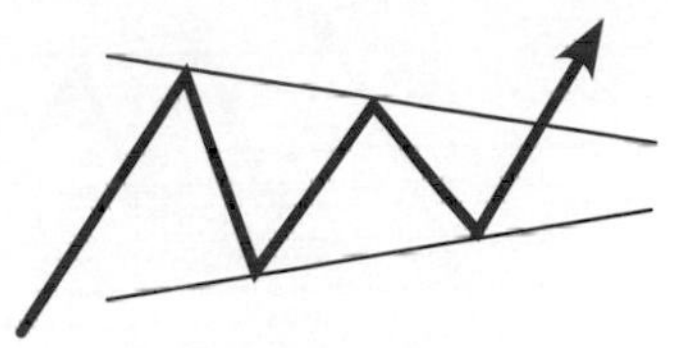

(3) 盤整時愈來愈靠近上頸線，底部愈來愈往上，主力氣勢強，準備往上突破機率高。

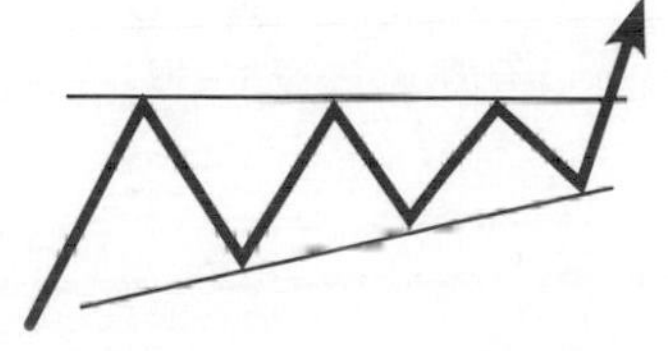

(4) 是向上的多頭走勢，但是上漲斜率平緩，即使突破前高就立刻拉回，上漲氣勢弱。

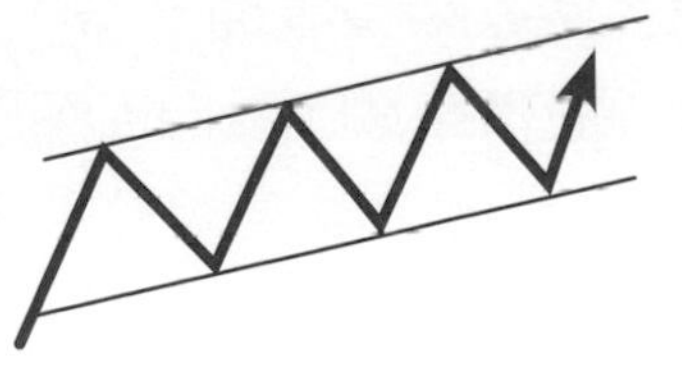

(5) 是向下的空頭走勢，突破後上方壓力重重。

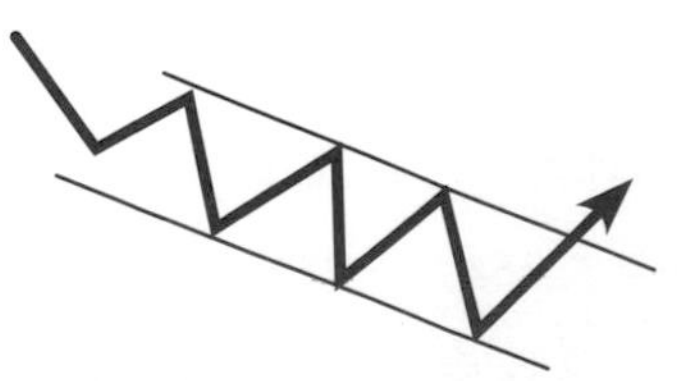

2. 下面盤整型態，哪個容易往上突破？哪個會往下突破？

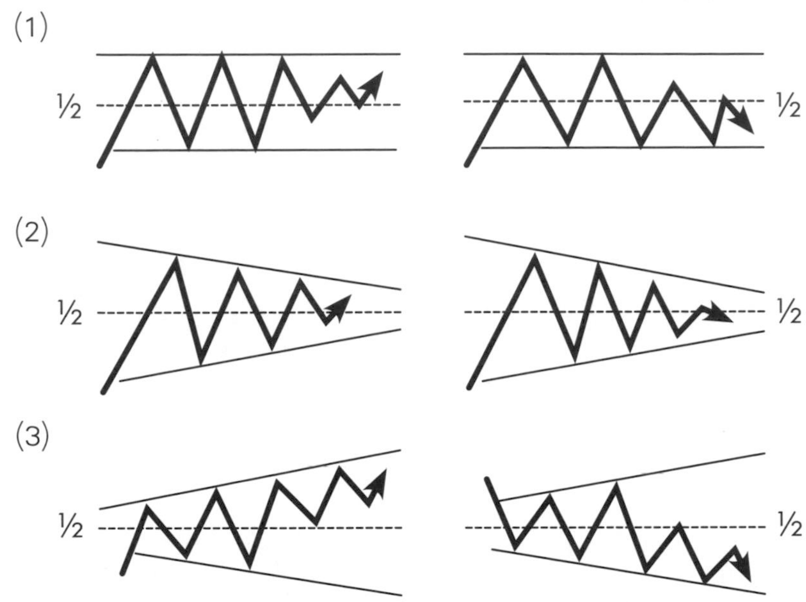

上面3種盤整型態，左圖會往上突破，右圖會往下突破。我們在觀察盤整後面走勢，如果往盤整區域的1/2位置上面發展，股價出量容易向上突破；如果往盤整區域的1/2位置下面發展，股價不必要大量，就可以向下跌破。

從多頭的回檔幅度看股票強弱

當股票是向上的多頭股票在上漲一段之後都會回檔修正，回檔的幅度只有本波上漲的0.382就止跌，繼續往上，為強勢回檔；回檔到上漲幅度的0.5，為正常回檔；回檔到上漲幅度的0.618或更低，為弱勢回檔。強勢回檔的股票走勢最強，正常回檔的股票次強，弱勢回檔的股票最弱，因此，同樣在走多頭的股票，當然要選強勢的股票進場。

1. 股價回檔至0.382左右止跌回升，由於下跌幅度最小，因此上面的壓力也最小，當往上攻擊時容易過前面的高點，繼續多頭走勢。另外，觀察回檔時的低點L，沒有到達前面高點H的支撐就再往上上漲，也是強勢多頭的表現。

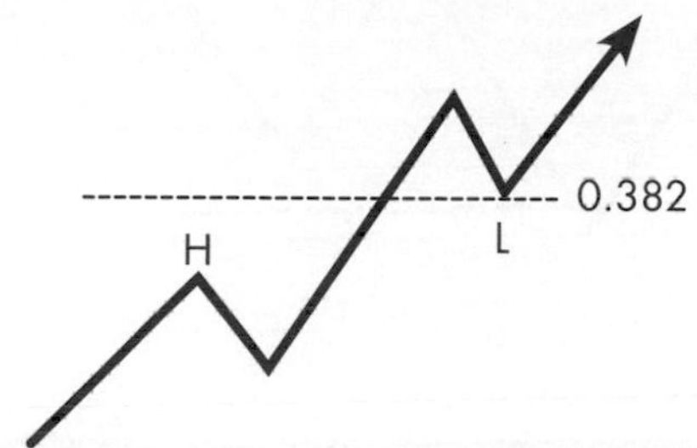

2. 股價回檔至0.5左右止跌回升，由於下跌幅度中等，因此上面下跌幅度造成些壓力，當往上攻擊時，容易在接近前面高點時，稍做盤整消化賣壓後再過前面的高點，繼續多頭走勢。另外，觀察回檔時的低點L，接近前面高點H的支撐就再往上上漲，也是一般多頭的表現。

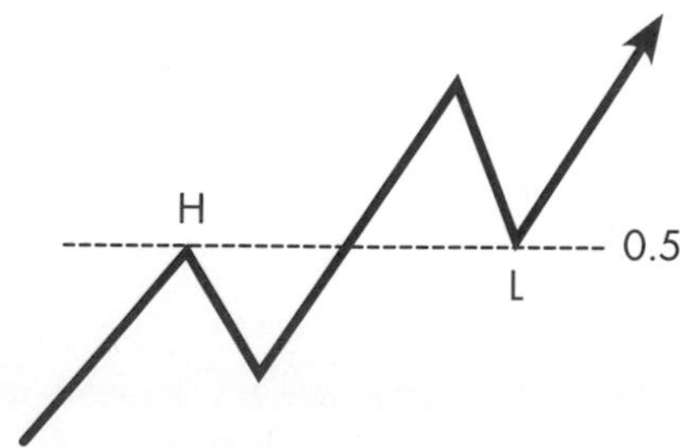

3. 股價回檔至0.618左右止跌回升，由於下跌修正幅度太大，因此上面造成很大套牢壓力，當往上攻擊時，前面高點不容易過，會橫向盤整時間比較長，或再下跌測前面低點支撐。另外，觀察回檔時的低點L，跌破前面高點H的支撐才止跌往上上漲，也是弱勢多頭的表現。

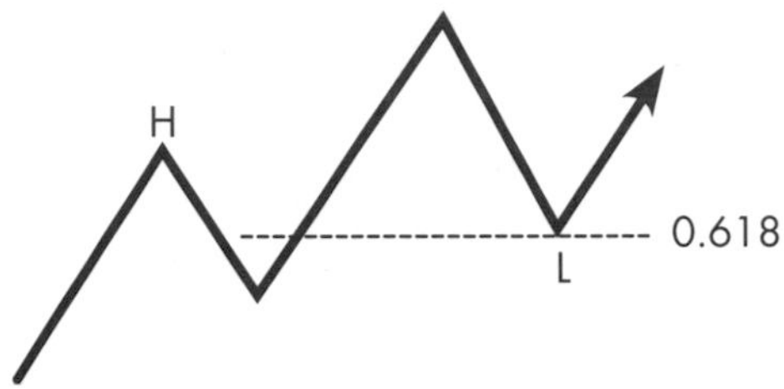

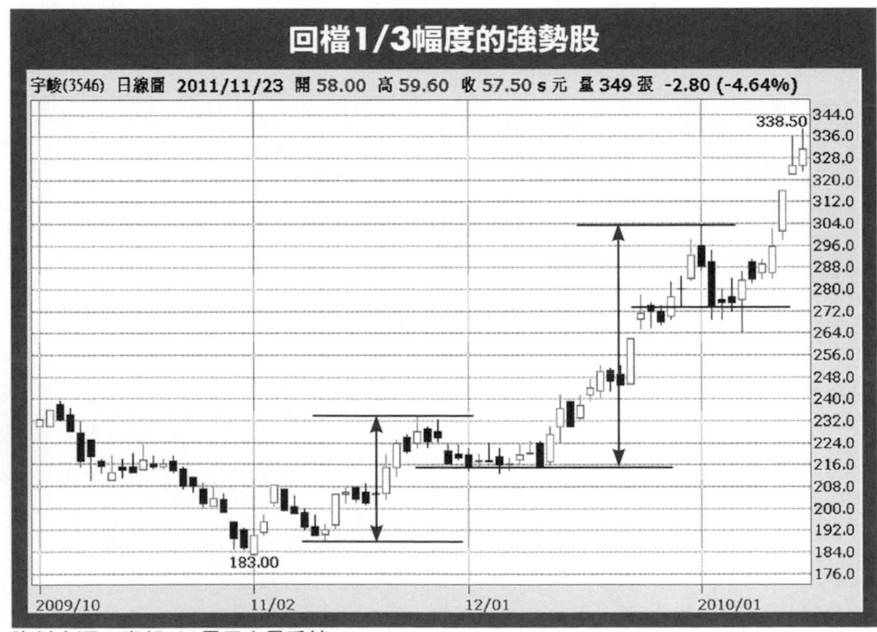

資料來源：富邦e01電子交易系統

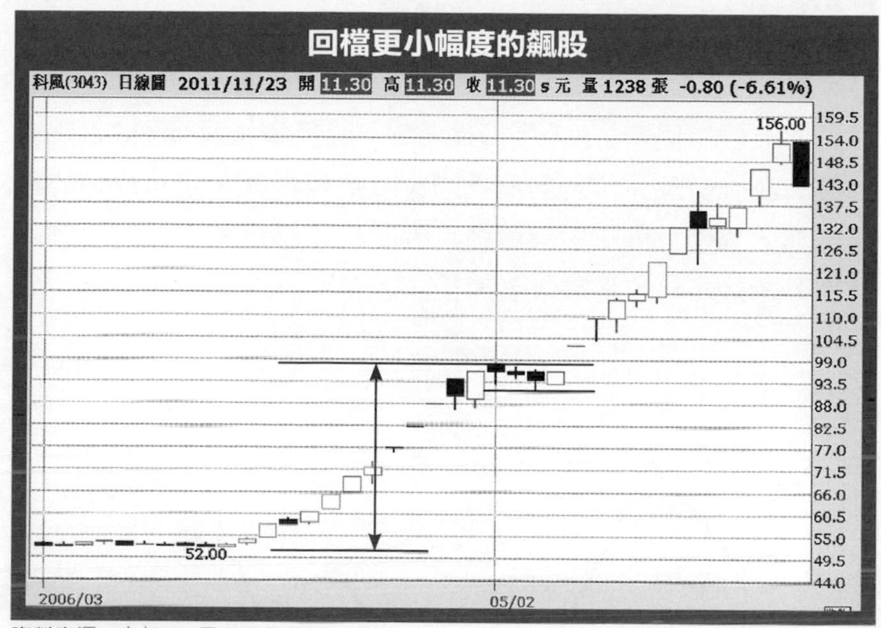

資料來源：富邦e01電子交易系統

經過上面的分析，你應該知道要選哪檔股票買進了，不是回檔最多、股價最低的最好，而是強勢最會上漲的最好。

從空頭的反彈幅度看股票強弱

走勢向下的空頭股票在下跌一段之後反彈，反彈 0.382 就止漲往下為弱勢反彈；反彈到0.5，為一般反彈；反彈到0.618或更高，為強勢反彈。弱勢反彈的股票走勢最弱，正常反彈的股票次弱，強勢反彈的股票最強。因此，同樣處於空頭的股票，當然要選最弱勢的股票做空。

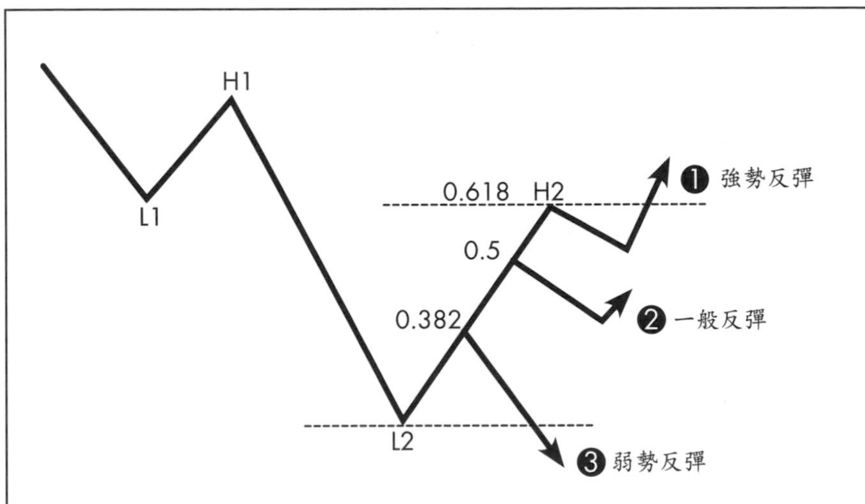

❶ 強勢反彈：反彈到0.618再拉回到0.5有撐再向上，容易過H2高點。
❷ 一般反彈：反彈到0.5，拉回做「底底高」是一個買點，回到0.382處，容易有支撐。
❸ 弱勢反彈：反彈0.382，拉回容易再破L2底。

經過上面分析，你應該知道要選哪支股票放空了，不是反彈最多、股價最高的最好，而是弱勢反彈、最會下跌的最好。

波浪型態的角度與幅度

我們觀察走勢圖時，除了波浪型態之外，走勢的角度與幅度，也透露出股票的強弱。

1. 上漲角度愈大的股票愈強

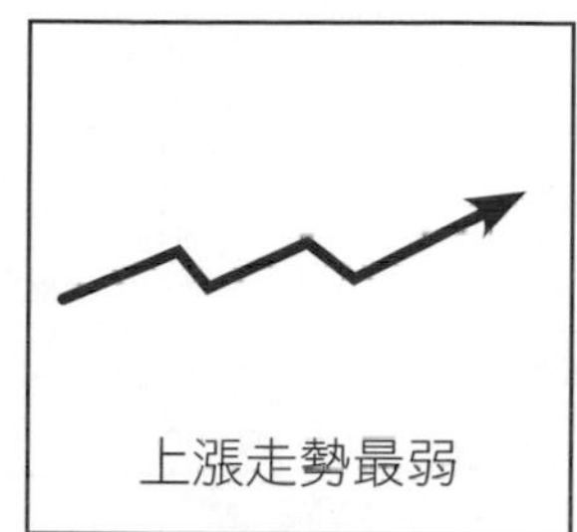
上漲走勢最弱

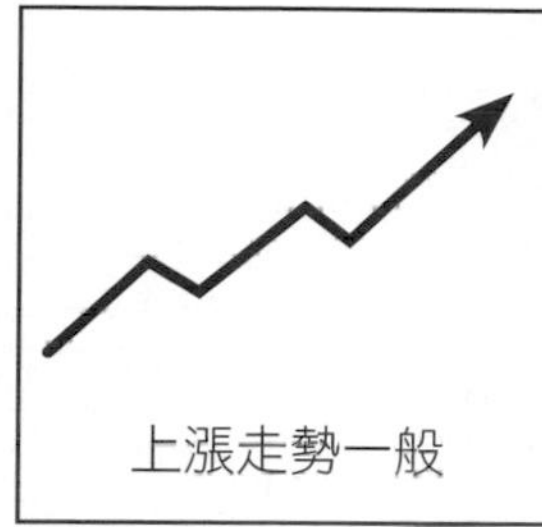
上漲走勢一般

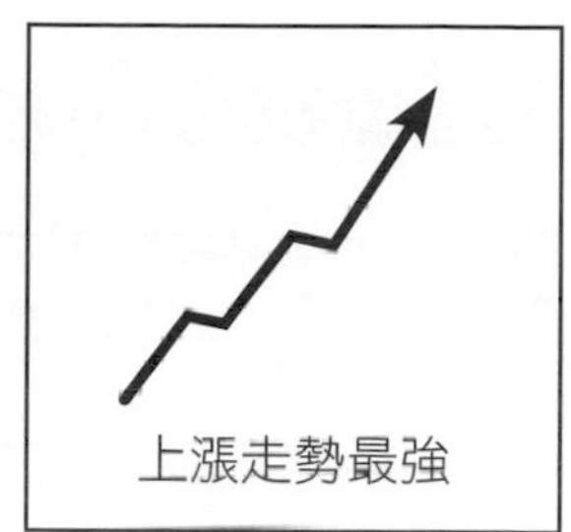
上漲走勢最強

2. 下跌角度愈大的股票愈弱

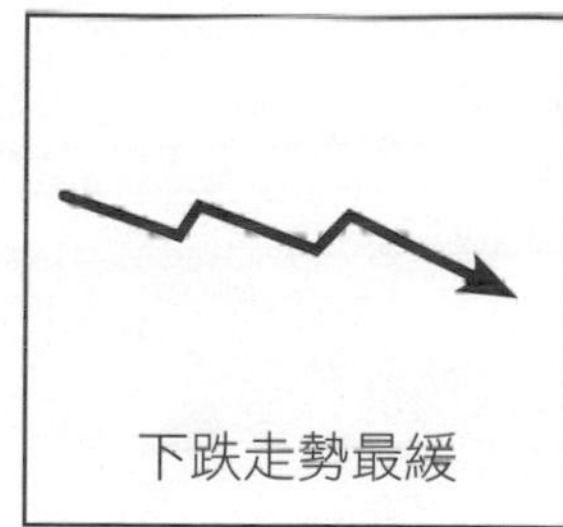
下跌走勢最緩

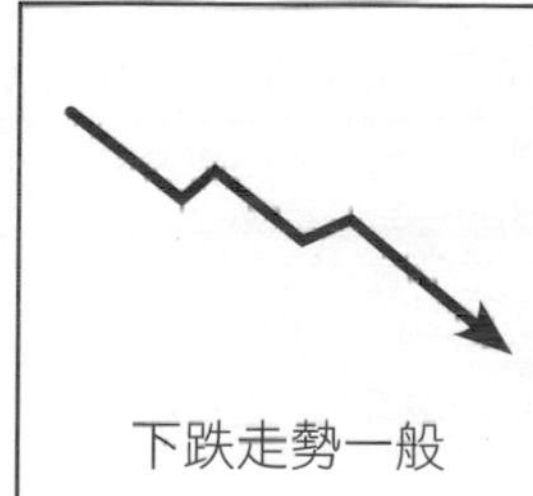
下跌走勢一般

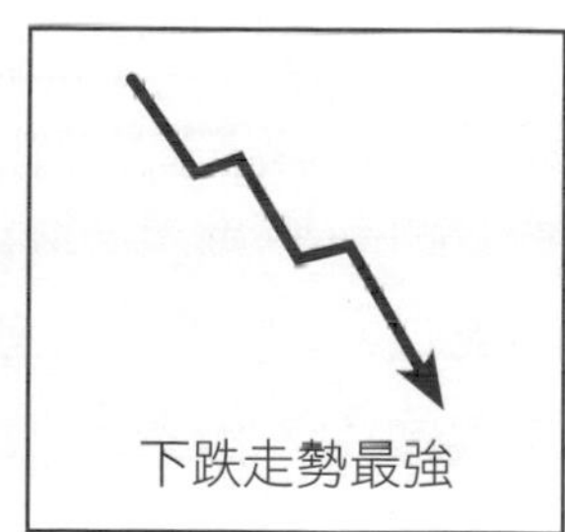
下跌走勢最強

當大盤處於多頭格局時，大部分的股票都會上漲，這時要選擇上漲角度大的股票操作，因為，市場總是呈現「強者恆強、弱者恆弱」局面。

因此，遇到股市大多頭時，要記得一定要挑強勢飆股操作，不但獲利大，而且時間短，不要做大型權值股，雖然會漲，總是慢慢的爬升。大盤下跌時，大部分的股票都在下跌，這時要選擇下跌角度大的股票放空，獲利快速。

3. 上漲幅度愈大的股票愈好

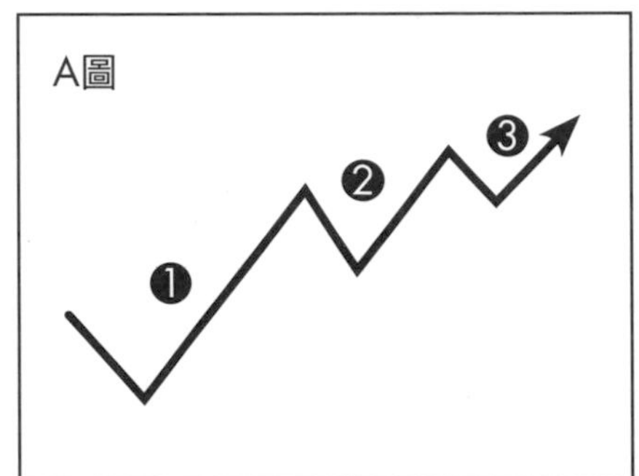

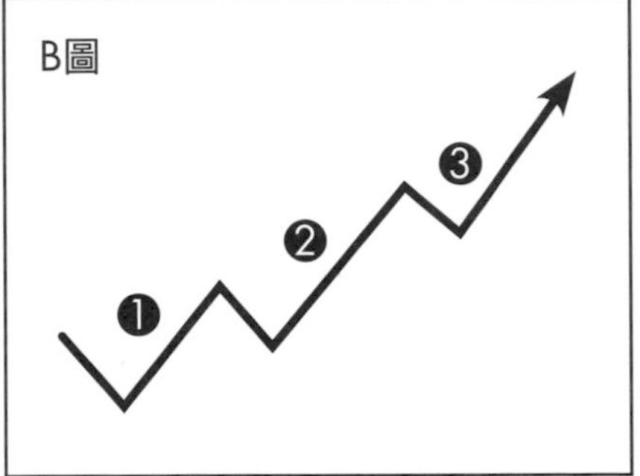

上圖同樣角度上漲的股票，B圖比較好，因為觀察每次上漲的一段，A圖的❷＜❶，B圖的 ❷ ＞❶。A圖的上漲幅度，後面比前面小，代表愈往上，走得愈短，多頭氣勢變弱，第❸段漲勢容易結束，或者走不遠就要盤整了。B圖的上漲幅度，後面比前面大，代表愈往上，走得愈強，多頭氣勢更強，第❸段上漲幅度會更大，或者上漲的角度會變更大的急漲飆升。

第4章

波浪型態進階研究④：用週線控管依日線進場的風險

在日線看到進場機會時，要看週線的方向及是否接近壓力，即使進場，也要做好風險控制。

用日線進場要注意的風險

當你依股票日線看到進場點時，如果看到週線接近到壓力區，這種情況下股價容易遇壓回檔修正，因此如果進場後走勢不如預期，可以暫時出場，等待下次的進場機會。

日線：看到多頭回檔修正後再上漲的買點，這時要去看一下週線目前的位置如何，如果接近壓力區，容易對股價多頭走勢造成阻力。

週線：多頭接近前面盤整區的大壓力位置。

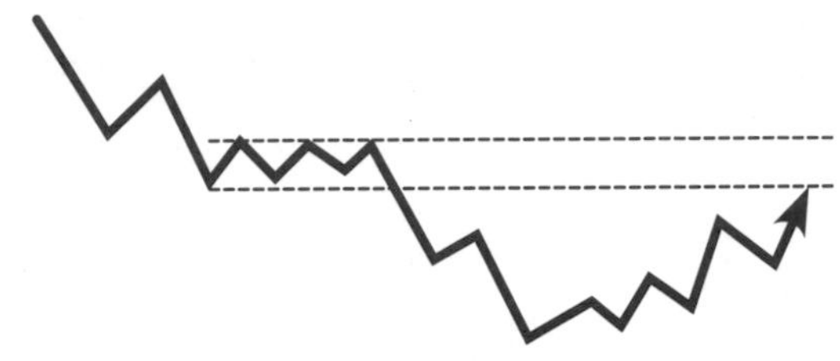

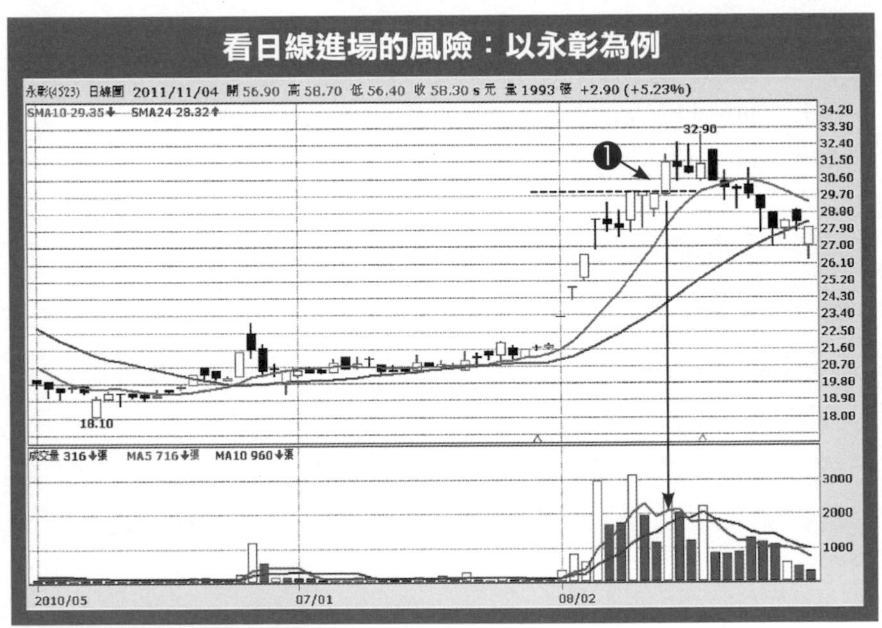

資料來源：富邦e01電子交易系統

▲上圖說明：

❶ 2010年8月13日當天，永彰股價拉出大量長紅K線，一副飆股突破高點要發動第2波攻擊的態勢，是強力買進的訊號，但是後面表現卻不漲反跌。

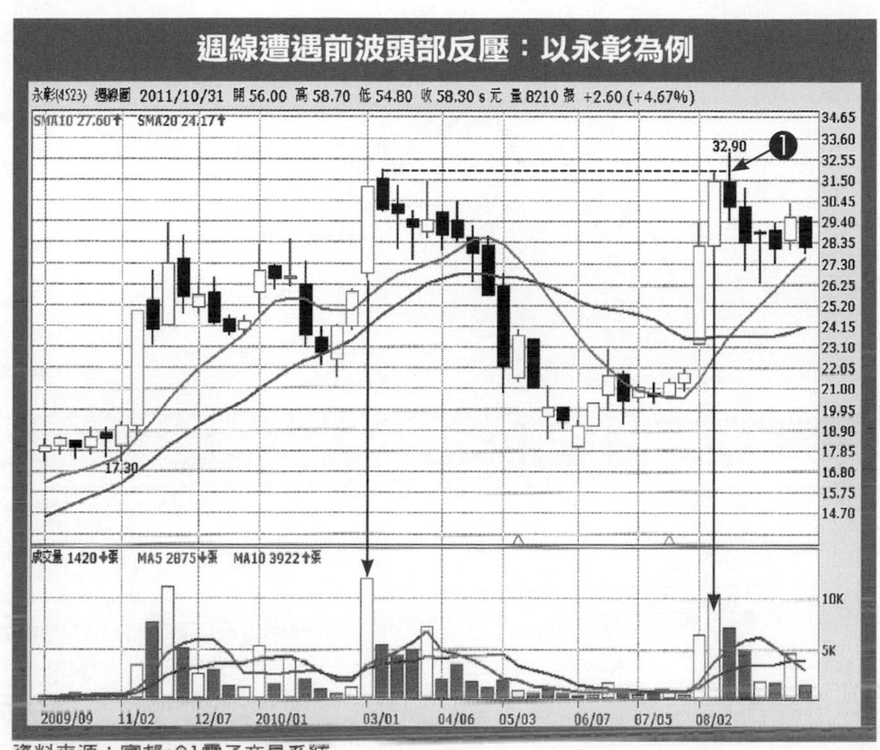

資料來源：富邦e01電子交易系統

▲上圖說明：

❶ 同一時間看週線位置，接近前面大量頭部的位置，因此即使看日線而買進，操作時要小心遇到回檔修正的風險。

用日線進場 看週線幫助確認

如果你看到的是股票日線下跌做底，出現「底底高」的進場點，而且看週線是多頭回檔到支撐位置，這種情況下股價容易反轉向上。

日線：下跌打底做「底底高」，出現第2支腳為上漲的買點。

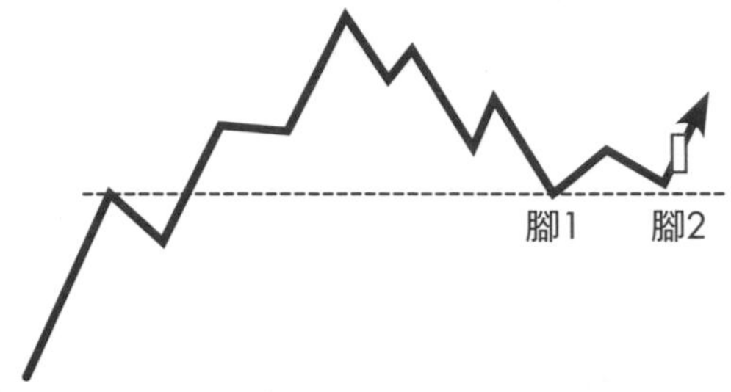

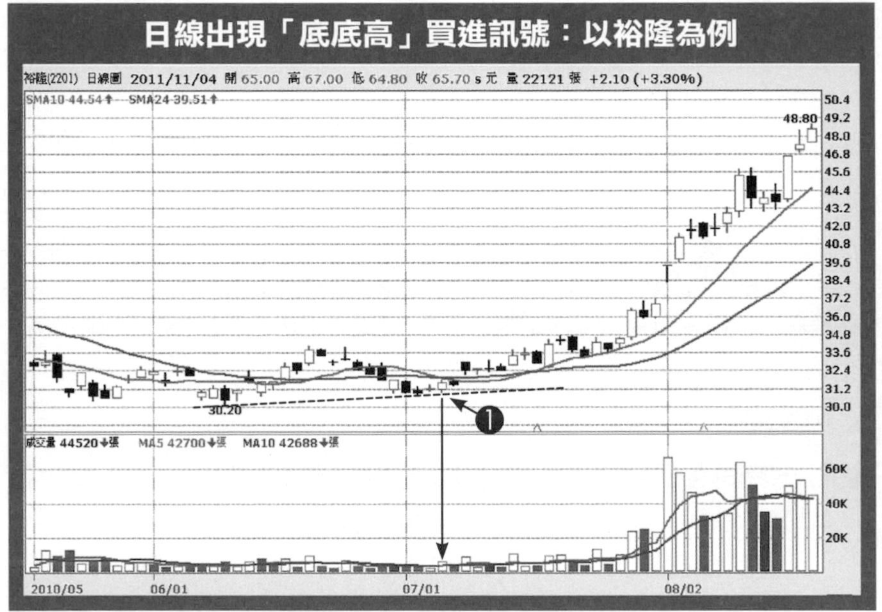

資料來源：富邦e01電子交易系統

▲上圖說明：

❶ 2010年7月6日當天日線出現出量及「底底高」的紅K線，是打底買進的訊號。

週線：多頭回檔到前面高點的支撐位置。

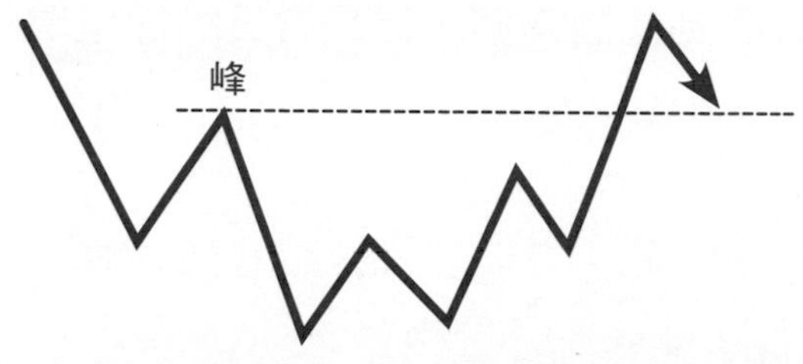

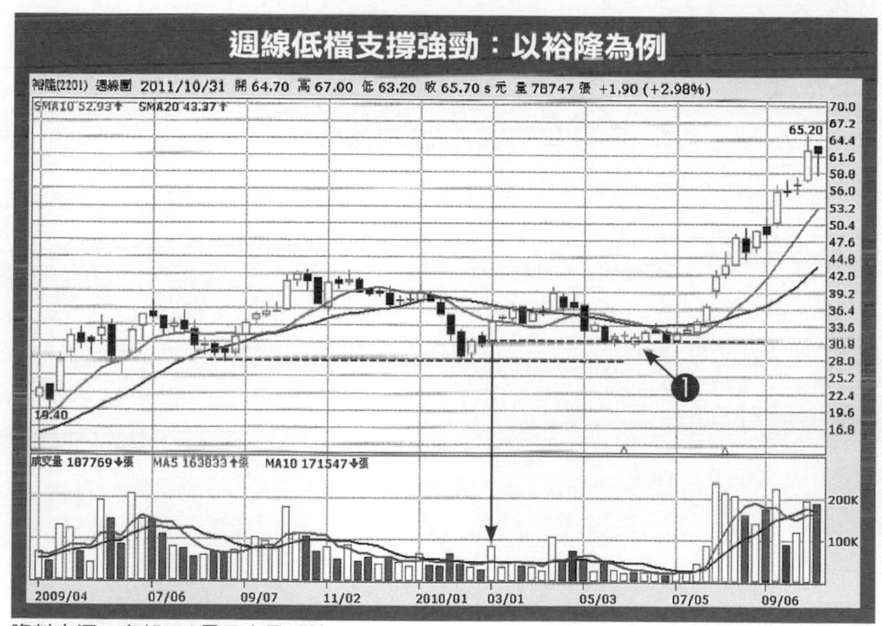

週線低檔支撐強勁：以裕隆為例

資料來源：富邦e01電子交易系統

▲上圖說明：

❶ 看週線位置，回檔接近前面底部的支撐位置，並且已經連續15週未跌破前面大量長紅K線的最低點，此時看日線買進，容易上漲。

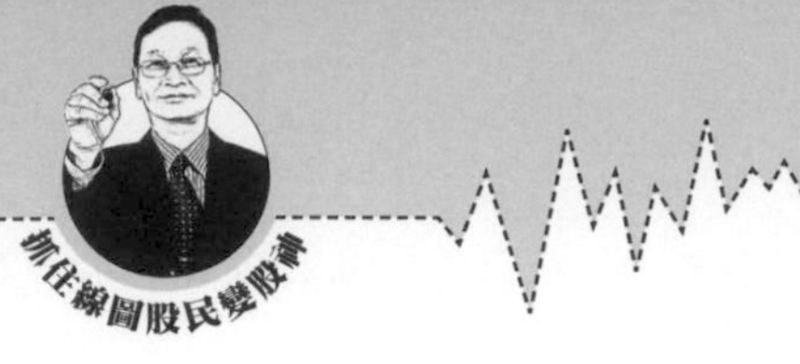

週線W底、日線M頭的風險控管法

股票在週線看到低檔W底，但是看日線卻呈現M頭部，這時該如何操作？

週線：低檔出現W底。　　**日線**：呈現M頭。

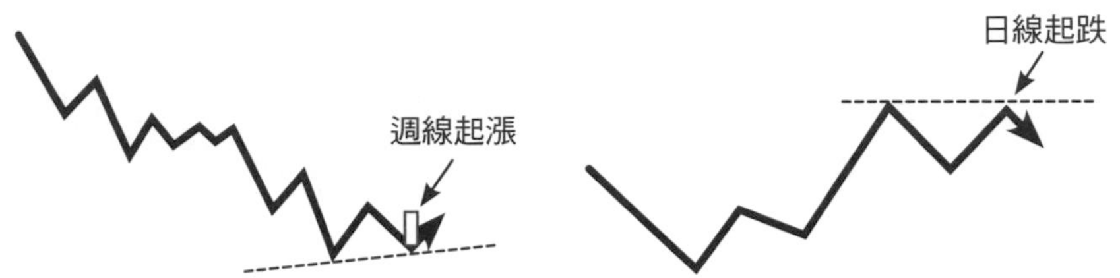

股票在週線看到低檔W底，中期的確是好買點，但是日線當時波浪型態是M頭，短線是空頭，買進容易套牢，因此，不能因為週線轉多而立刻買進，要等到日線止跌出現「底底高」向上的時候再買進，這時週線、日線同步向上，易漲難跌。

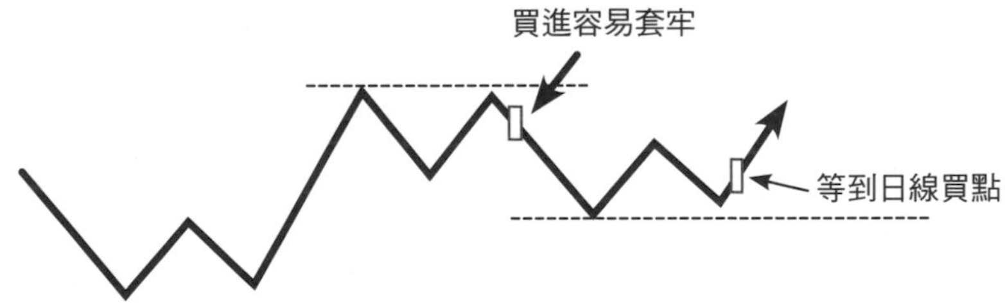

第5章 波浪型態進階研究⑤：抓住急漲末端最佳賣點的方法

股票在行進時，經常遇到飆股起漲時、末升段噴出時、底部V形反轉時或主力做價時的股價急速上漲走勢。遇到急漲的股票，可以採取下面4種方法出場，一般來說，都能夠賣到相對的高點。

急漲股票賣到最高點的4種方法

1. 用K線戰法，只要收盤價沒有跌破前一日K線的最低點就續抱，當收盤前股價跌破前一日K線的最低點就賣出。
2. 用急切線戰法，當股價開始每天上漲時，把日K線的最低點連結往上畫出一條上升切線（稱為急切線），當股價出現黑K線跌破上升急切線時就賣出。
3. 用K線出場訊號，當日出現大量長黑K線、長上影墓碑線、十字線、長下影線的吊人線、創新高收盤破低的黑K等K線訊號，當日可以先賣出；如果不賣，當第2天走勢不理想時，就要快速賣出獲利。
4. 3日均線戰法，當股價收盤跌破3日均線時就出場。

基本上，股價急漲會立刻拉離主力成本區，同時造成遠離均線的乖離，當股價到一高點時，主力會藉由人氣追買而快速獲利了結，所以股價也容易快速回檔，遇到這種走勢情況時，如果能活用上面的4種方法，就可以搶短獲利。

初升段急漲的出場位置：以科風為例

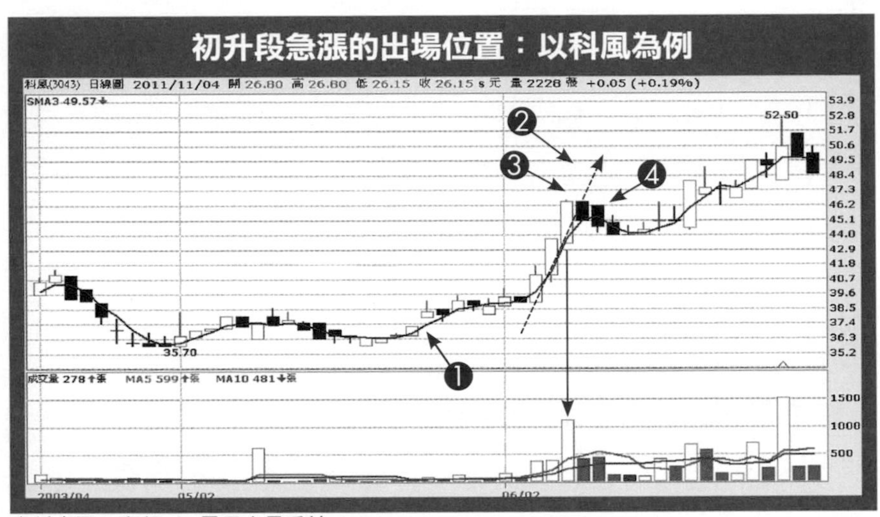

資料來源：富邦e01電子交易系統

▲上圖說明：

❶ 站上3日均線。

❷ 股價出現連續大量長紅K線的急漲，畫出上漲的急切線。

❸ (1) 跌破上漲的急切線出場位置，出場。

(2) K線前一日出現大量長紅K線，今日卻出現開低走低的黑K線出場訊號，出場。

❹ (1) 黑K線跌破前一日最低點，出場。

(2) 黑K線收盤跌破3日均線，出場。

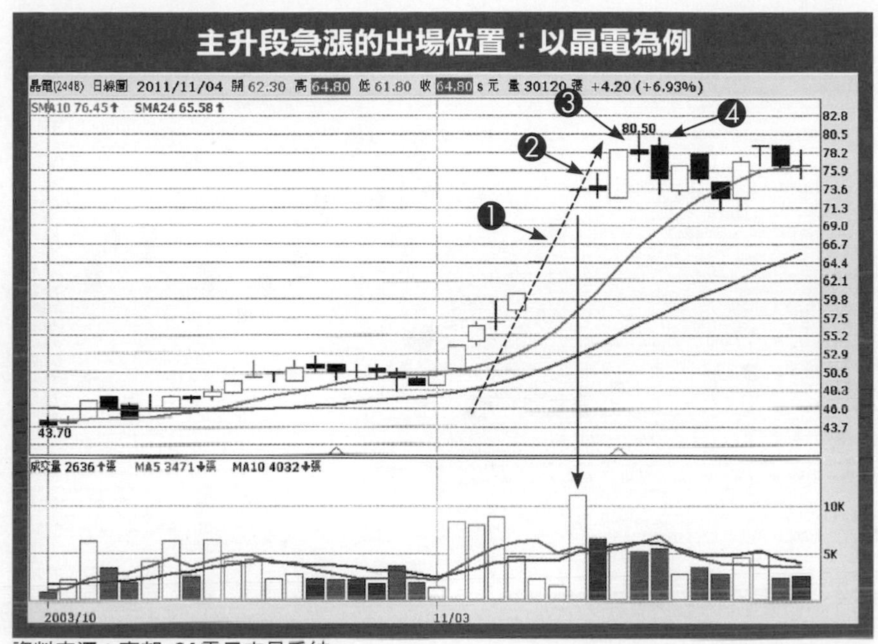

資料來源：富邦e01電子交易系統

▲上圖說明：

❶ 股價出現連續跳空急漲，畫出上漲的急切線。

❷ 跌破上漲的急切線，出場。如果用K線戰法尚未跌破昨日最低點，可以續抱。

❸ 黑K線出現十字變盤線，注意次日走勢。

❹ 黑K線跌破昨日最低點，出場。

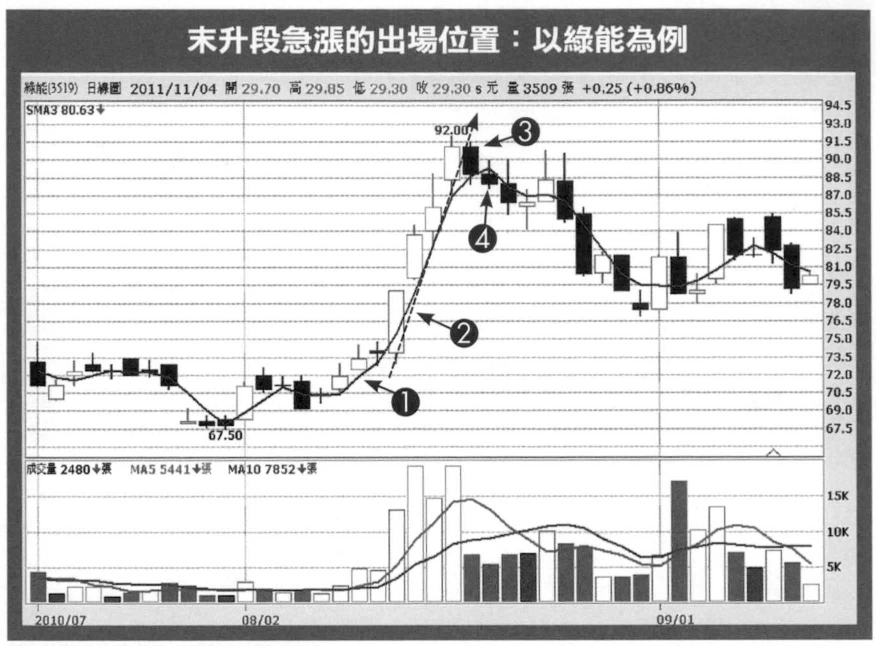

資料來源：富邦e01電子交易系統

▲上圖說明：

❶ 站上3日均線。

❷ 股價出現連續大量長紅K線的急漲，畫出上漲的急切線。

❸ 股價跌破上漲的急切線，出場。

❹ (1) 黑K線跌破前一日最低點，出場。

(2) 黑K線跌破3日均線，出場。

第6章

K線賺錢密碼①：合併兩條K線的做法及判斷方法

股票K線最先反應一切，也是觀察股價轉折的最佳位置，在實務操作時，K線隱藏著獲利的密碼，以下為讀者解碼。

K線基本4＋1元素的意義

組成K線的基本元素有4個，分別是開盤價、收盤價、最高價、最低價，在電腦K線圖上都會標明這4個元素，這裡再加上另外一個重要的數據：1/2成本價，我稱為「第5元素」。以上「4+1元素」代表不同的意義，在短線操作上的判斷很重要，分別說明如下：

開盤價

1. 反應開盤前利多或利空的消息面，至於國際股市的影響，主要是看美國、韓國、大陸股市的表現，例如美國股市大漲2%以上，韓國股市也往上開高，台股大盤也會開高。

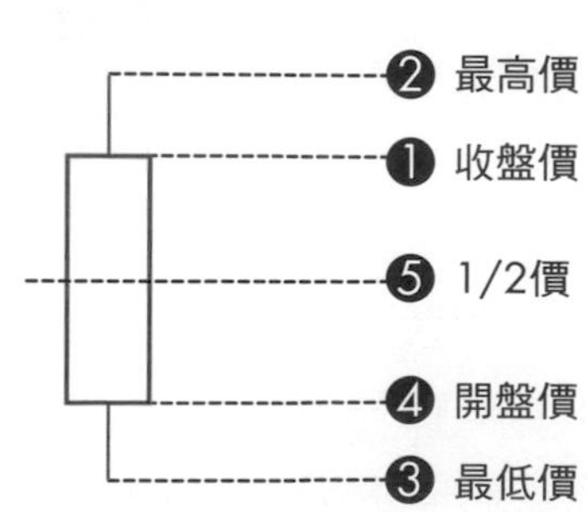

2. 反應主力大戶的企圖，例如今日開盤跳空上漲，主力拉抬企圖明顯，股票強勢續多。如果昨日是長紅K棒上漲的局面，今日開在平盤或平盤以下，表示多方今日向上的企圖不強。
3. 反應變盤的先期徵兆，例如多頭走到高檔位置，昨日收盤出現十字線、墓碑線、吊人線等變盤K線是否代表真的要變盤，那麼，今日的開盤價就很是重要的觀察指標。如果開高，化解變盤的疑慮；開低，多頭要小心真的要變盤了！

最高價

1. 當日多方力量所能攻到的最高價位。
2. 空頭抵擋反擊的價位，或是多頭開始撤退的位置。
3. 與昨日最高價相互比較，是否已過昨日最高價？還是未過昨日最高價即壓回？藉此察看主力是否有續多的企圖。

最低價

1. 當日空方力量所能到達的最低價位。
2. 多頭開始抵擋反擊，或是空頭回補的位置。
3. 與昨日最低價相互比較，是否跌破昨日最低點為觀察重點。如果今日開高走低，最低價跌破昨日最低點，多空激戰，則要密切注意收盤價的位置。

1/2 價

1. 指當日（最高價＋最低價）÷2的價格。
2. 1/2價代表當日多空交易的平均成本。
3. 暴大量拉出長紅K線，日後回檔如跌破1/2價，表示多方氣勢轉弱；暴大量拉出長黑K線，日後反彈如突破1/2價，表示空方力道轉弱。

4. 股價漲到高檔，出現暴大量長紅K線，如果跌破該長紅K線的1/2價，高檔做頭的機率大增，要小心反轉。
5. 股價跌到低檔，出現暴大量長黑K線，如果能突破該長黑K線的1/2價，低檔止跌回升的機率大增，可注意反彈。

K線第5元素1/2價

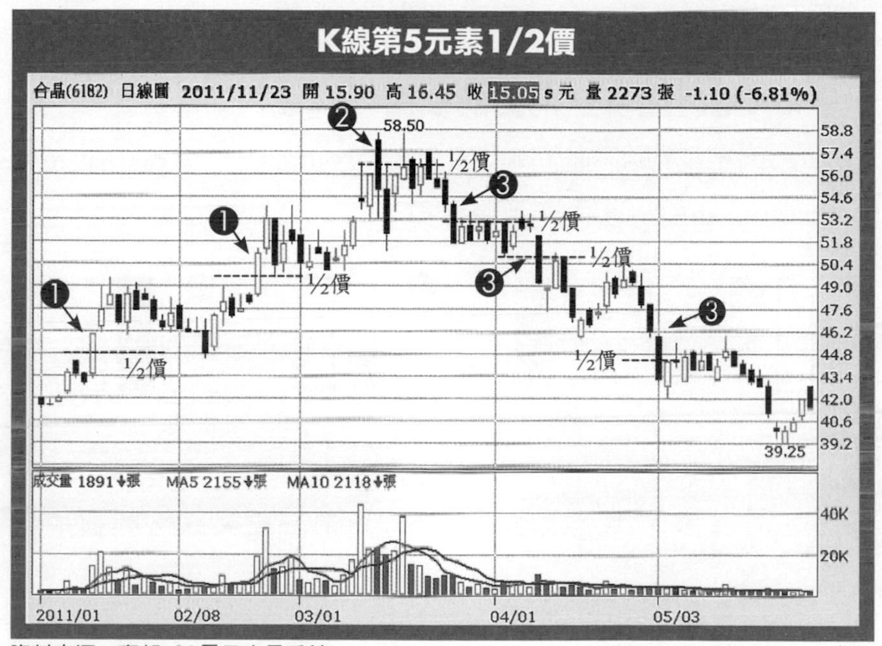

資料來源：富邦e01電子交易系統

▲上圖說明：

❶ 多頭上攻時，每次回檔都未跌破起漲處長紅K線的1/2價。

❷ 高檔出現長黑K線時，日後反彈的收盤價一直無法收復長黑K線的1/2價，盤整之後再往下跌破，頭部就形成了。

❸ 空頭下跌時，每次反彈都無法往上突破長黑K線的1/2價。

收盤價

1. 當日多空雙方經過一天的決戰最後結果的價格。
2. 可以看出當日多空的強弱，並可以判斷明日開高或開底的意圖。
3. 收盤價與昨日最高價及最低價比較，是否突破昨日最高點或跌破昨日最低點，是轉強或轉弱的重要觀察指標。

子母K線透露多空角力的玄機

當 K線出現子（短K線）母（長K線）線並列時，透露出多空力道的角力，會影響後面的走勢表現。

❶ 長紅後小黑，大漲小回，多方力道強。
❷ 小紅後長黑，小漲大回，不過昨日最高點又跌破昨日最低點，空方力道強。
❸ 小黑後長紅，小回大漲，飆股線形，多方力道強。
❹ 長黑後小紅，大跌小漲，空方力道強，但在底部，如不再破底，可能止跌。

觀察合併兩條K線的8個重點

股價每天交易時前後K線都會相互關連，單看一條K線只能知道當天多空的演變，從兩條K線就能看出股價前後的變化，例如股價是否繼續向上、還是停頓或是要轉向？因此，當兩條K線合併判斷時，我們可以把兩條K線合併成一條K線來看，再從連續兩日的K線組合看出多空力道的狀況如何。

合併的方式是把第1天K線的開盤價、第2天K線的收盤價、兩天的最高價、兩天的最低價組成一條K線，這就是這兩根K線的強弱表現。 以下圖解合併兩條K線的做法及判斷強弱方法：

1. 連續兩天中紅K線，合併看是一根長紅K線，其多頭威力與長紅K線一樣，1/2價是2天的交易平均價，在高檔時不能跌破1/2價，一旦跌破則氣勢轉弱。

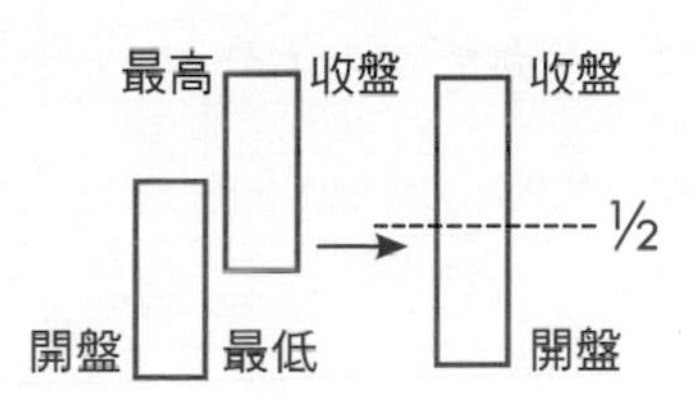

2. 右圖為一天長紅K線、一天長黑K線，合併看是長上影線小紅K線，表示上面賣壓很重，在高檔出現時要小心變盤。

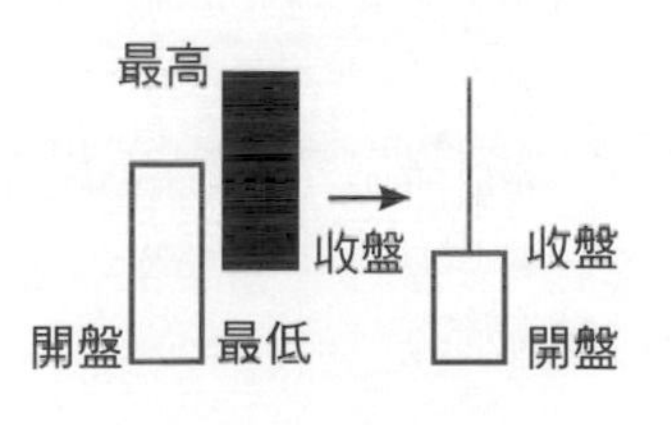

3. 右圖為一天長紅K線、一天長黑K線，合併看是長上影線小黑K線，表示上面賣壓很重，在高檔出現時要小心變盤。

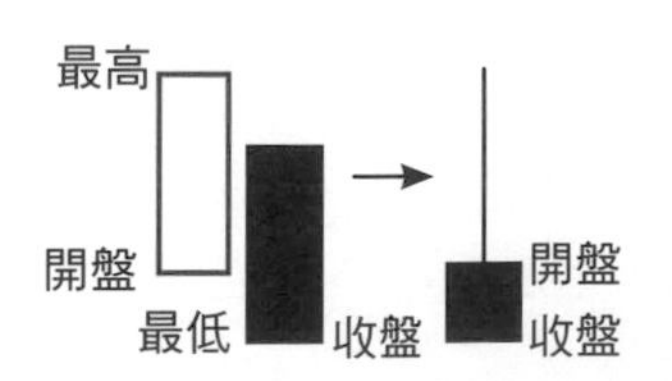

4. 右圖合併看是長下影線的小紅K線，在高檔出現是反轉訊號吊人線，在低檔是止跌訊號的鎚子。

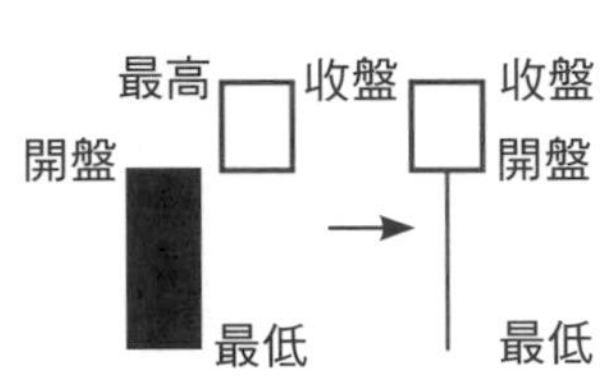

5. 右圖的長黑K線一般稱為「香噬」，合併2天來看，是長上影線的小黑K線，在高檔出現代表多方遇強大壓力，為反轉訊號。

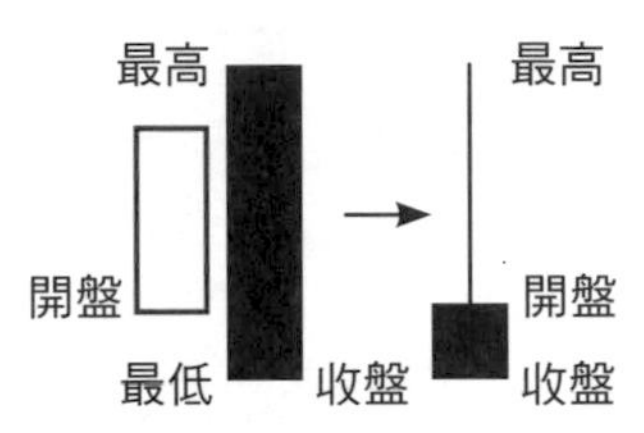

6. 右圖的長紅K線一般稱為「香噬」，合併2天來看，是長下影線的小紅K線，在低檔出現是止跌反轉訊號，在高檔出現是可能變盤訊號，是否變盤要看次日走勢而定。

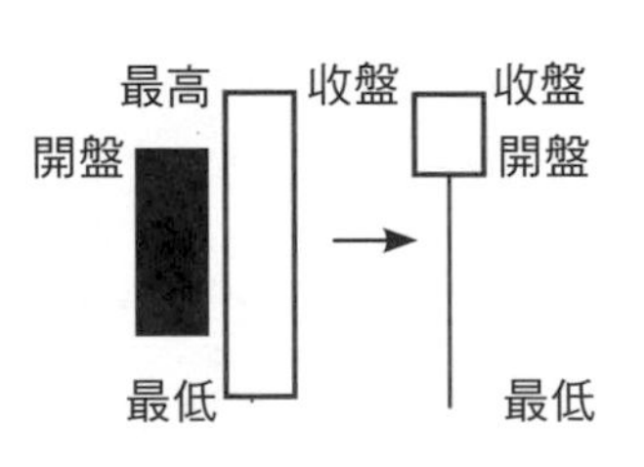

7. 右圖合併看是長上影線的十字K線，代表可能變盤的訊號，是否變盤要看次日走勢而定。

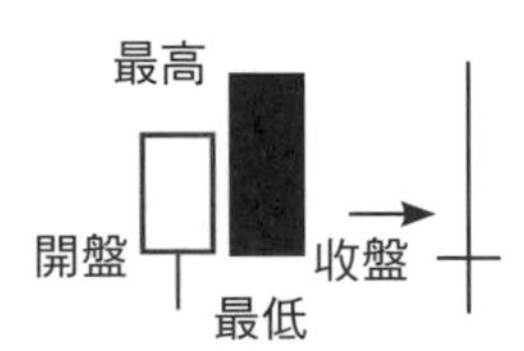

8. 右圖合併看是長下影線的小黑K線的紡錘線，同樣是變盤的訊號，是否變盤要看次日走勢。

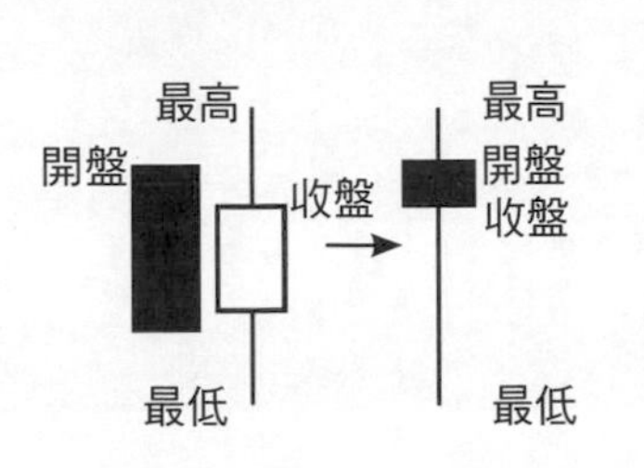

3條K線出現「夜星」的變盤訊號

我們利用兩條K線合併的概念，同理可以推論出3條、4條……K線的組合概念，下面3條K線，一般稱為「夜星」，是高點轉折向下的訊號。如果把它組成一條K線的概念來看，就是基本技術分析單一K線高檔長上影線的變盤訊號。

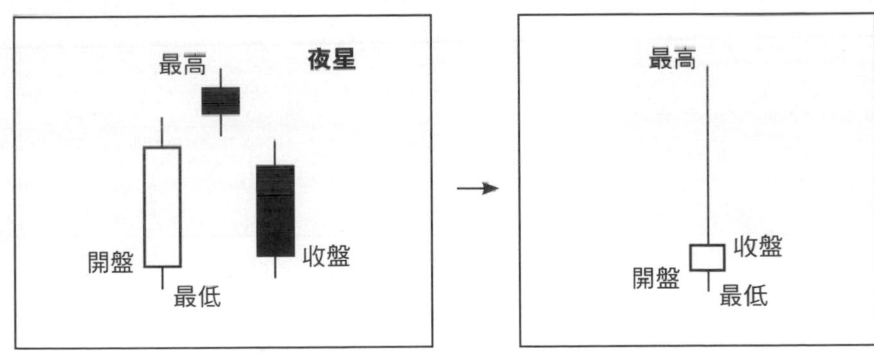

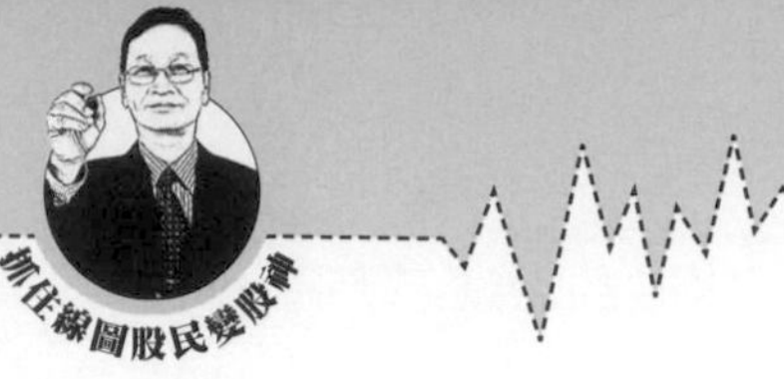

第7章

K線賺錢密碼②：8個K線攻擊及下殺訊號

同學經常會問，股價天天下跌，要如何知道是否已經止跌？甚至要上漲？其實，這在K線的變化上就可以看得出來，以下歸納出後市向上攻擊或是要向下下殺的訊號。

自低檔向上反彈的8個K線攻擊訊號

當股價跌到低檔，出現以下8個K線向上攻擊訊號是多頭短線的強力表現。但是要注意，最低點的K線止跌訊號，必須要有過前2日K線最高點的確認紅K線出現。

1. **突破下降急切線的長紅K線：**
   低檔出現長紅K線，突破下降急切線，收盤過前2日最高點。

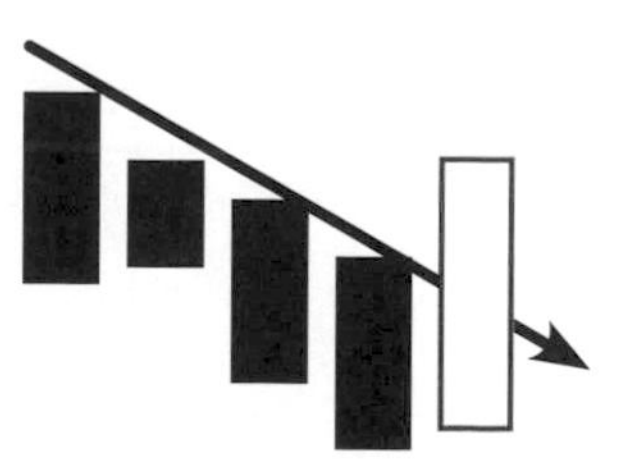

2. 出現地樁似的長下影K線：

低檔出現長下影線的鎚子，第2日要紅K線，且過前一日最高點才能確認止跌反彈。

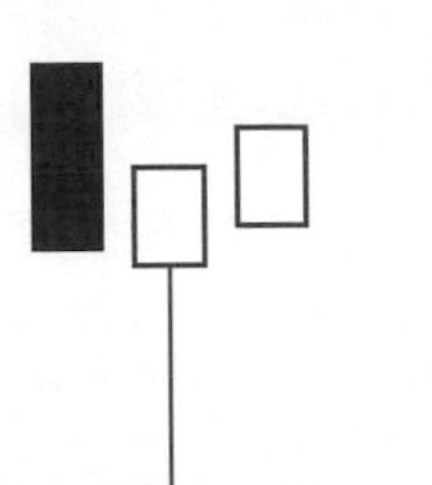

3. 低檔出現十字K線：

低檔出現十字或類似十字K線，是變盤訊號，第2日突破前一日最高點的紅K線才能確認變盤。

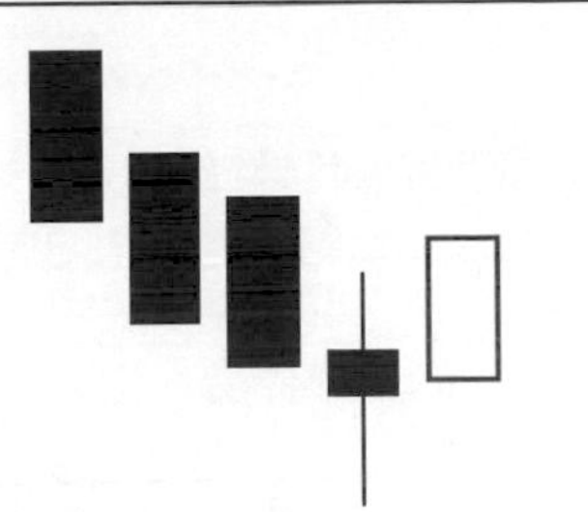

4. 低檔出現倒槌K線：

低檔出現長上影線的K線，是止跌訊號，第2日開高向上，表示止跌，但是第3日要過前一日最高點的紅K線，才能確認反彈。

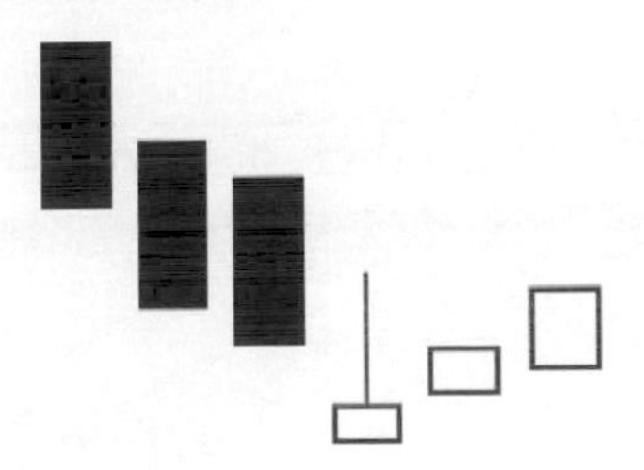

5. 低檔出現穿心紅K線：

低檔出現長紅K線，突破前一日長黑K線的1/2價，為多頭強勢止跌訊號；出現長紅K線後次日要再過前一日最高點才能確認。

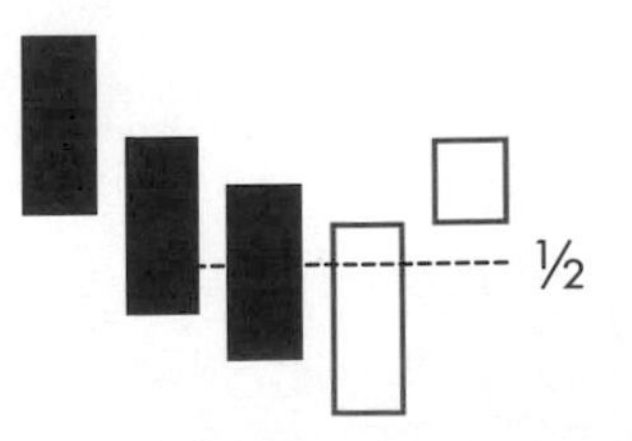

6. 低檔出現陽包陰紅K線：

低檔出現長紅K線的「吞噬」現象，當日股價跌破前一日最低價，收盤過前一日最高點，為K線單日破腳穿頭現象，代表多頭強攻的態勢。

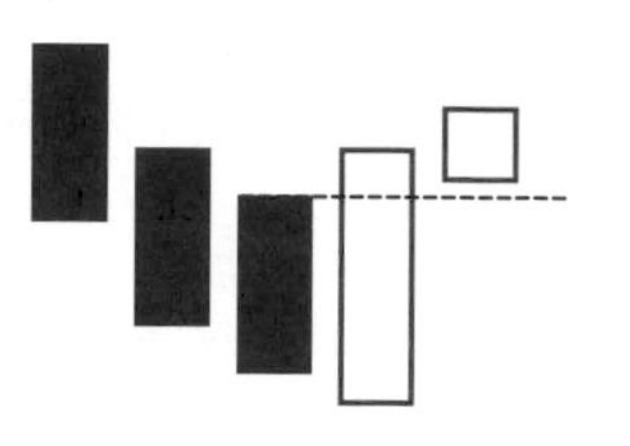

7. 低檔開平高轉紅K線：

低檔出現開盤價為昨日最高點，一路往上拉出長紅K線，是多頭向上的強力表現。

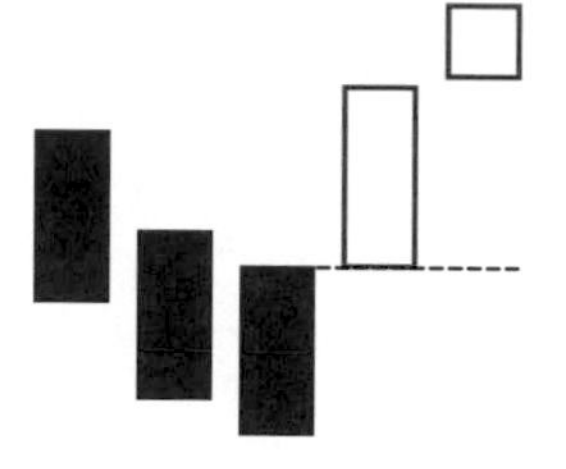

8. 低檔拉出連3根長紅K線：

低檔出現連續3根長紅K線，為強勢多頭表現，可以鎖股，等待回檔後的買進點。

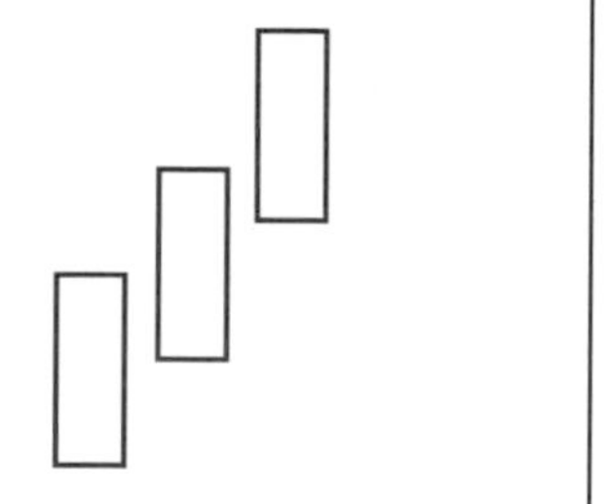

自高檔向下回檔的8個K線下殺訊號

當股價漲到高檔，出現以下8個向下回檔訊號，是空頭短線的強力表現。但是要注意，最高點的K線止漲訊號，必須要有跌破前面K線低點的確認K線出現。

1. 跌破上升急切線的長黑K線：

高檔出現長黑K線的「吞噬」現象，跌破上升急切線，且跌破前2日最低點。

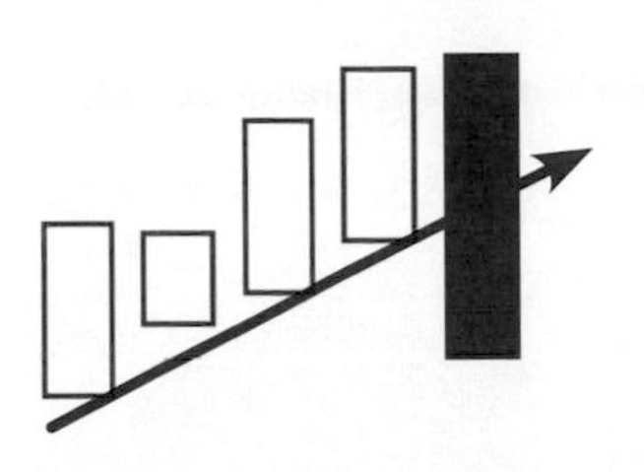

2. 天線般的長上影K線：

高檔出現長上影線的K線，第2天收盤跌破前一日最低點才能確認回檔。

3. 高檔出現十字K線：

高檔出現十字或類似十字K線，是變盤訊號，第2日跌破前一日最低點，才能確認變盤。

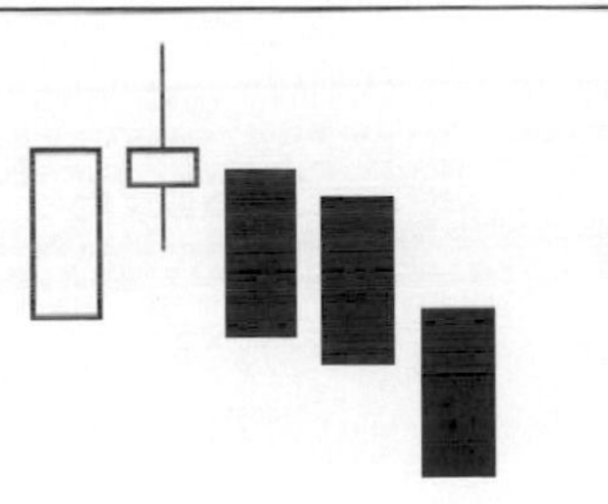

4. 高檔出現吊人K線：

高檔出現長下影線的K線，是止漲訊號，次日開低向下，表示回檔，但要等到跌破前一日最低點，才能確認回檔。

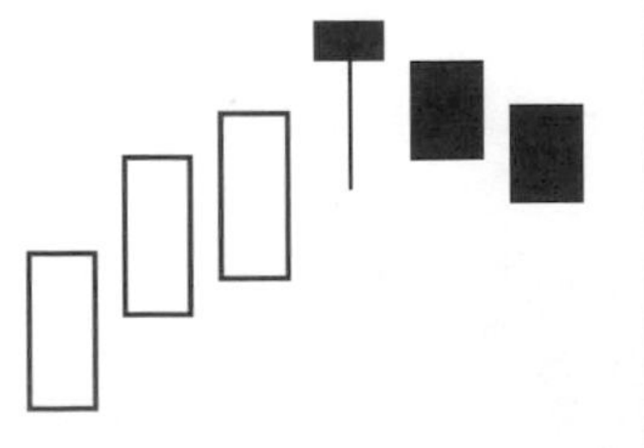

5. 高檔出現穿心黑K線：

高檔出現長黑K線，跌破前一日長紅K線的1/2價，為空頭強勢下跌的訊號，次日要跌破前一日最低點，才能確認。

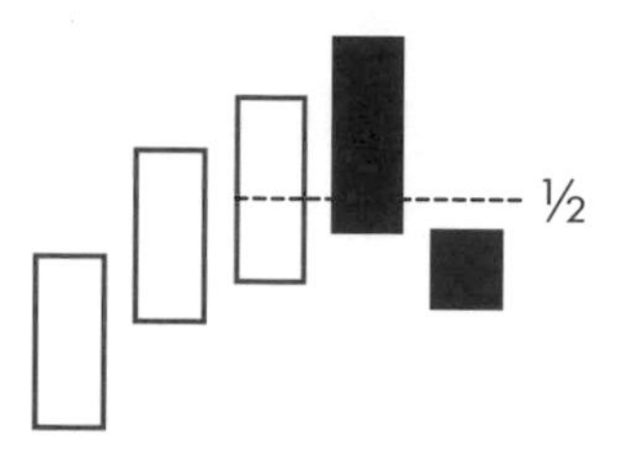

6. 高檔出現陰包陽黑K線：

高檔出現長黑K線的「吞噬」現象，當日創新高，收盤跌破前一日最低點，為K線單日穿頭破腳，是空頭強勢表態。次日跌破長黑K線最低點，確認反轉。

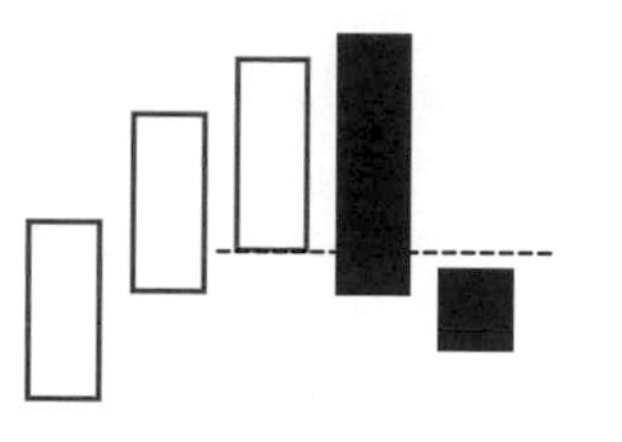

7. 高檔開平低轉黑K線：

高檔開盤為昨日最低點，一路往下拉出長黑K線。

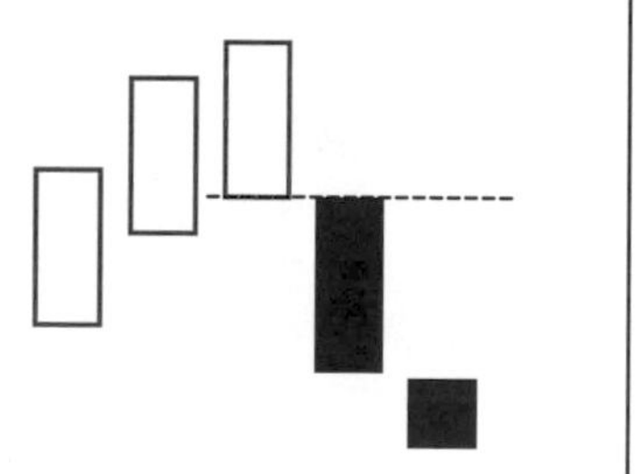

8. 高檔出現連3根長黑K線：

高檔出現連續3根長黑K線，為強勢空頭表現，可以鎖股，等待反彈後的做空點。

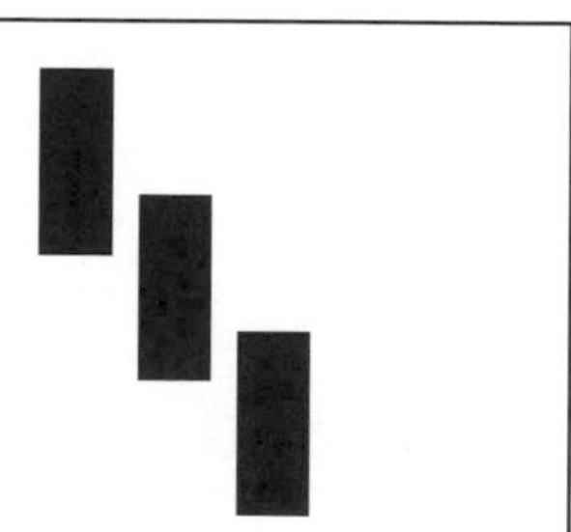

第8章 K線賺錢密碼③：判斷長紅K線、長黑K線的祕訣

當上漲趨勢行進時，突然出現下跌的長黑K線，把投資人給嚇壞了，到底出了什麼問題？同樣的，在下跌趨勢行進時，突然出現開低拉高的長紅K線，是不是要反彈回升了？

長黑K線及長紅K線在多頭、空頭趨勢的功能

我們先要瞭解趨勢的力量，遠超過一根或數根K線的力量。當多頭趨勢形成，有往上助漲的力道，所以對上漲中的關鍵紅K線具有加強上漲的作用；對修正下跌的黑K線，反而有抗跌的支撐作用。換句話說，多頭是上漲有理、下跌無理。

其次，上漲趨勢的特性本來就是緩漲急跌，所以在上漲了一段之後，有一天突然出現大跌，這是主力一邊洗盤、一邊測試多頭散戶持股的信心。只要上漲趨勢沒有改變，長線可以保護短線，所以在上漲趨勢中對於突然出現的長黑K線，不必過於恐慌。同樣的，下跌的時候，突然會出現反彈的長紅K線，遇到這種狀況，當然不要高興得太早，因為空頭趨勢並沒有改變，之前的長紅K線，這只是跌深的反彈而己。

以下歸納長紅K線及長黑K線在多頭趨勢及空頭趨勢的功能：

1. 多頭趨勢的「長紅K線」，對向上攻擊有助漲的功能。
2. 多頭趨勢的「長黑K線」，對向上攻擊只有減緩的功能。
3. 空頭趨勢的「長黑K線」，對向下跌有助跌的功能。
4. 空頭趨勢的「長紅K線」，對向下跌只有減緩的功能。

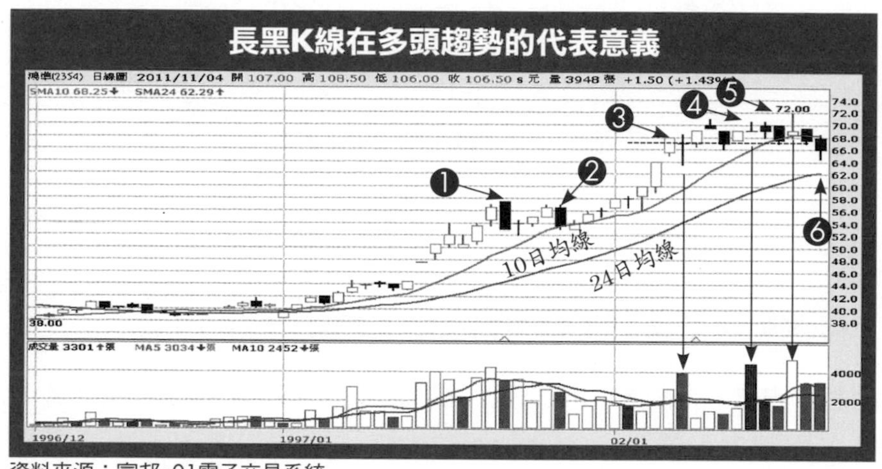

資料來源：富邦e01電子交易系統

▲上圖說明：

❶ 在多頭上漲走勢中出現長黑K線，由於處於多頭趨勢，且10日、24日均線持續向上，都會造成支撐助力。

❷ 出現黑K線，由於處於多頭趨勢，且10日、24日均線發揮持續向上的支撐助力。

❸ 出現高檔大量的十字變盤線，要密切注意日後走勢。

❹❺ 連續出現大量變盤線，股價橫向盤整。

❻ 盤中看到黑K線跌破前9天的K線最低點，要立刻出場。

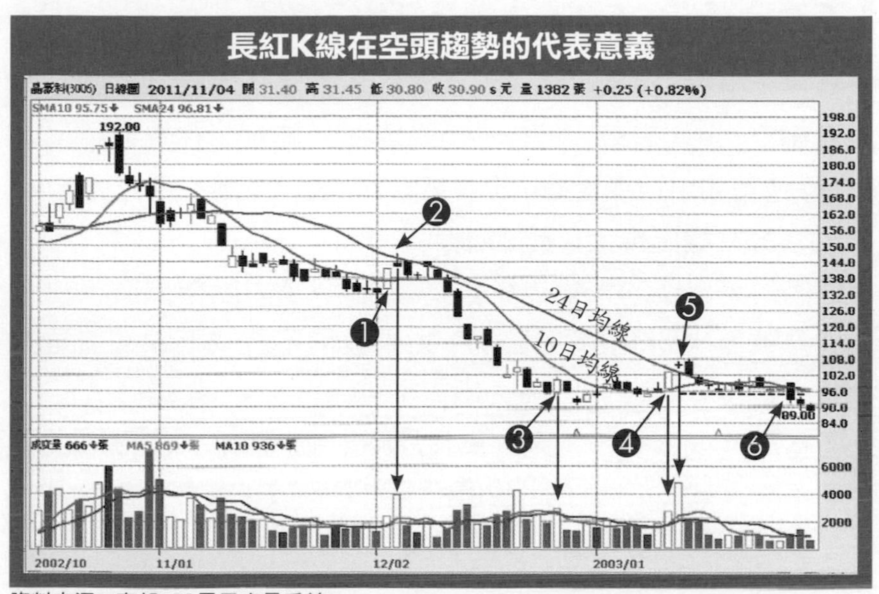

資料來源：富邦e01電子交易系統

▲上圖說明：

❶ 在空頭下跌走勢中出現長紅K線，由於處於空頭趨勢，且10日、24日均線持續向下，都會造成下跌壓力。

❷ 出現暴大量且變盤的黑K線，由於24日均線向下的壓力，空頭續跌。

❸ 在空頭下跌走勢中出現中紅K線，由於處於空頭趨勢，且10日、24日均線持續向下，都會造成下跌壓力。

❹ 出現「底底高」的長紅K線，24日均線仍然向下。

❺ 出現暴大量且變盤的十字黑K線，由於24日均線向下的壓力，股價續跌，進入盤整。

❻ 出現長黑K線跌破盤整及均線，空頭繼續下跌。

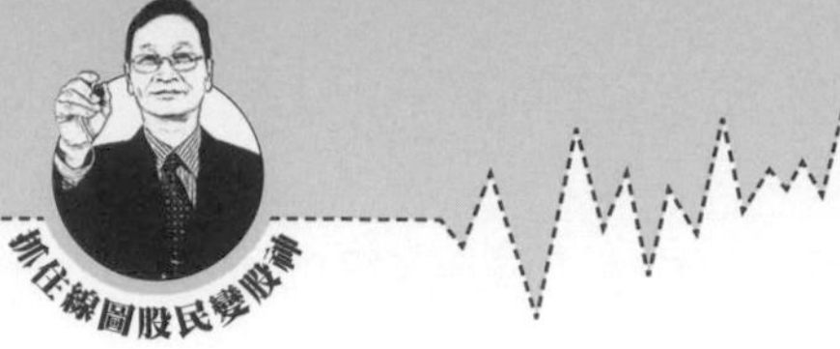

不適合買進的5種暴大量長紅K線位置

當暴大量拉出長紅K線，代表當日多頭氣勢強勁，一般投資人看到K線這樣表現，很容易衝動買進。其實，在走勢中，以下5種位置如出現暴大量拉出長紅K線的情況，則不適合買進。

1. 在多頭高檔出現大量長紅K線

這個位置出現的大量長紅K線，要小心主力藉機出貨。判別的方法要看次2日股價的表現，如果股價不漲或下跌，前面的那根大量長紅K線，就是主力出貨了。

操作策略很容易，當天大量長紅K線持股續抱，次日以後要注意不能跌破長紅K線的1/2價位，如果跌破，就要賣出離場，空手投資人，不要買進。

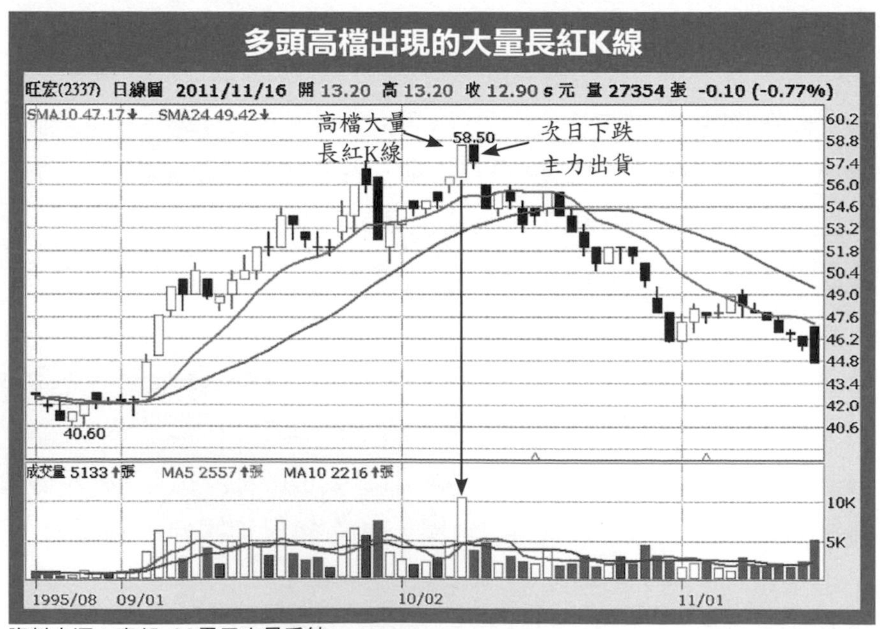

資料來源：富邦e01電子交易系統

2. 連續上漲出現第3根或第4根的長紅K線

當連續上漲出現3根或4根長紅K線，這時，獲利的人隨時要賣出，空手投資人不適合在此進場，因為多頭氣勢雖然強，但是極易追到高點而套牢，因此，要等到回檔修正後再買進。

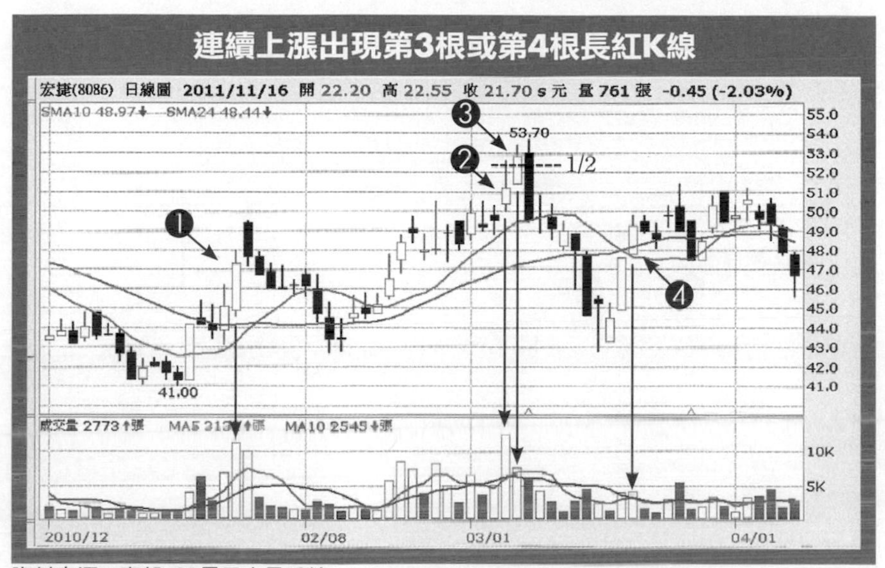

資料來源：富邦e01電子交易系統

▲上圖說明：

❶ 上漲第3根的大量長紅K線，次日開高走低，連續回檔。

❷ 高檔出現暴大量紡錘紅K線，要有戒心。

❸ 高檔出現大量中紅K線，要以當日的1/2價為停利點，跌破1/2價要出場。

❹ 上漲出現第3根的長紅K線要小心，不能追買，次日如開高走低，要先出場。

3. 接近前面重大壓力區的長紅K線

當出現長紅K線又接近密集壓力區或是週線壓力區時，空手投資人不適合在此進場，因為多頭氣勢雖強，但是容易受制於前面壓力而盤整或回檔。

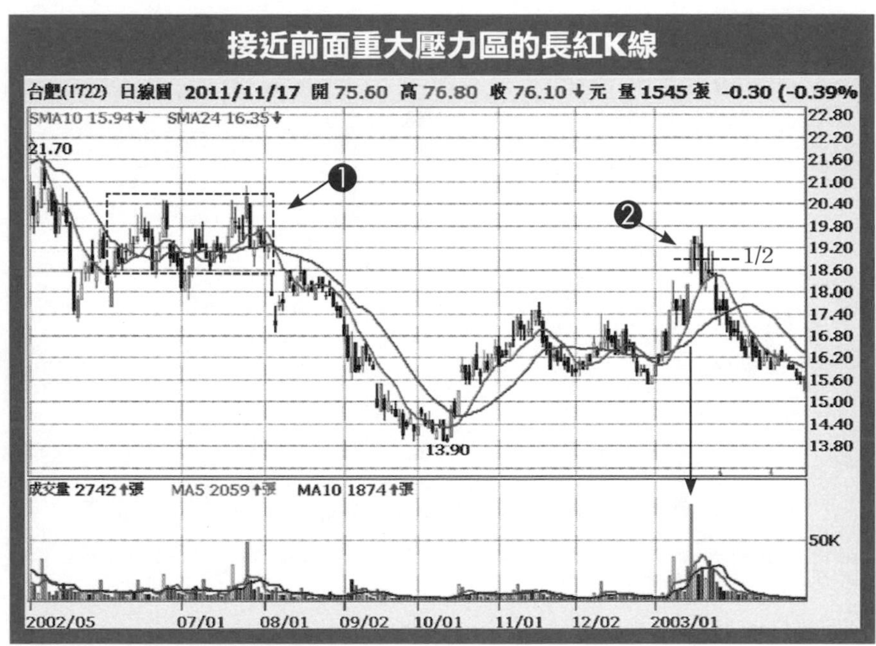

資料來源：富邦e01電子交易系統

▲上圖說明：

❶ 密集盤整區。

❷ 高檔出現暴量長紅K線，接近前面密集盤整區壓力。1/2價設為停利點，跌破要出場。

4. 空頭走勢反彈中出現的大量長紅K線

當空頭走勢時，突然出現暴大量的長紅K線，空手投資人不要心動隨便就進場，逆勢操作不容易獲利，往往容易套牢或者停損出場。

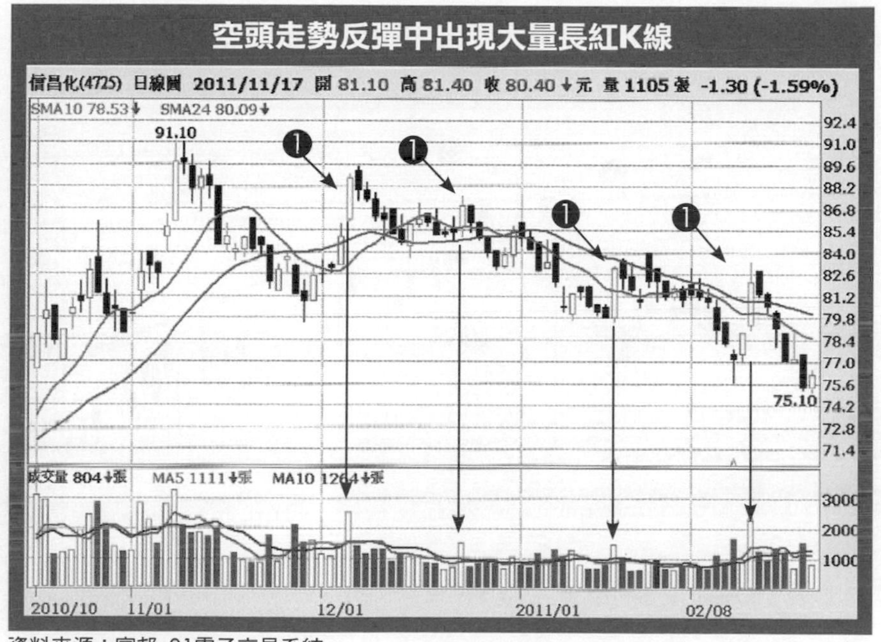

資料來源：富邦e01電子交易系統

▲上圖說明：

❶ 空頭走勢中每當出現暴大量的長紅K線，次日賣進都被套牢。

5. 高檔出現長黑K線吞噬後又出現暴大量的長紅K線

在高檔出現長黑K線吞噬現象，為反轉訊號，但是次日又出現暴大量的長紅K線，空手投資人不要隨便就追買，除非股價收盤突破吞噬長黑K線的最高點。

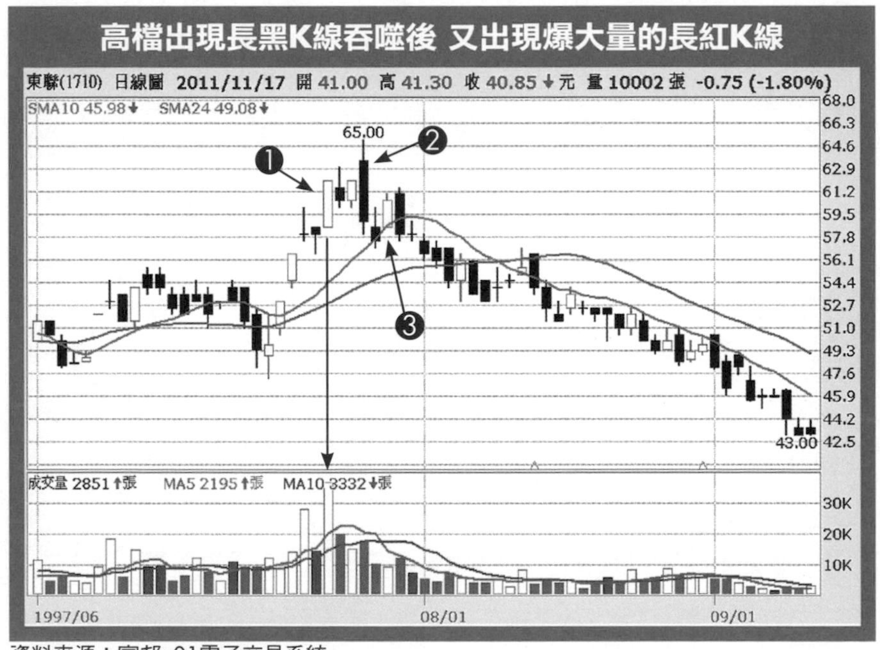

資料來源：富邦e01電子交易系統

▲上圖說明：

❶ 第4根上漲的暴大量長紅K線，次日走低要出場，空手勿追。

❷ 高檔出現長黑K線吞噬現象，為反轉訊號。

❸ 雖然出現紅K線，不能買進，除非股價收盤能突破吞噬長黑K線的最高點65元。

利用長紅K線與長黑K線判斷能否續勢

K線充分反應多方與空方的企圖，以及企圖的成功與否，尤其是長紅K線或長黑K線代表的企圖最明顯。

我們觀察多頭K線的走勢圖，幾乎任何型態突破的位置，如果是長紅K線，往上再漲的機率很高。長紅K線的最低點也就是買方的發動點，自然也是買方的防禦底限。

長紅K線是買方的防禦底線

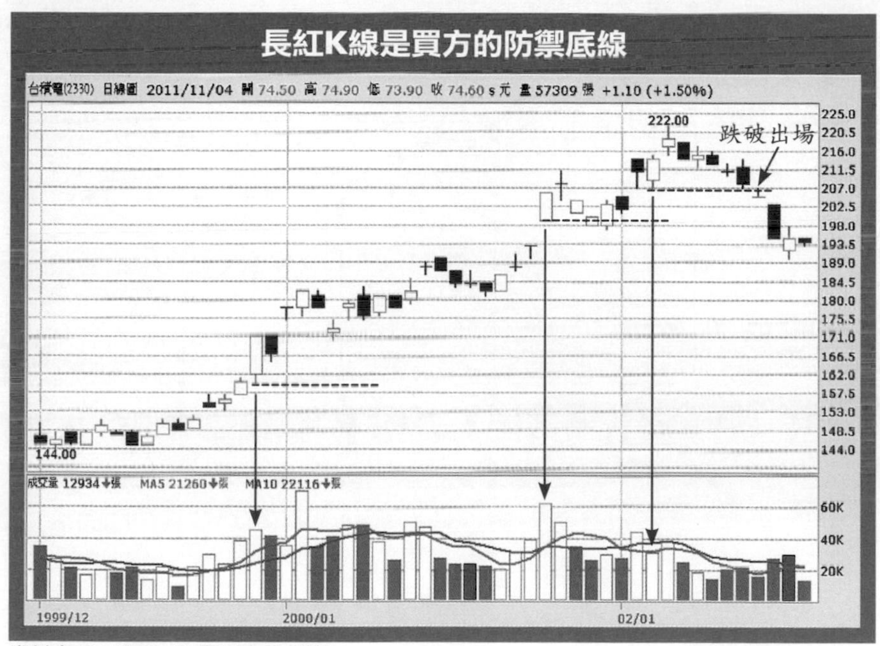

資料來源：富邦e01電子交易系統

我們觀察空頭K線的走勢圖，幾乎任何型態跌破的位置，如果是長黑K線，往下再跌的機率很高。長黑K線的最高點也就是空方的發動點，自然也是空方的防禦底限。

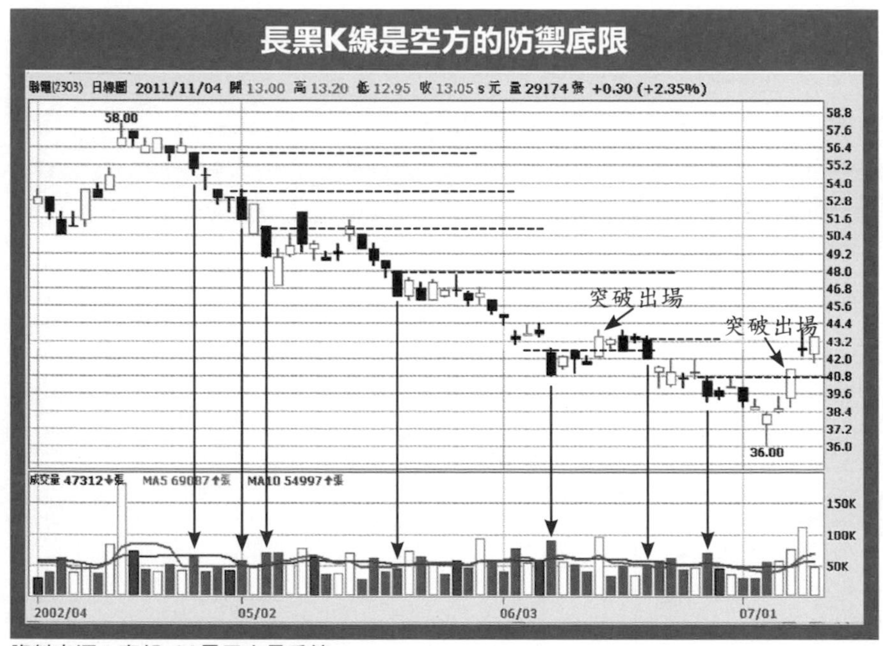

資料來源：富邦e01電子交易系統

基於前述的觀念，利用長紅K線及長黑K線，可以判斷多方是否有能力續攻或是空方是否有能力續跌。

第9章 移動平均線的進階應用：均線交叉及糾結的操作重點

移動平均線是1960年由葛蘭畢（Granvil Joseph）提出來的，中心論述是指一定期間內交易的平均成本構成的一條隨著股價變動的移動曲線。

基本上，短期間的移動平均線振幅及方向變動較快，例如3日均線，是取最近3天的收盤價計算平均成本，因此，其中一天占有1/3的比重，當一日股價大漲或大跌，立刻對3日的平均價產生很大的變化。

如果是長期的移動平均線，振幅及方向變動較慢，例如60日均線，是取最近60天的收盤價計算平均成本，因此，其中一天只占有1/60的比重，當一日股價大漲或大跌，對60日的平均價產生的變化比較小。

我們在實際應用時，經常會有不知要用哪條均線較好的問題，事實上，刀有所短，劍有所長，在運用上最好是一條短期均線搭配一條長期均線，如此就能互取所長。

▍用月線及季線分界多空趨勢

在應用移動平均線時，一般用短期均線操作進出，另外取一條較長期的均線當做多空方向的依據。

在均線中，月線及季線是重要的趨勢參考線。用日線操作的短期投資人，必須要以月線研判多空的趨勢。過去台灣股市每週交易6天，月線採用24日均線，現在每週交易5天，用20日均線為月線。

這兩種期間差別不大，主要是在操作上，股價在月線之上，而且月線呈現向上走勢，趨勢為多頭，只要股價沒有跌破月線之前，做多操作；一旦股價跌破月線下方，而且月線下彎，就視為空頭趨勢，做空操作。因此，月線是短期操作的多空分界均線。

用波段操作的中長期投資人，必須要以季線研判多空的趨勢，過去通常用72日均線為季線，現在每週交易5天，合理的季線應該是65日均線〔52週÷4×5〕。

季線作為中長期趨勢的參考，股價在季線之上，而且季線上揚，中期趨勢為多頭。只要股價沒有跌破季線之前，做多操作；一旦股價跌破季線下方，而且季線下彎，就視為空頭趨勢，做空操作。因此，季線是中長期操作的多空分界均線。

無論投資人做短期用月線判多空，或者做中長期用季線判多空，原則上，順勢操作失誤的比率相當低，逆勢操作失誤的比率則相當高。

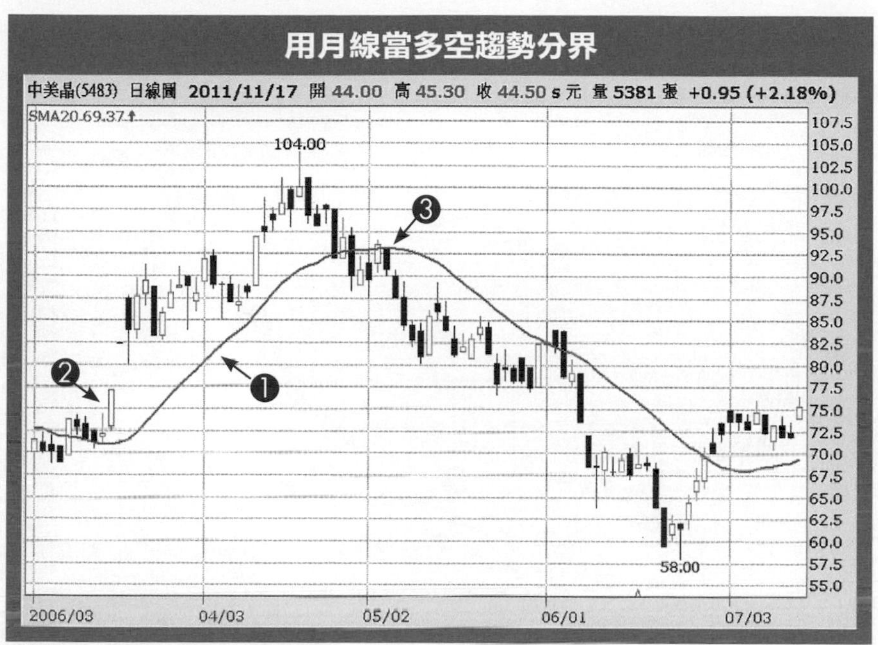

資料來源：富邦e01電子交易系統

▲上圖說明：

❶ 用20日均線為月線。

❷ 股價站上月線，月線上揚，趨勢多頭，做多。

❸ 股價跌破月線，月線開始下彎，趨勢空頭，做空。

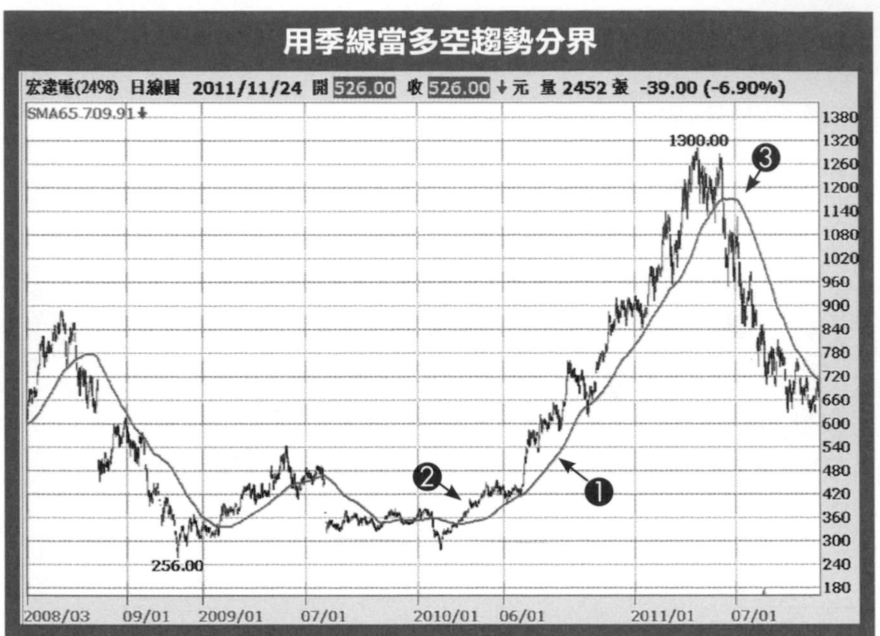

資料來源：富邦e01電子交易系統

▲上圖說明：

❶ 用65日均線為季線。

❷ 股價站上季線，季線上揚，做多，後面出現將近18個月的多頭趨勢。

❸ 股價跌破季線，季線開始下彎，趨勢成為空頭，做空。

月線與季線交叉的代表意義

前面說明在所有的均線之中，月線及季線是重要的趨勢參考線，月線及季線的交叉代表中長期趨勢的改變。當月線由下往上穿越季線產生「黃金交叉」，當兩條均線同時往上時為中長期走多的趨勢；當月線由上往下穿過季線產生「死亡交叉」，兩條均線同時往下時，中長期空頭趨勢形成。

如果用週線來看，可用4週均線作為月線、12週均線作為季線，進行這兩條均線的交叉研判。

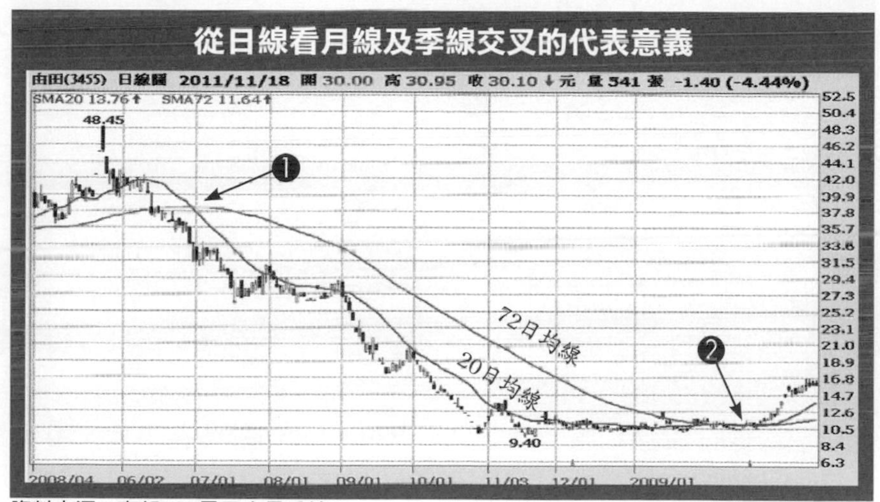

從日線看月線及季線交叉的代表意義

資料來源：富邦e01電子交易系統

▲上圖說明：

❶ 20日均線（月線）與72日均線（季線）死亡交叉，之後連續下跌6個月。

❷ 20日均線與72日均線黃金交叉，結束空頭趨勢。

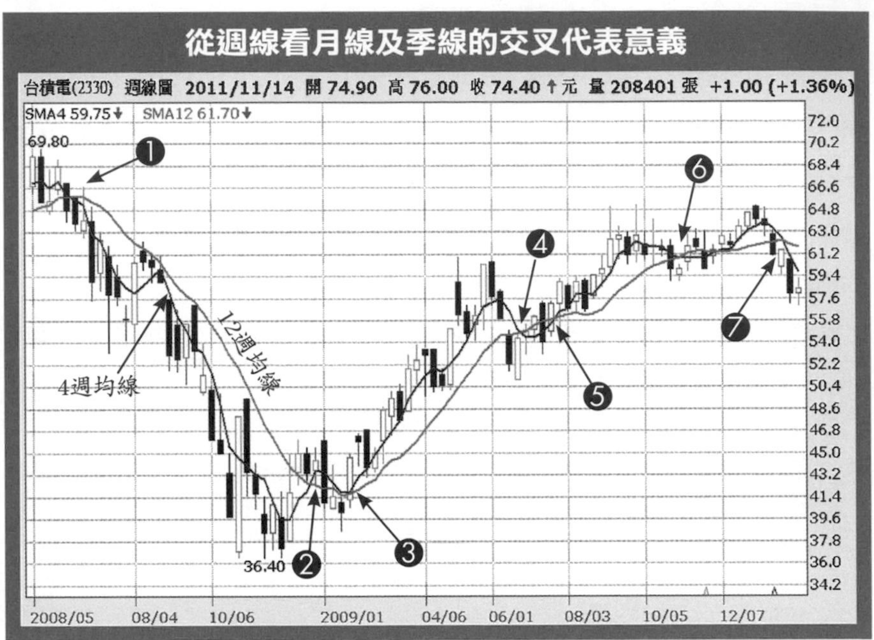

資料來源：富邦e01電子交易系統

▲上圖說明：

❶ 4週均線（月線）與12週均線（季線）死亡交叉，均線下彎，展開連續33週的空頭趨勢。

❷ 4週均線與12週均線黃金交叉，但是12週均線還在下彎，股價還會回跌。

❸ 4週均線與12週均線黃金交叉，4週及12週均線上揚，展開連續21週的多頭趨勢。

❹ 4週均線與12週均線死亡交叉，但是12週均線還在向上，股價還會上漲。

❺ 4週均線與12週均線黃金交叉，4週及12週均線上揚，展開繼續15週的多頭趨勢。

❻ 4週均線與12週均線死亡交叉，但是12週均線還在向上，股價還會上漲。

❼ 4週均線與12週均線死亡交叉，且4週及12週均線同時下彎，結束上升趨勢。

均線糾結在操作上的應用

移動平均線是平均成本的概念，因此當多條不同期間的均線糾結在一起，具有重要的意義。在實際操作中，均線糾結是觀察進場的機會。

如果短、中、長期的5日、10日、20日均線糾結在一起，表示這些期間買股票的平均成本都差不多，因此，愈長期均線糾結，股價橫向盤整的時間愈長，累積的持股能量愈大。

當股價往上突破上漲，短期均線最先反應向上，然後中長期均線依序上揚，造成均線上揚的多頭排列，形成強勢上漲的態勢。因此，一旦發現盤整中出現5日、10日、20日均線這3條均線糾結的股票，要抓住向上突破的買點；相反的，如果向下跌破，立刻產生多條均線空頭排列，也是抓住做空的機會。

當多條均線多頭排列時，股價向上走勢中，回檔修正一段時間後再次出現3條均線糾結，並且出現向上紅棒（紅K線）時，是另一個進場的好時機，要把握賺錢的機會，買進。

均線糾結的向上紅棒是起漲的開始。
均線糾結的向下黑棒是起跌的開始。

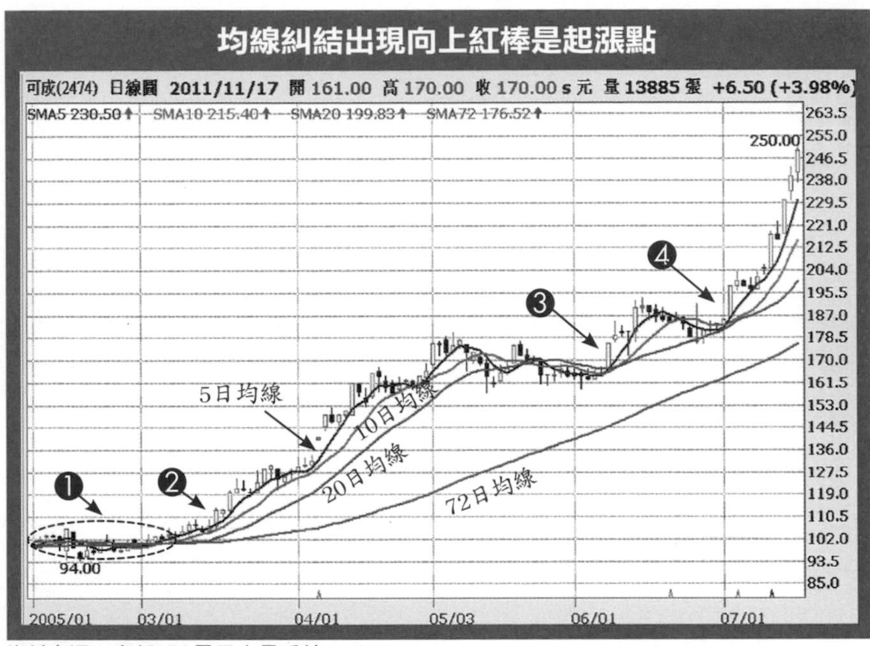

資料來源：富邦e01電子交易系統

▲上圖說明：

❶ 4條均線糾結區。

❷ 股價突破均線糾結區，均線呈現多頭排列，做多買進。

❸ 多頭行進中盤整，3條均線糾結，出現長紅K線突破盤整區，做多買進。

❹ 多頭行進中回檔，3條均線糾結，出現長紅K線突破前波最高點，做多買進。

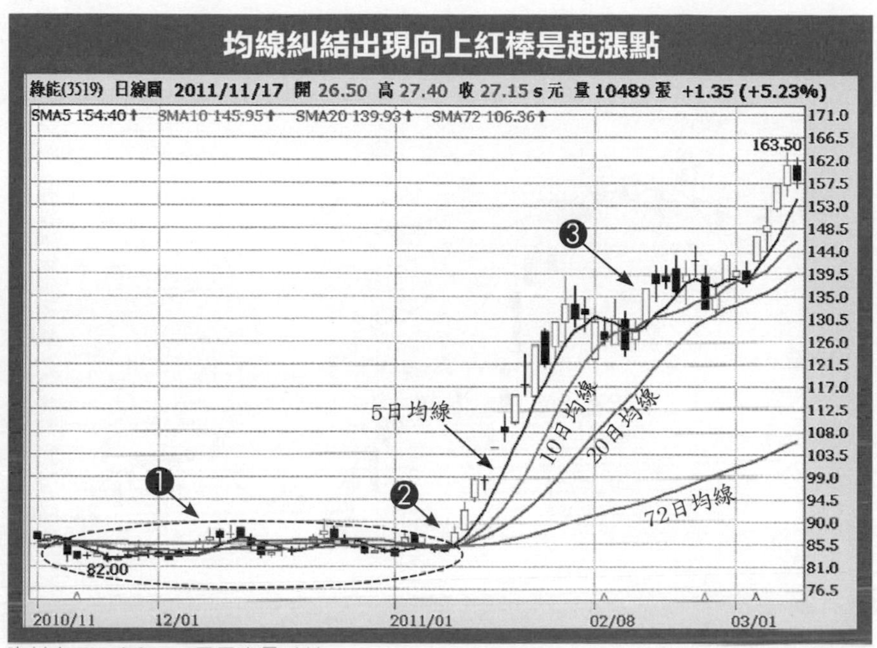

資料來源：富邦e01電子交易系統

▲上圖說明：

❶ 4條均線糾結區。

❷ 股價突破均線糾結區，均線呈現多頭排列，做多買進。

❸ 多頭行進中，回檔後出現長紅K線上漲，做多買進。

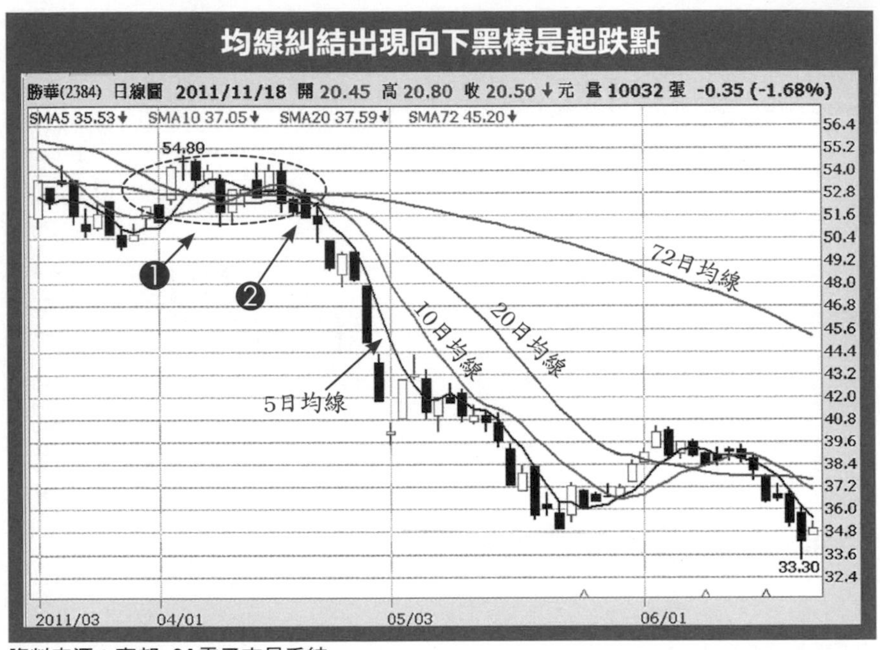

資料來源：富邦e01電子交易系統

▲上圖說明：

❶ 4條均線糾結區。

❷ 股價拉出黑K線跌破均線糾結區，均線呈現空頭排列，是起跌的開始，做空。

第10章 趨勢線的進階應用：找買點、空點、目標價及看強弱

趨勢線是最簡單判別趨勢的方法。多頭走勢的最低轉折點連接往上的切線稱為「上升趨勢線」，股價只要一直維持在趨勢線的上方，這條趨勢線代表的趨勢方向及支撐就一直有效。

空頭走勢的最高轉折點連接往下的切線稱為「下降趨勢線」，股價只要一直維持在趨勢線的下方，這條趨勢線代表的趨勢方向及壓力就一直有效。

不管是上升趨勢線還是下降趨勢線，有效的時間愈長，這條趨勢線就愈重要。趨勢線的重要意義並不是指它支撐或壓力一直有效，而是要注意這條重要的趨勢線一旦被跌破或被突破，趨勢改變的機率很大。

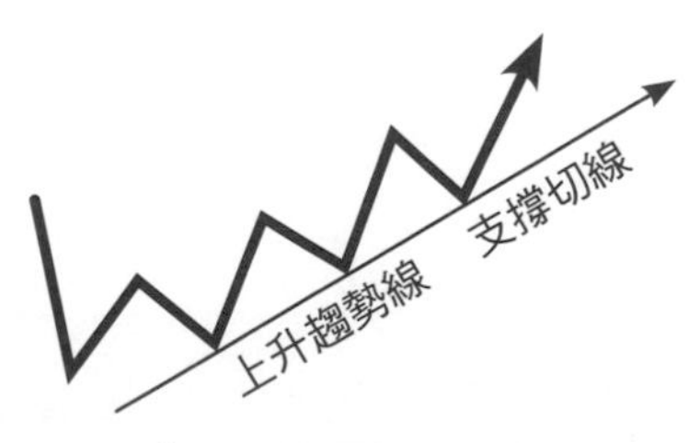

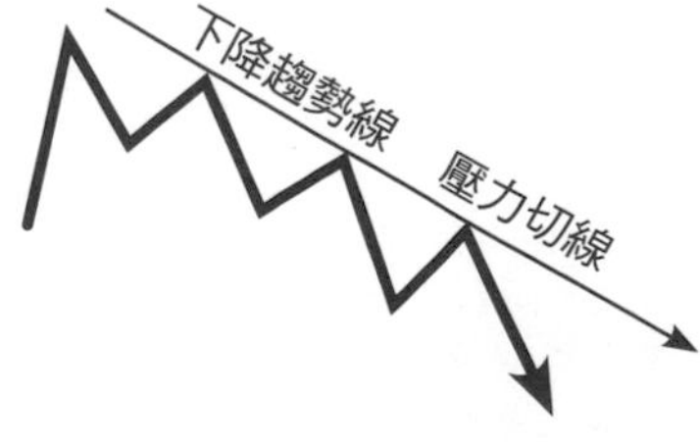

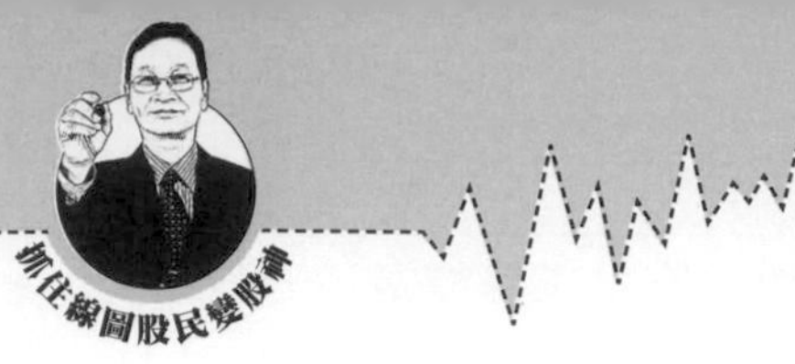

從股價與趨勢線關係看趨勢是否改變

趨勢的發展不會一路到底，多頭走勢開始會先走一段，一旦這一段的上漲產生的上升趨勢線被跌破，表示要回檔修正。

當修正完畢繼續多頭的第2段走勢，這時會產生一條中期的上升趨勢線。

第2段上漲本身有一條上升趨勢線，整個大趨勢由分段的中趨勢組成，一直到長期上升趨勢線被跌破，波浪型態趨勢改變為止。

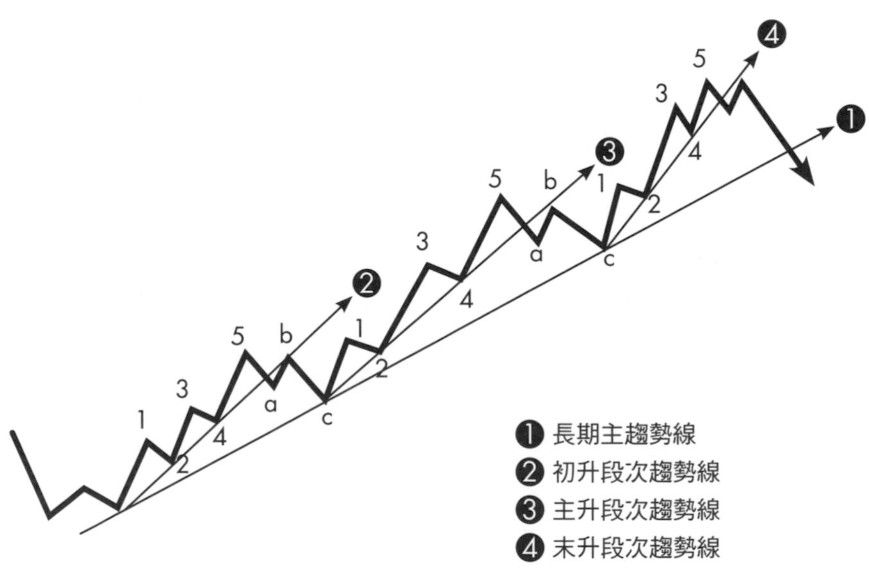

每一段中期上升趨勢線，對正在上方前進的股價提供往上的助漲和支撐，所以當上升趨勢線被跌破，除了透露中期要回檔修正的訊息之外，同時因為股價跌破上升趨勢線，這條原本支撐的趨勢線就變成日後的壓力線。

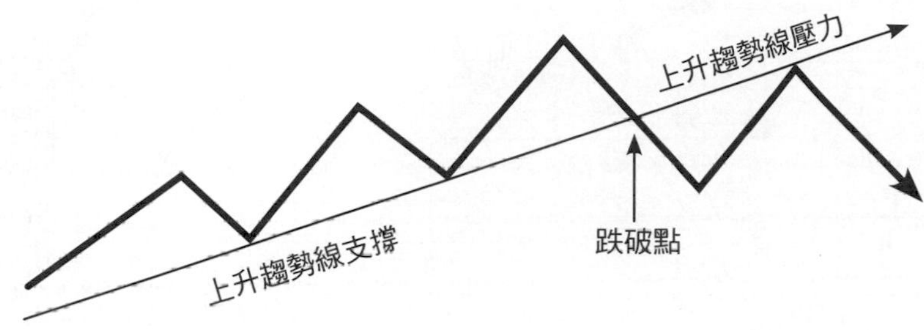

每一段中期下跌趨勢線，對正在下方前進的股價提供往下的助跌和壓力，所以當下降趨勢線被突破，除了透露中期要反彈的訊息之外，同時因為股價突破下降趨勢線，這條本來造成壓力的趨勢線就變成日後的支撐線。

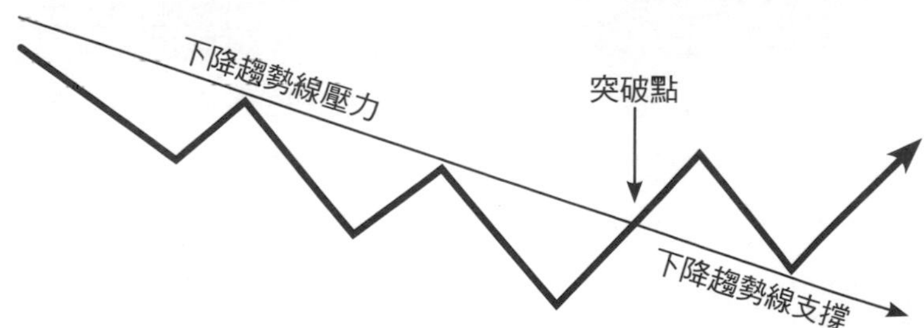

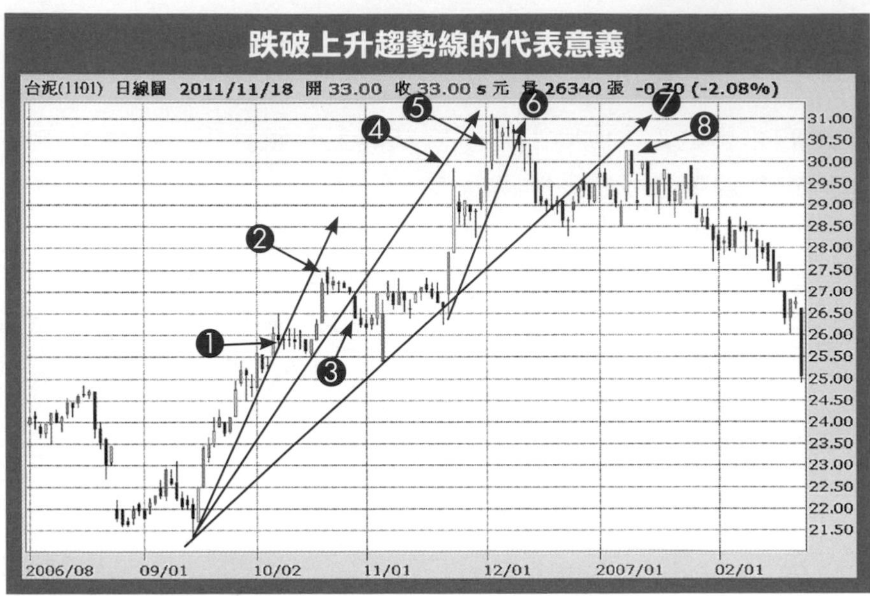

資料來源：富邦e01電子交易系統

▲上圖說明：

❶ 多頭起漲第1段的第1條中期上升趨勢線被跌破時，回檔修正。

❷ 股價碰到第1條上升趨勢線時遇到壓力，回檔修正，盤整。

❸ 第2條中期上升趨勢線被跌破時，回檔修正。

❹ 股價碰到第2條上升趨勢線時遇到壓力，回檔修正，盤整。

❺ 股價碰到第2條上升趨勢線時遇到壓力，回檔修正，盤整。

❻ 第3條中期上升趨勢線被跌破時，回檔修正。

❼ 包含前面3條趨勢線的長期上升趨勢線被跌破時，回檔修正。

❽ 再上漲時碰到長期上升趨勢線的壓力而回跌，這次的回跌在波浪型態上產生「頭頭低」現象，因此看出，時間愈長的上升趨勢線被跌破，趨勢改變的可能性愈高。

從趨勢線找買點、空點及目標價

只要懂得運用趨勢線，就可以找到投資的買點、空點，並預估目標價，從趨勢線的斜率大小判斷進出場時機。

1. 在上升趨勢中的買點

當兩個低點確立上升趨勢線之後，股價回檔尚未到上升趨勢線就止跌再上漲時，是股價轉強的買進點。股價回檔接近上升趨勢線不跌再上漲時，是好的機會買點。股價回檔跌破上升趨勢線，立刻再上漲站上趨勢線時，是好的買點。

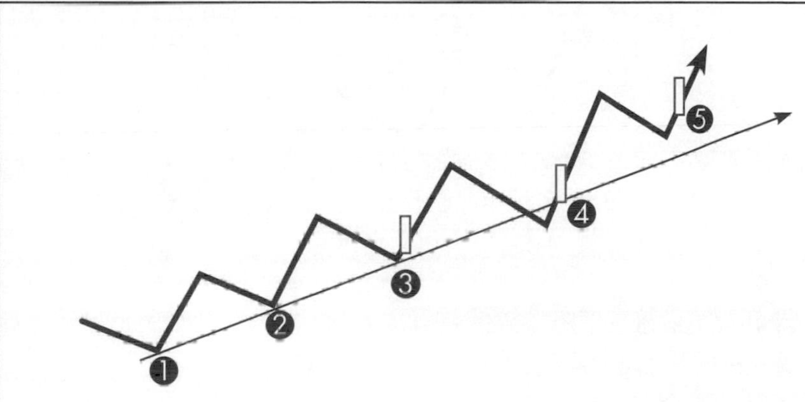

❶ ❷ 兩個低點確立上升趨勢線。
❸ 回檔接近上升趨勢線有支撐再上漲時，是買點。
❹ 回檔跌破上升趨勢線再站上趨勢線上漲時，是買點。
❺ 回檔尚未回到上升趨勢線就強勢上漲時，是買點。

2. 在下降趨勢中的做空點

當兩個高點確立下降趨勢線之後，股價反彈尚未回到下降趨勢線就止漲再下跌時，是股價轉弱的做空點。股價反彈接近下降趨勢線不漲再下跌時，是好的做空點。股價反彈突破下降趨勢線立刻再下跌至趨勢線下方時，是好的做空點。

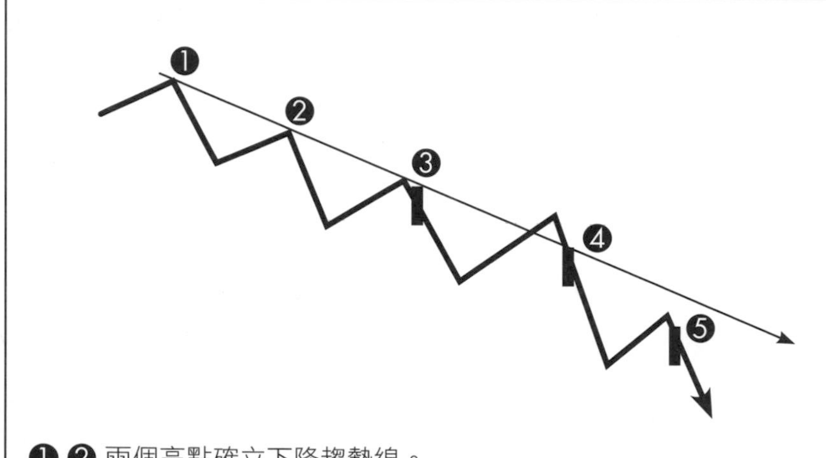

❶❷ 兩個高點確立下降趨勢線。

❸ 反彈接近下降趨勢線有壓力，為再下跌時的做空點。

❹ 反彈突破下降趨勢線，之後再跌破趨勢線下跌時，是做空點。

❺ 反彈尚未回到下降趨勢線就弱勢下跌時，是做空點。

3. 趨勢線可以估算目標價

當趨勢線被突破或跌破也可以估算出目標價。當上升趨勢線被跌破時，股價通常會回落到前面修正後起漲的位置。當下降趨勢線被突破時，股價通常會上漲到前面反彈後起跌的位置。

資料來源：富邦e01電子交易系統

▲上圖說明：

❶ 下降趨勢線。

❷ 突破下降趨勢線的紅K線。

❸ 反彈到前面反彈高點的位置。

❹ 上升趨勢線。

❺ 跌破上升趨勢線的黑K線。

❻ 回跌到前面回檔修正後的起漲位置。

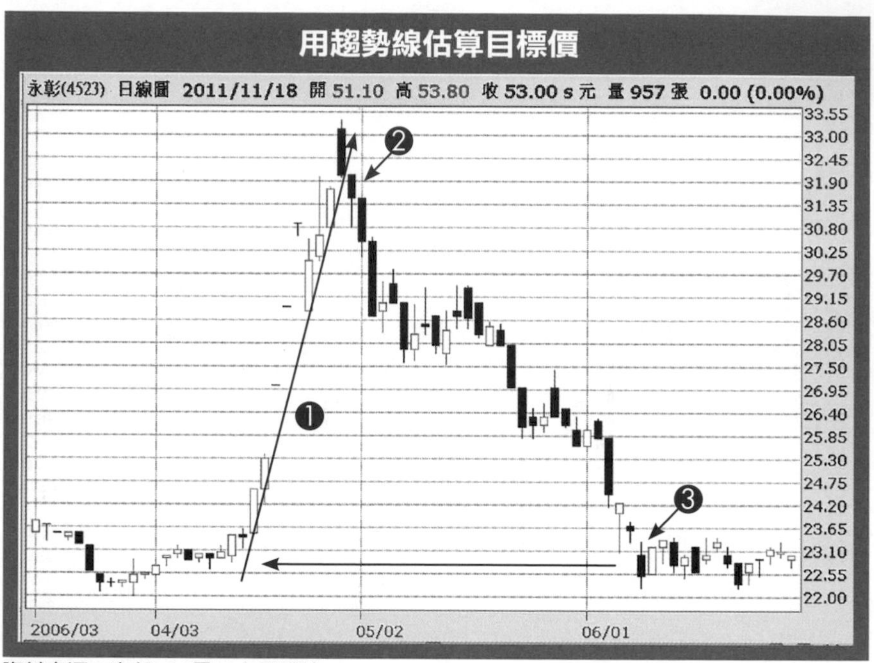

資料來源：富邦e01電子交易系統

▲上圖說明：

❶ 飆股急漲的上升趨勢線。

❷ 跌破上升趨勢線的黑K線。

❸ 回跌到前面盤整後的起漲位置。

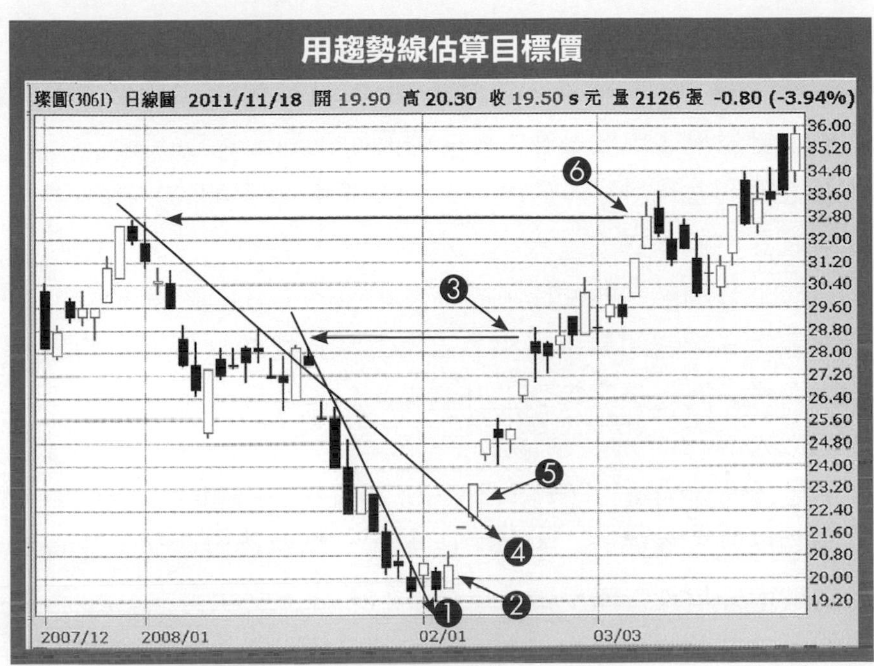

資料來源：富邦e01電子交易系統

▲上圖說明：

❶ 下降趨勢線。

❷ 突破下降趨勢線的紅K線。

❸ 反彈到前面盤整的位置。

❹ 下降趨勢線。

❺ 突破下降趨勢線的紅K線。

❻ 反彈到前面起跌的位置。

4. 趨勢線的斜率強度

趨勢線的上升斜率（角度）愈大，表示上漲強度愈強。趨勢線的上升斜率（角度）愈大，維持的時間愈短。

趨勢線的上升斜率（角度）45度是價格與時間的平衡斜率。如果趨勢線斜率過大，表示上漲太快，趨勢難以持久，此時容易跌破上升趨勢線而回檔，回檔修正後的上升趨勢線會向45度斜率靠近。趨勢線斜率過小，表示上漲強度較弱、上升的趨勢不太可靠，此時最好等到上升趨勢線斜率改變，上升趨勢明朗時再介入。

下降趨勢線的斜率（角度）45度是價格與時間的平衡斜率。如果趨勢線斜率過大，表示下跌太快，趨勢難以持久，此時容易突破上升趨勢線而反彈，反彈後的下降趨勢線會向45度斜率靠近。趨勢線斜率過小，表示下跌強度較弱、下跌的趨勢不太可靠，此時最好等到下降趨勢線斜率改變，下跌趨勢明朗時再介入。

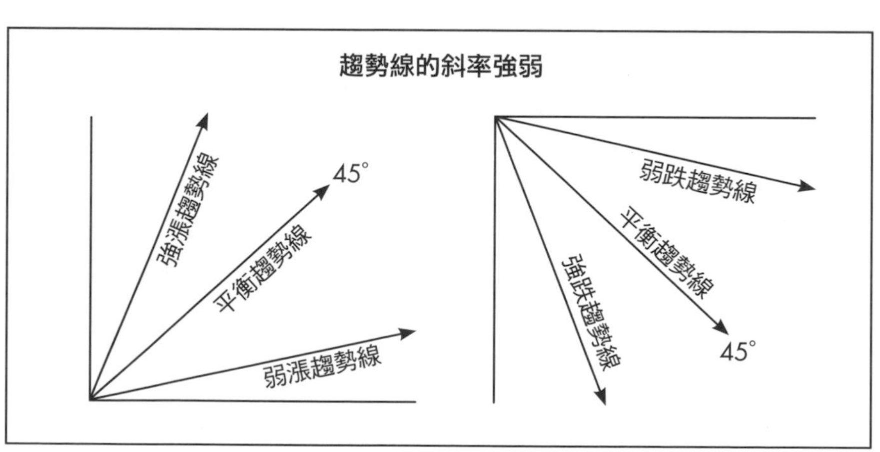

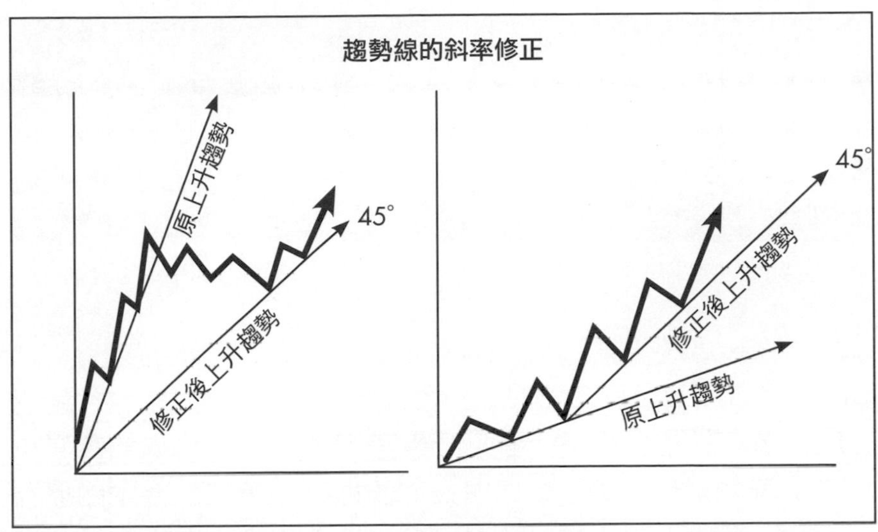

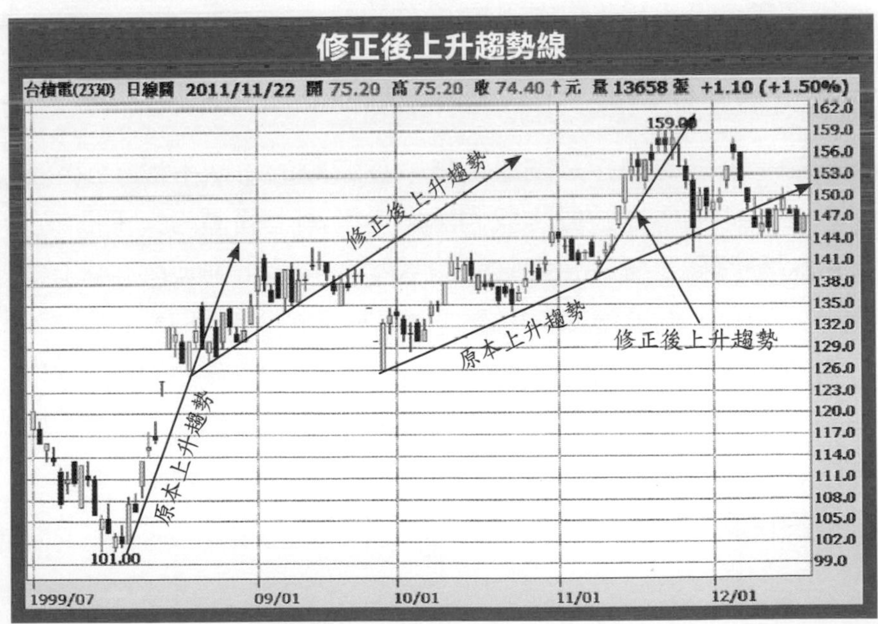

資料來源：富邦e01電子交易系統

第11章 價量關係的進階應用：高檔暴大量的因應策略

成交量在技術分析中一直具有重要的地位，其代表的意義不只是交易的數量，更是籌碼與人氣的指標。價量的基本關係在作者第一本書《抓住飆股輕鬆賺》中已有詳細說明，本章就其他重要觀念及應用予以說明。

成交量是研判趨勢的輔助指標

不論是多頭走勢還是空頭走勢，在波動的每一階段，成交量都會出現相對應的波動。我們透過走勢圖上面價格與下面成交量的波動關係，推測這些階段的基本方向是否要反轉，因此成交量的變化，在關鍵轉折位置提供了重要的參考訊息。

這裡再次強調，成交量能夠在關鍵的轉折位置提供重要參考訊息，通常是輔助性質，而非主角，主角是價格的波動。認真專注在價格是否上漲或下跌，同時掌握成交量的變動，才是正確的投資態度。

價是「體」 量是「用」

做股票的目的是要賺到差價，所以「股價」的變動是「主體」，如果成交量的增減或其他基本面、消息面、技術面的變動不能造成股價的波動，對操作股票來説，那些變動都毫無意義，因此其他都是「應用」。

所以，我們要先看股價有沒有變動，再看成交量是呈現什麼反應，代表的是什麼意義。例如今天股價一路上漲，收盤上漲5%，就不必去介意今天成交量有沒有增加或減少。明天股價要是不漲或是下跌，那麼今天的成交量才會出現其背後代表的意義。

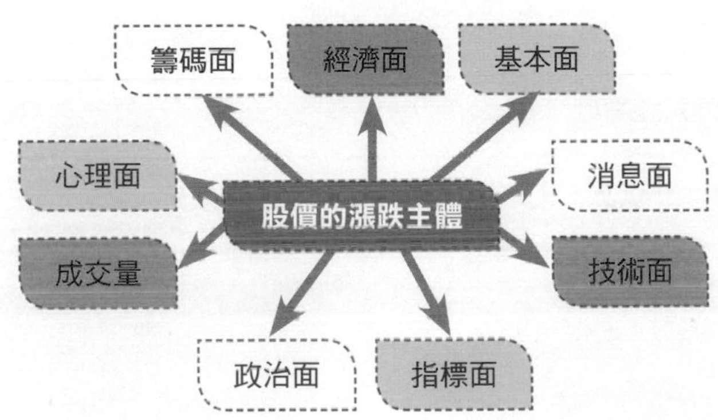

價與量同樣要看位置

在研究價量關係時，股價目前所處於走勢圖的「位置」，才是重要關鍵。同樣是有價有量，在低檔反轉的位置是主力要發動攻擊的訊號，但是在大漲一段之後，在高檔出現有價有量，這就不要太樂觀了，主力可能拉高出貨，也可能是換手再攻。

從下面圖例可以看出，同樣是有價有量，在不同的位置，後續走勢不同。

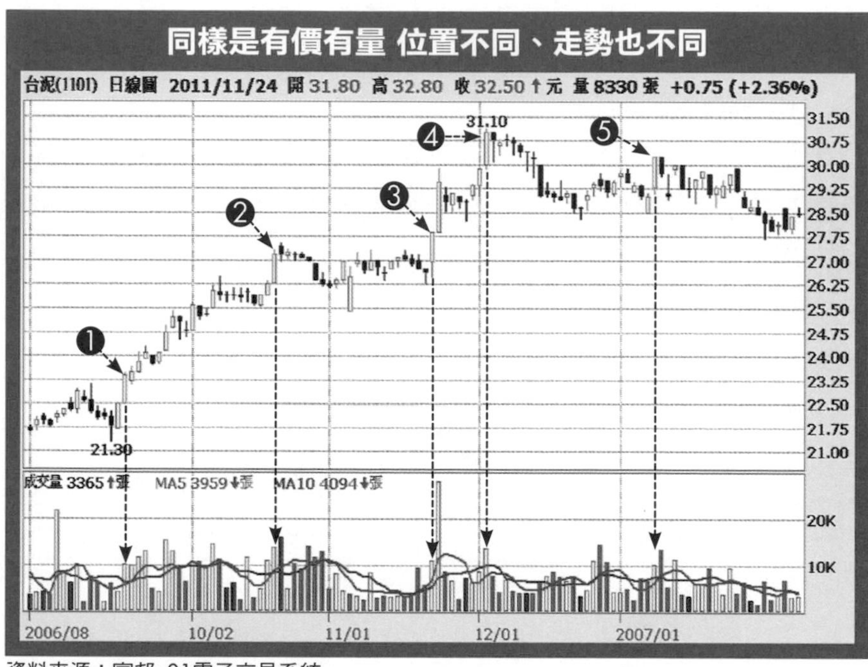

資料來源：富邦e01電子交易系統

▲上圖說明：

❶ 股價走勢在低檔有價有量，為向上攻擊量。

❷ 上漲一段之後，股價在相對高檔有價有量，則容易拉回整理。

❸ 盤整後，有價有量，為突破的攻擊量。

❹ 在高檔有價有量，為出貨量，容易拉回。

❺ 在高檔下跌反彈，有價有量，反彈不過前面高點而下跌，為再次出貨量，容易反轉下跌。

個別股票成交量有時會騙人

一般人認為，成交量是每天實際交易的數量，是不會騙人的。純以數字來說，成交量不會造假，但是以實質交易的對象來說，就不一定是真實的。

簡單說，主力在操控一支個別的股票時，大部分籌碼控制在主力手中，這時股價的漲跌就不一定呈現成交量的真實反應。例如在高檔要營造多頭強勢的氛圍，主力可以在甲帳戶掛出，而在乙帳戶買進，如此一來，成交量急劇增加，容易引誘散戶上當去追買。

前述說明主力可以營造大成交量，相反的，主力沒有辦法縮小成交量，當市場出現恐慌下跌的時候，主力的買賣只會讓成交量更大，所以在某方面來說，萎縮的成交量更加真實。

當投資人對股價看法趨於一致時，成交量會愈少。例如股價上漲到某一價位時，持有股票的投資人認為股價是高點，要獲利賣出，而空手投資人同樣認為股價是高點，不願買進，這時就會造成無量下跌；相反的，當投資人對股價看法愈分歧時震盪愈大，成交量就會愈大。

高檔暴大量 你該有的作為

多頭上漲一段基本波過後，出現一個特別突出的大量，可能是即將來臨的反轉訊號，或者是回檔修正的的訊號。

凡是高檔暴出大量，大多不是什麼好事，在多頭結束的頭部發生前，共同的特徵就是「暴大量」，所以高檔暴大量不能輕忽。

既然高檔暴大量不能輕忽，以下提供5種因應的操作策略：

1. 出現高檔暴大量紅K線，如果持股很多，應該開始分批賣出。當天可以先賣1/3或1/2，日後以這根暴大量紅K線的1/2價為防守價，跌破該1/2價要全部出清持股。如果持股不多，可以持股續抱，以這根大量紅K線的1/2價為防守價，跌破該價位要出場。
2. 出現高檔暴大量紅K線後持續上漲，則繼續持股，每天以前一日的最低價為防守價，收盤跌破前一日最低價要出場。
3. 出現高檔暴大量紅K線後持續上漲中再一次暴大量，要以這次大量紅K線的1/2價為防守價，日後收盤價跌破時要出場。
4. 出現高檔暴大量紅K線後急速向上拉升，切記劃好上升急切線為防守線，收盤跌破上升急切線要出場。
5. 出現高檔暴大量長黑K線，一律為賣出訊號，要趕快出場。

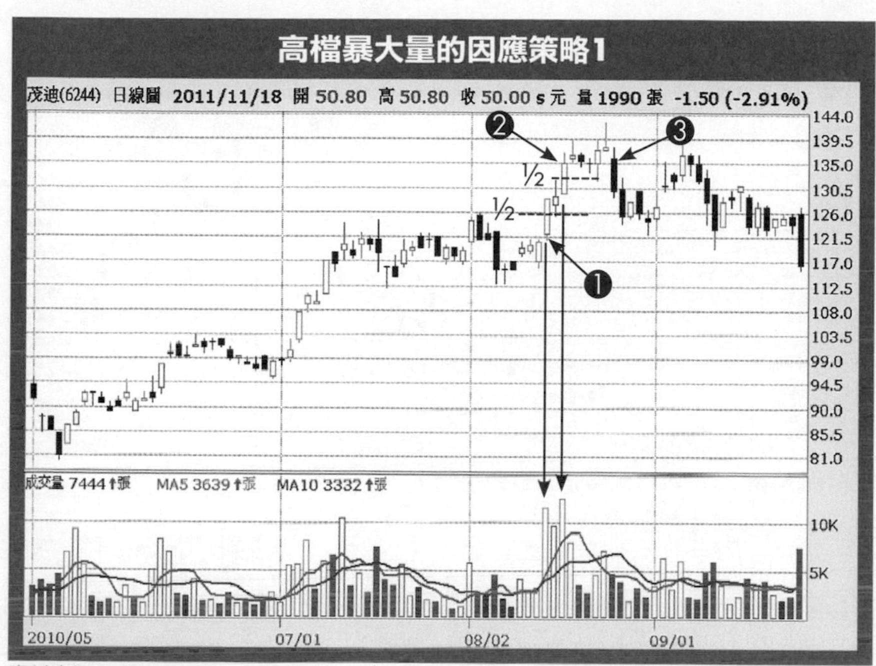

資料來源：富邦e01電子交易系統

▲上圖說明：

❶ 第1次出現高檔暴大量，持股多的人可以開始分批賣出，持股少的人可以繼續持股，並以當天的1/2價為防守最低價。

❷ 第2次出現高檔暴大量，以當天的1/2價為防守最低價。

❸ 出現長黑K線跌破前一日的最低價，同時也跌破第2次暴大量長紅K線的1/2防守價，當日全部出場。

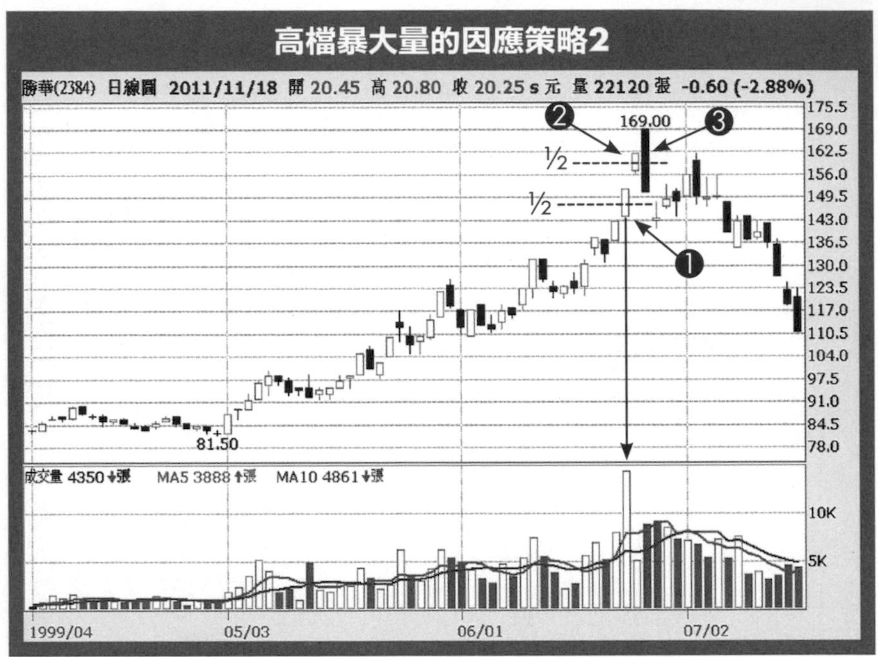

資料來源：富邦e01電子交易系統

▲上圖說明：

❶ 出現高檔暴大量，持股多的人可以開始分批賣出，持股少的可以繼續持股，並以當天的1/2價為防守最低價。

❷ 次日續大漲，持股續抱，以次日當天的1/2價為防守最低價。

❸ 出現長黑K線跌破前一日的1/2價及最低價，立刻全部出場。

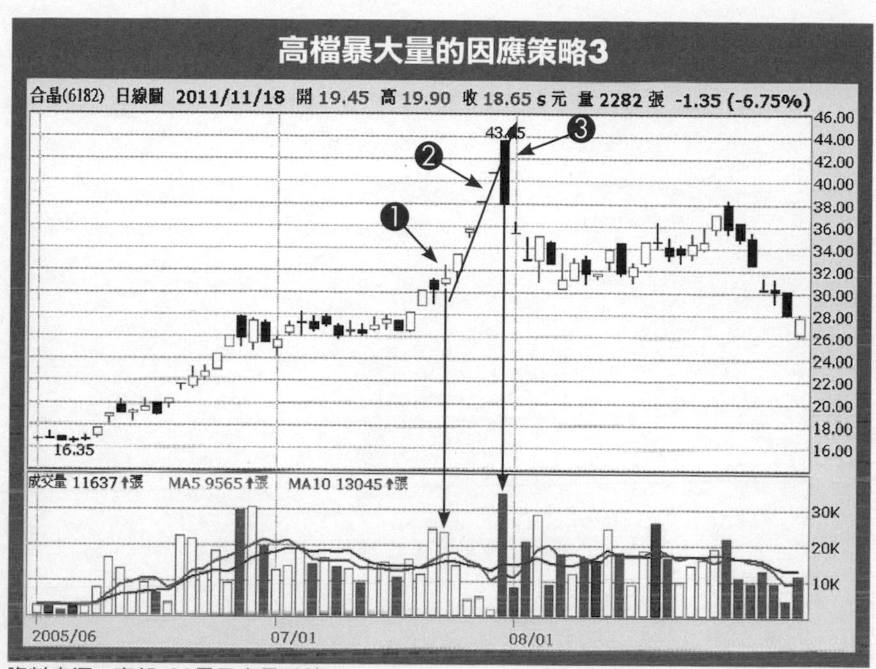

資料來源：富邦e01電子交易系統

▲上圖說明：

❶ 出現高檔暴大量，手中有持股的人要小心。

❷ 次日續漲，持股續抱，日後急拉，劃好上升急切線（上升趨勢線）。

❸ 出現高檔暴大量長黑K線跌破上升急切線，立刻全部出場。

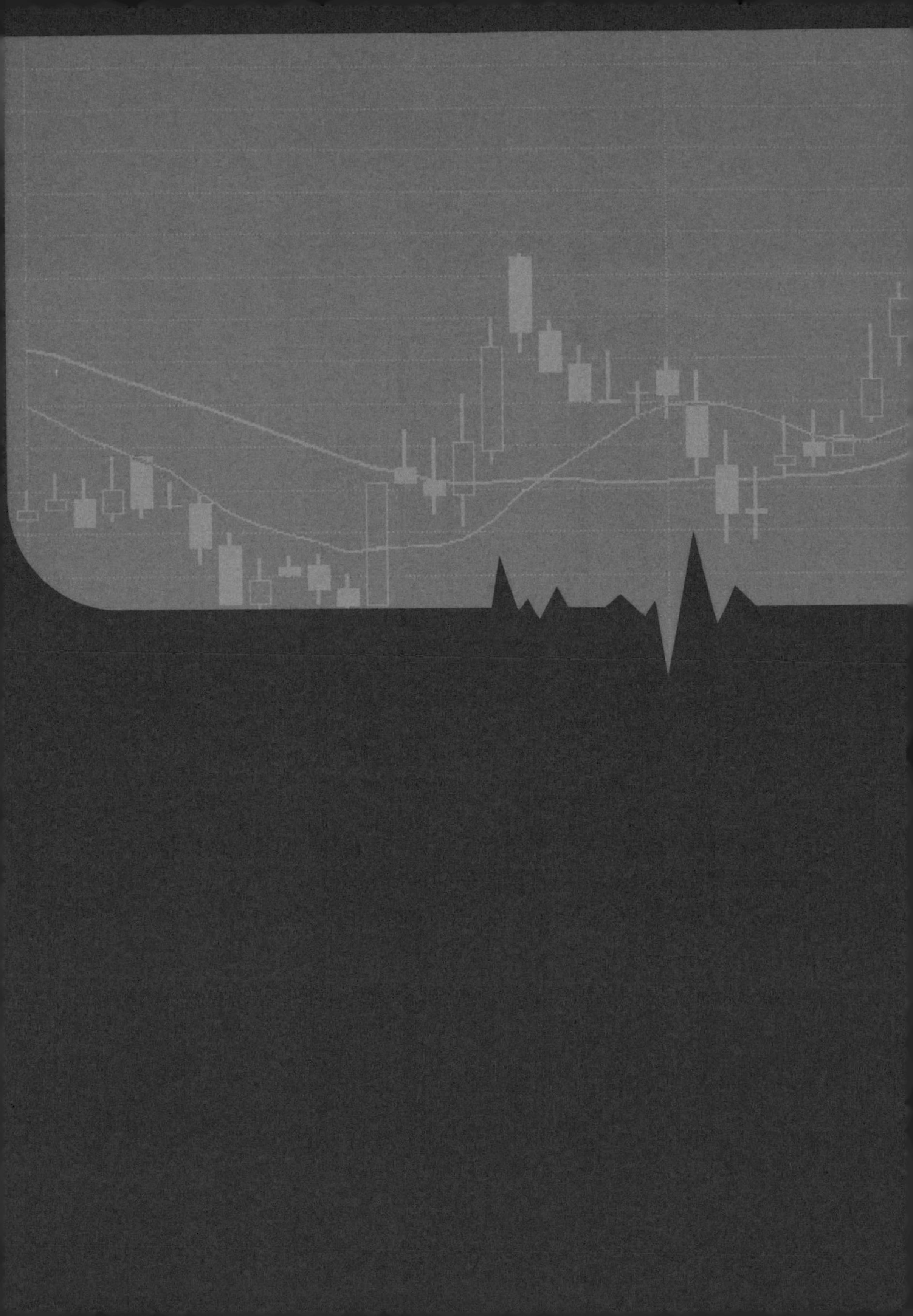

第4篇

抓住線圖的長短線操作戰法

操作股票如同軍事作戰，不但要能「知己知彼」，同時要熟悉兵法，才能「百戰百勝」。

本篇提供多種交易方法，包含長波段操作戰法、短線飆股戰法等方法，各有其特性，能夠因應不同環境走勢的需求。

每一種方法各自有其優缺點，讀者依個人需求取捨定奪，總之，能夠讓你賺錢的就是好方法。

第1章

定法才能定心 定心才能執法

在我認識的朋友當中，有人手中的股票長期套牢而一直抱著不動，有200元買進的鴻海（2317）、70元買進的友達（2409）、80買進元的國泰金（2882）等，後來這些股票都變成他們口中所謂的「績優股」。這些都是他們在買進股票時，千挑萬選基本面優異的好股票，當賠錢的時候，就用好的基本面安慰自己，相信公司賺錢，可以配股配息，長期投資也不會吃虧，結果一套就是好幾年，股價腰斬再腰斬，真是太重感情了。

如果他們能夠採取「定法」操作，必定會設定「停損」的條件，只要依照定法的紀律執行停損，就不會有70元的友達一度跌到11.9元的慘劇發生了。

定法的意義

然而，什麼是定法操作？「專注於一」謂之「定」，定法就是「固定的方法操作股票」，這種方法從選股、進場、停損、抱股到出場，都有一定的規則條件，當走勢符合條件時，就執行應該有的作為。

定法因人因股而異，有些方法適合做長線，例如低檔的布局、分批買進做長波段；有些方法適合短線的進出，例如強勢突破時才買進的短線操作。

不同的定法，採取的規則不同，執行的速度不同，觀盤的環境不同，因此在學習各種戰法的同時，除了要充分瞭解該戰法的特性之外，也要充分瞭解自己操作的個性、操作的環境及能夠承受的風險，然後才能找到完全適合自己的方法。

一個經由你親身在股票市場執行過，而且能夠讓你穩定賺錢的方法，對你來說，才是好的操作戰法，才是真正屬於你自己的定法。

定法的5種功能

有股票投資經驗的人都知道，操作股票最困難的部分就是情緒管理。操作時無法定心，想法變來變去，總是無法定奪，好不容易下定決心敲下電腦，結果卻老是事與願違。

如果能夠定法操作，過程與結果就會大大不同，固定一種方法操作，最重要的功能就是：「克服心理障礙」。

定法才能定心，定心才能執法，以下說明定法克服心理障礙的功能：

1. 定法能夠去除追高猜低的心魔

當股票連續上漲或是連續下跌時，一般投資人的心魔就開始出現。當股票連漲 3 天，空手的人會開始覺得這是檔飆股，不買將會錯失賺錢的機會，於是勇敢的追買到高點。一旦股票連

跌多日，則空手的人會心想跌了不少，股價便宜，此時不買可惜，要趕快買進。

上面這兩種心態，基本上都是個人主觀的認定，甚至是個人的感覺而已，結果大多數人的下場都是賠錢套牢或出場。

如果能夠遵守定法的規則，股票投資的結果就會大不相同。

首先，不必去猜測現在股價高不高、是否可以追？或是股價夠低可不可以接？因為在所有的定法紀律中，絕不會有股票的價格，因為股價的高低是相對的比較，而非絕對的數字。

依據定法的操作紀律決定是否進場，例如現在確認是在下跌走勢，想要進場做多，就必須等到完成打底型態，例如等到出現「底底高」的向上趨勢才行，也就是要等到進場訊號，才去低接，如此勝算才高。

2. 定法能夠去除對基本面的迷失

許多投資人經常因為太執著於基本面而錯失賺錢的機會，也會因為基本面而套牢大賠。其實，影響一檔股票的漲跌因素很多，單純以基本面去考量，往往會陷入一廂情願的想法。

因為在股市中的飆股，一飆好幾倍，其中許多飆股的基本面根本不堪目睹。例如玉晶光（3406）在2010年9月2日股價由97.4 元開始飆漲，當時去看這檔股票的基本面，公司的EPS是負數，如此高的股價你敢買嗎？結果之後股價一路漲到2011年1月17日的411元，在4個半月內整整漲了3.2倍。

3. 定法能夠去除對目標價的預期

每個投資人把錢投入股市時，都抱著賺錢的預期，相信不會有人是因為想賠錢而去買股票。一般人買進股票後，對股價的預期大都由以下4種方式得來：

⑴ 內線消息，例如聽說大股東要把某檔30元的股票做到100元。

⑵ 投顧公司、報紙、雜誌及外資法人的預測。

⑶ 用基本面獲利的本益比、淨值比去估算應有的價位。

⑷ 以技術分析圖形推測出來的目標價。

無論是用以上何種方式得到的預期股價，原則上都不是百分之百的準確，無法保證能夠達到，所以千萬不能堅信你的目標價一定會到達，否則死抱不放，又是一個慘賠的投資人。

解決的方法很簡單，無論你的目標價是多少，當股價上漲，出現個人定法中要出場的條件時，就要斷然獲利出場，先獲利入袋再說。

定法操作可以先避開真的下跌時的損失，如果只是回檔，屆時等到依據定法中合乎買進的條件出現時，再買進即可。如此一段一段往上操作，如果真能如預期到達目標價，你的定法操作絕對比一直抱著賺得更多，而且分段避開風險，是不是既安全又不會少賺？

4. 定法能夠去除受消息面的影響

股票操作最大的干擾就是消息面，尤其當今社會資訊發達，瞬間就會接到各種的消息，其中真假好壞都有，這些消息都會影響投資人的思考或情緒，如果沒有一套方法做為依歸，將無法下判斷，更無法有紀律的操作。

5. 定法能夠去除盤面變化的影響

影響投資人情緒最直接的就是盤面的變化，空手時，看到股

價上漲手就癢；有股票時，心情更是隨股價波動上下起伏。如果一切都依自己所訂定的方法，那麼，一看到盤面的變動，只要對照自己的交易條件，看有沒有出現狀況，如果沒有，就不必去理會盤中的變動。

例如，你昨天依據進場條件以50元買進一檔股票，停損設在48元，今天開盤後，股價一直維持在48元以上變動，收盤前都沒有觸到停損價，你自然會依照原來的計畫繼續持有這檔股票就好了，即使股價在盤中上上下下，你也不用再想東想西地亂猜了。

不同的操盤環境需要不同的定法

股票市場的變化快速，隨著不同的趨勢環境，必須要採取不同的策略應對。個股的操作也是一樣，在不同的環境中要用不同的方法。

例如，當大盤來到歷史低檔區，指數在4000點以下，出現許多符合「價值型投資」的好股票，這時就可以採取分批承接，長期波段持有或操作；當大盤來到歷史高檔區，指數接近9000點以上，這時當然就不適合用長期策略去投資，而是要找到有攻擊力道的強勢股，短期操作，才能賺取最大獲利。

市場上經常在爭議，股票長期操作比較好？還是短期比較好？其實，就如前文所述，在不同的大盤趨勢、不同的股票走勢、不同的資金部位、不同的個人操盤環境之下，都需要採取不同的定法。

認識定法的3個基本觀念

在擁有自己能執行的定法之前，建議你一定要對定法有以下的正確認知：

1. 定法的好壞影響操作的績效

一套好的操作方法最重要的是自己能夠「執行」，別人的方法不一定適合自己，所以開始時透過學習他人的方法，來學習不同的方法，再選擇其中自己認為比較可以做到的方法，然後實際到市場中去使用，接著依據自己操作的感覺及經驗的累積，修正成為自己的一套方法。

2. 沒有十全十美的定法

你不可能找到一套百分之百絕對賺錢的方法，任何的方法都有失敗的比率，如果你的方法能夠長期穩定的保持勝率在60%以上，你就是大贏家。

讀者在市面上會看到一些軟體，它告訴你當出現紅棒時就買、出現綠棒時就賣，真是偉大的發明！但是，有了這樣的軟體就保證你一定能夠賺錢嗎？如果答案是一定，那麼，所有的基金操盤經理人就太容易做了！每人買一套，每月付一點傳輸費，就不怕沒有績效，股票市場也沒有輸家，想一想！實際情況真的是這樣嗎？

3. 定法後操作的成敗在「人」

空有好方法，不能保證一定能成為贏家，同樣的一套方法，不同的人去操作，結果不會相同。一檔同樣的飆股，不同的人用不同的方法操作，績效會有天壤之別，原因在於是否「適時」、「適法」，以及「人性」、「人心」各不相同。

依市場不同的階段 做到「適時」、「適法」

「適時」就是要適合當時大盤的走勢，「適法」就是依照當時大盤的走勢，採取適當的方法。

台灣股票市場循環的時勢，分為以下4種階段：

1. 低檔打底階段：分為探底期、打底期、底部成形期。
2. 多頭上攻階段：初漲期、盤整期、續漲期、末升期。
3. 高檔盤頭階段：漲勢停滯期、盤頭期、頭部成形期。
4. 空頭下跌階段：初跌期、盤整期、續跌期、末跌期。

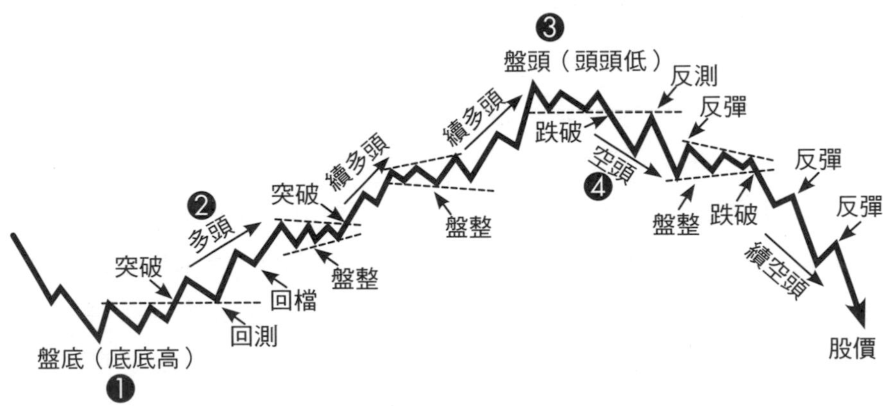

在前述股票市場不同的趨勢階段，大盤的現象是不同的，因此採取的操作方法也不同。瞭解市場在各階段的特性，將有助你採取不同的操作策略，以下針對市場的4個階段說明：

1. 低檔打底階段

現象 平均股價處於低檔，市場利空不斷，績優股物超所值，領先下跌很深的股票開始止跌或出現「底底高」的底部現象，部分高價、但無實質的股票會繼續下跌。

策略 (1) 對於跌深物超所值的績優股，可以採取「價值型投資」策略，選取本益比低、殖利率高的股票，做定存式買進。

(2) 可採用波段操作方式，開始在盤中鎖定特定的好股票，等待波段進場機會，請參考長波段操作戰法（詳見第210～233頁）。

(3) 對於部分跌深反彈、「底底高」向上股票，可以採用短期均線戰法或智慧K線操作法，請參看後面戰法篇（詳見第245頁）。

(4) 對於部分高價補跌或續跌的空頭股票，做空。

(5) 在打底階段要減碼，控制持股部位，以總投資金額的2～3成操作。

(6) 在底部盤整期利空不斷，盤勢容易震盪，這時操作股票要把握高出低進、短期操作原則；或暫時退場休息，待趨勢明朗再介入；或是操作台指期貨、選擇權商品。

2. 多頭上攻階段

現象 在初漲期，跌深績優股或權值股會先開始表態，且利空鈍化，這時大盤剛突破底部盤整，成交量明顯放大，但是仍有部分弱勢股仍處於末跌段續跌的格局。

策略 (1) 在初升段，選擇物超所值的績優股，採取「價值型投資」策略，選取本益比低、殖利率高的股票，做定存式買進。

(2) 選取領先大盤上漲的股票，開始做多。觀察月線突破下降切線、週線底部完成向上且站上20日均線的股票，可採用波段操作法，然後回到日線等待進場的機會買進。

(3) 部分強勢股出現，採用均線或飆股戰法操作。

(4) 在初升階段，操盤的持股部位可增加到投資金額的4～5成操作，在主升段或末升段可提高持股部位到8成。

(5) 在主升段、末升段，出現大量主流類股、飆股時，要把握操作強勢股的機會，採用「飆股戰法」，短期抓住高獲利。此時不宜做空。

(6) 在上攻階段出現回檔或盤整，應把握續勢向上的機會，伺機繼續做多。

3. 高檔盤頭階段

現象 平均股價處於高檔位置，主流領導股出現盤頭，融資不斷增加到達高水位，利多不斷，股價停滯，績優股或領先上漲的強勢股出現跌停板現象，股價上下震盪激烈，市場極為樂觀看好，股市出現天量（台股出現2000億元以上的成交量），大盤進入盤整或出現「頭頭低」的波浪型態。

策略 (1) 大盤在高檔做頭，仍有部分主力做價的飆股，可採用飆股戰法，短期抓住高獲利。

(2) 當大盤處於高檔階段，績優股大多在高價位，此時不宜採取「價值型投資」策略，不要做長期投資。

(3) 適合長期波段做多的股票很少，不宜用長期波段操作做多，而且當大盤做頭反轉時，即使是多頭的股票也會受到影響。

(4) 注意領先上漲的高價股是否形成頭部，如有月線跌破上升切線、週線盤頭的現象，可以鎖住該股，準備長波段做空。

(5) 在頭部盤整階段，股價位於高檔，這時股票只能高出低接，不可追高，當股價出天量不漲或是下跌時，都要迅速出場。

(6) 盤頭階段做多，要控制持股部位在5成以下。

4. 空頭下跌階段

現象 當整體市場的平均股價處於高檔，市場遇利多不漲，開始不斷出現利空消息，而且主流高價股開始下跌，股市的下跌家數大於上漲家數，並且出現遇利多股價短暫反彈、一有利空馬上下跌或大跌的現象。

策略 (1) 在初跌段仍有一些落後補漲股票可做多，但是只能做短線。

(2) 初跌段，在盤中鎖定高價反轉且符合長波段做空的股票，等待機會進場做波段空單。

(3) 把握跌破頭部、走勢空頭的股票，反彈不過前高續

跌時，做空。

⑷ 在主跌段、末跌段，大部分股票都在下跌，應該以做空為主。

⑸ 做空適合採用短期均線戰法或智慧K線操作戰法（詳見第245頁）。

⑹ 在空頭初跌段，應以總資金的6～8成操作；在末跌段，持股部位應控制在約3成操作。

第2章

長線波段操作是成為巨富的祕訣

股市中有許多令人羨慕的巨富，動不動就是百萬資金賺到上億，我認識的朋友中不乏其人，例如許多股友敬佩的王醫師、30歲就賺上億的蔡老弟、期貨天王黃大師，觀察研究他們能夠在股市中獲利驚人，都具有一些相同的特質。

首先，他們對要操作的商品特性、現今發展及未來趨勢，都會深入的進行研究；其次，他們在商品價格處於低檔時，都會用週線甚至月線進行技術面選股，然後再依日線在適當的位置切入，並以週線或月線為依據，進行大波段操作。

他們操作的時間雖然比較長，但是獲利驚人。可以說，採取長線波段操作是他們成為巨富的祕訣。

對長線波段操作應有的基本認識

雖然長線波段操作是成為巨富的祕訣，不過，並非每個人都適合，以下是對長線波段操作應有的認識：

1. 操作機會

長線操作是用長時間換取大的報酬，因此「時間」是重要的因素。採取這種方法，一年大概只有2～3次機會，有時為了鎖住一檔股票，等待長線投資機會可能要花半年以上時間。

2. 適用對象

想要成為巨富的投資人、沒有時間照顧盤面的人、有大額資金的人、有耐心的人。

3. 選股對象

長線操作的股票，必須是不必擔心基本面的股票，因此投資人可以在台灣50、台灣權值股的前100名、摩台權值股、台灣中型100、富櫃50等成分股中挑選，或是從各類股的龍頭股中挑選。

4. 操作時機

在底部進場，不賺也難。長波段的機會不是隨時都有。一般會出現在行情大跌之後的低檔區，個股超跌之後，經過一段時間盤整打底，此時比較容易出現物超所值的個股，當出現週線打底的股票時，要開始鎖股，等待長波段的好機會。

5. 大環境的影響

整體大環境對股票走勢的時程影響很大，例如，全球經濟的動盪會影響國內大盤的走向、大盤的漲跌會影響個股的漲跌，因此，即使是以波段操作，同樣要控制風險，不可一味的看好抱住不放。

用週線圖找出可以長波段操作的股票

在技術分析中，可以用週線走勢圖去找長波段的操作機會，讀者可以參考《抓住飆股輕鬆賺》一書中第268～281頁波段買進及賣出的13種週線圖訊號，這些進場位置就是波段操作賺錢的好機會。

當你從週線找出可以長波段操作的股票時，記得要回到日線找出適當的進場點。例如，當週線打底後出現大量向上突破的長紅K棒時，對照日線來看，可能是已上漲多日的高點，此時應等到股價回檔修正後再上漲的買進機會進場，然後設好停損點，再依據波段的操作方法去操作，或是以一條長期均線（月線或季線）為進出場依據。

股市即生涯，生活即股市。要面對市場變化，接受當下趨勢，用正確方法處理股票的進出，放下過去的賺賠，順應未來的行情發展。

第3章 長波段操作戰法①：20週均線交易法

在我的朋友中，有位股市神童，年紀輕輕，但是股齡不淺，從股市中獲利逾億元，羨煞不少股友。他分享自己的賺錢經驗就是看月線、週線選股，然後用20週均線作為停利的出場點，因此可以賺到一大波段的獲利。

20週均線交易法的重點說明

20週均線交易法，簡單的說，就是用20週均線（相當於100日均線）做為判斷多空方向、股票進出及停損停利的依據。20週均線交易法的重點說明如下：

戰法優點：

1. 規則簡單，容易執行。
2. 長波段操作，能獲得可觀利潤。
3. 不須經常看盤，適合波段投資。
4. 依長期趨勢操作，行進中不必看盤，比較不受短期的基本面、消息面、指標、成交量的影響，因此操作EQ穩定。
5. 適合大額資金操作。

6. 操作次數少，持有時間長，獲利大 。

基本功力：

熟練技術分析的「四大金剛」，執行能力要100%。

操作目標：

機會確認時，每次獲利50%，甚至數倍以上。

交易條件：

1. 以波浪型態為最優先考量，順勢交易。不做空頭反彈或多頭回檔的逆勢單。
2. 採用月線、週線選股，看日線進場，守週線。
3. 20週均線交易法以用在中大型股為原則，不適合小型飆股。

波段操作的特質：

1. 做多單，買進的股價要低，最好是底部反轉起漲的位置。做空單，進場的股價要高，最好是頭部反轉起跌的位置。
2. 報酬率高。
3. 做多時，在週線或日線要看到盤整的大底，且底部漸高，或是常見的多頭型態底部出現。做空時，日線要有明顯頭部、週線要跌破上升切線，或是出現頭部、月線跌破上升切線的現象。
4. 底部盤整時，月線、週線會出現大量，或日線打底時出現草叢量，初升段時伴隨量增。頭部不一定會暴出大量才下跌。

在多頭走勢做多的操作方法

用20週均線交易法在多頭走勢做多，要抓住20週均線交易法的進場時機，須配合波浪型態，看趨勢方向，主要操作方法說

明如下：

進場時機：

1. 在大盤空頭趨勢到達低檔時，大部分好股票物超所值。
2. 個股要經過週線打底，開始往上。
3. 週線續勢盤整完畢，股價向上突破盤整位置。

交易規則：

進場 股價在低檔打底，月線出現突破下降切線的大量長紅K棒，週線有「底底高」底部，當股價站上20週均線並且出大量，這時到日線找適合的位置買進。

續抱 在股價沒有跌破20週均線時，續抱。

出場 在初升段、主升段，股價收盤跌破20週均線時出場；在末升段，股價在盤中跌破20週均線時出場。

停損 剛進場時，以日線波浪型態的轉折低點作為停損，走出趨勢，拉離成本區時，開始以20週均線作為停利依據。

加碼 (1) 當續勢盤整的末端靠近20週均線，且乖離率在7%以內時，可以考慮加碼，這時靠近20週均線，即使停損，損失不會超過7%。

(2) 當續勢盤整的大量向上突破盤整上頸線時。

(3) 加碼的數量要小於原持有的數量。

在空頭走勢做空的操作方法

用20週均線交易法在空頭走勢做空，要抓住20週均線交易法的放空進場時機，同時須配合波浪型態，看趨勢方向，主要操作方法說明如下：

放空時機：

1. 大盤多頭趨勢到達高檔，大部分股票呈現超漲現象。
2. 個股要經過週線盤頭，開始往下。
3. 週線續勢盤整完畢，股價向下跌破盤整的位置。

交易規則：

進場 股價在高檔做頭，月線出現跌破上升切線的長黑K棒，週線有「頭頭低」的向下頭部型態，股價跌破20週均線（不一定出大量），這時到日線找適合位置做空。

續抱 股價沒有突破20週均線時續抱。

出場 在初跌段、主跌段，股價收盤突破20週均線時回補；在末跌段，股價在盤中突破20週均線時回補。

停損 剛進場時用日線波浪型態的轉折高點作為停損點，走出趨勢，拉離成本區後，用20週均線作為停利點。

加碼 (1) 當續勢盤整的末端靠近20週均線，且乖離率在7%以內。

(2) 當續勢盤整向下跌破盤整下頸線時（不一定要大量）。

(3) 加碼的數量要小於原持有的數量。

敢不敢，不是用講的，不是用學的，不是天生的，是不斷的在股市中磨鍊出來的。

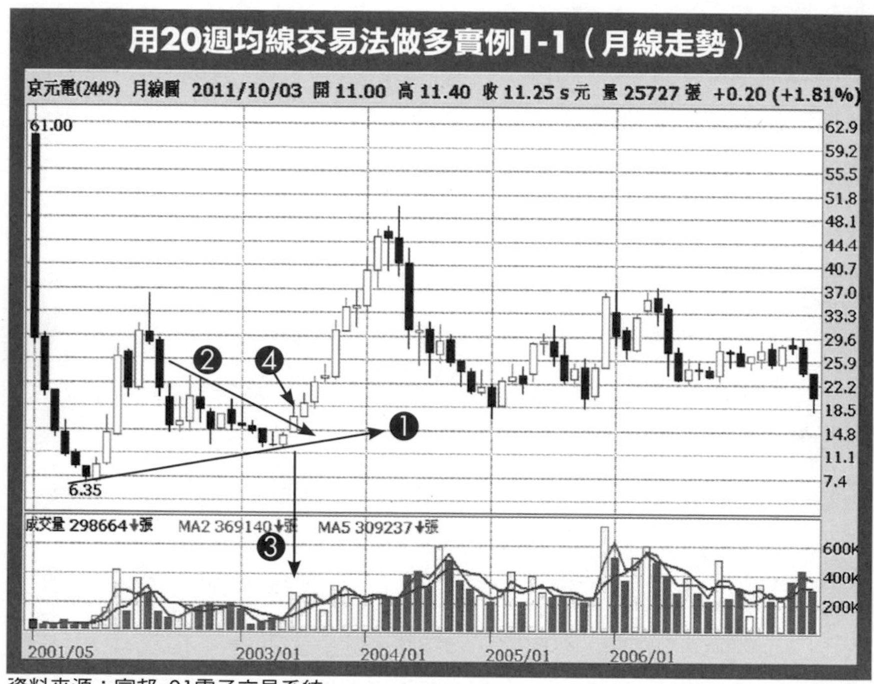

資料來源：富邦e01電子交易系統

▲上圖說明：

❶ 京元電（2449）月線出現「底底高」走勢。

❷ 在2003年6月2日，月線突破下降切線，開始往上。

❸ 月線出量。

❹ 月線符合波段底部做多的條件，再看週線走勢。

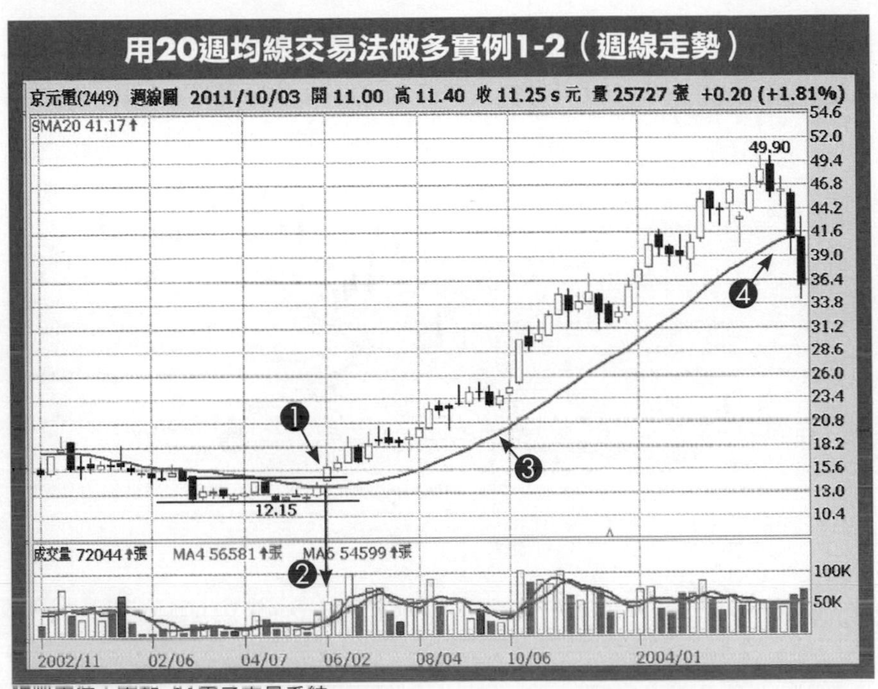

資料來源：富邦e01電子交易系統

▲上圖說明：

❶ 京元電週線突破底部盤整，站上頸線。

❷ 在2003年6月2日當週出量，開始往上，這時要從日線找進場點買進。

❸ 以20週線為出場依據。

❹ 在2004年4月6日，跌破週線，在日線跌破41.17元時出場（41.17元是當週20週均價）。

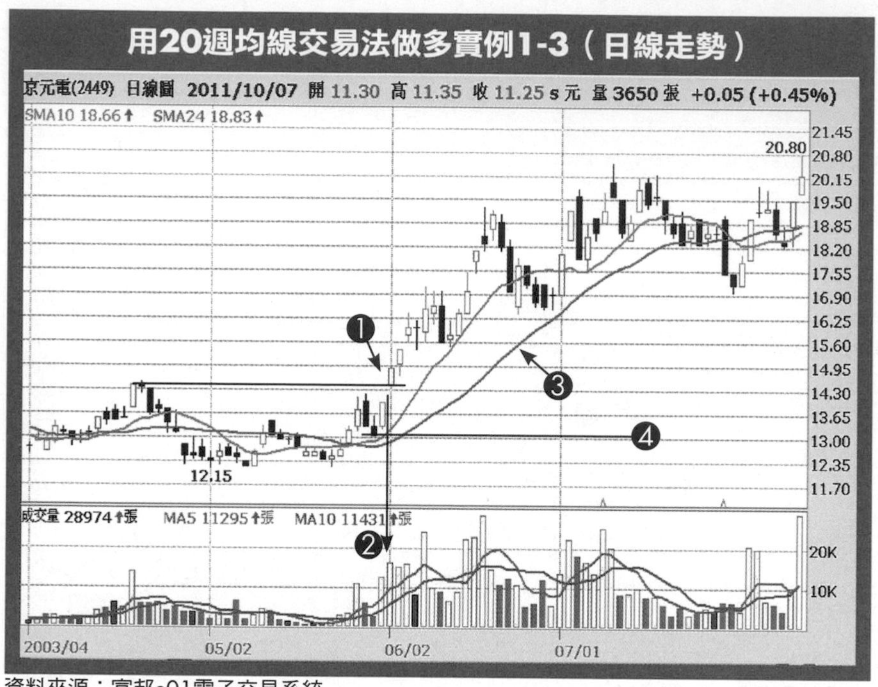

資料來源：富邦e01電子交易系統

▲上圖說明：

❶ 京元電日線突破前高，在2003年6月2日以14.9元價位買進。

❷ 在2003年6月2日，日線底部完成並且量增，開始往上。

❸ 這是24日均線。

❹ 剛進場，以波浪型態轉折的低點作為停損點。

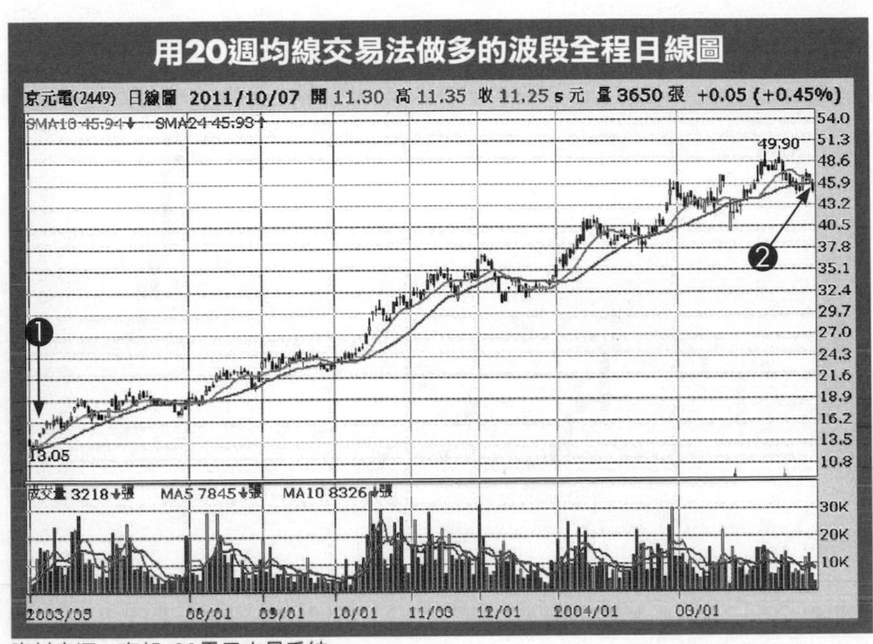

資料來源：富邦e01電子交易系統

▲上圖說明：

❶ 京元電在2003年6月2日的買進位置。

❷ 京元電在2004年4月26日的出場位置。

京元電的波段操作摘要

1. 以20週線操作，全程約11個月。

2. 波段操作獲利181%。

3. 觀察日線圖，如果以24日均線操作，全程要進出6趟。

4. 如果用短線操作，該股為緩漲格局，全程短線進出可能無法獲利。

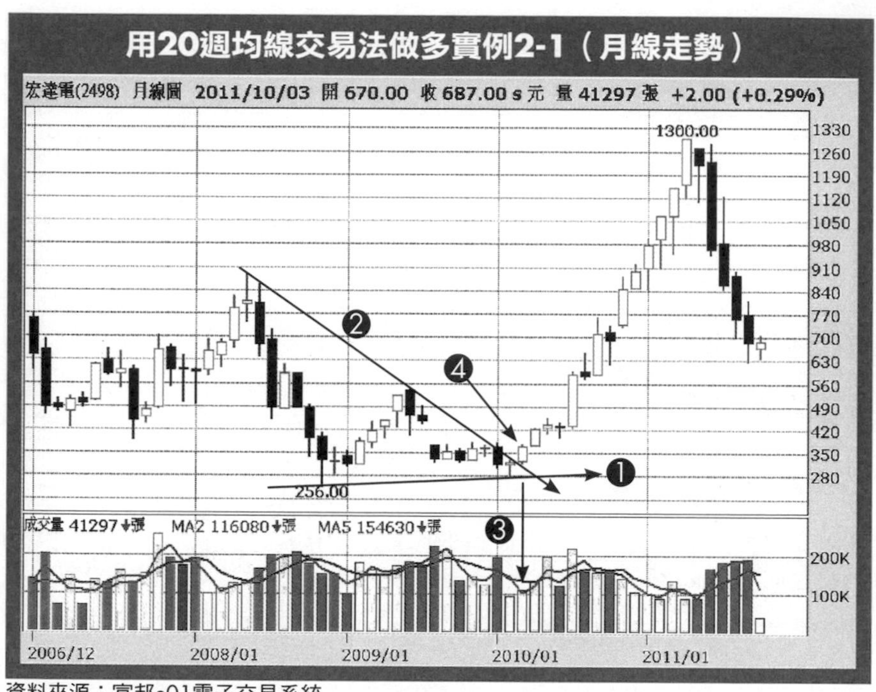

資料來源：富邦e01電子交易系統

▲上圖說明：

❶ 宏達電（2498）月線出現「底底高」走勢。

❷ 在2010年3月1日時，月線突破下降切線，開始往上。

❸ 月線出量。

❹ 月線符合波段底部做多的條件，再看週線走勢。

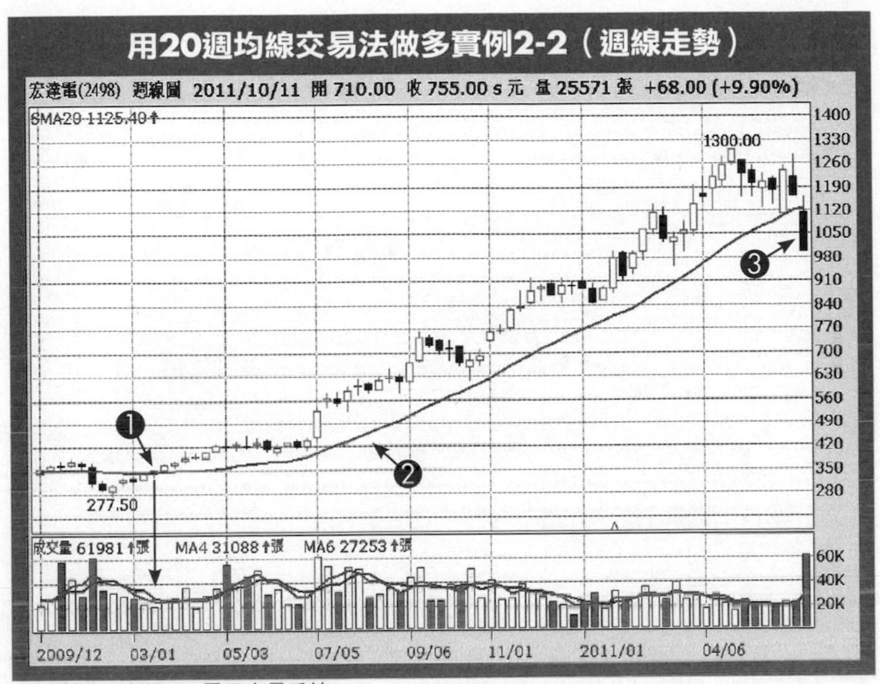

資料來源：富邦e01電子交易系統

▲上圖說明：

❶ 宏達電週線在2010年3月15日站上20週均線，並且均線開始上揚。

❷ 看日線找買進點，停損守20週均線。

❸ 在2011年6月13日股價跌破20週均線價1125元，並且出大量，依出場紀律，在日線當天跌破1125元時出場。

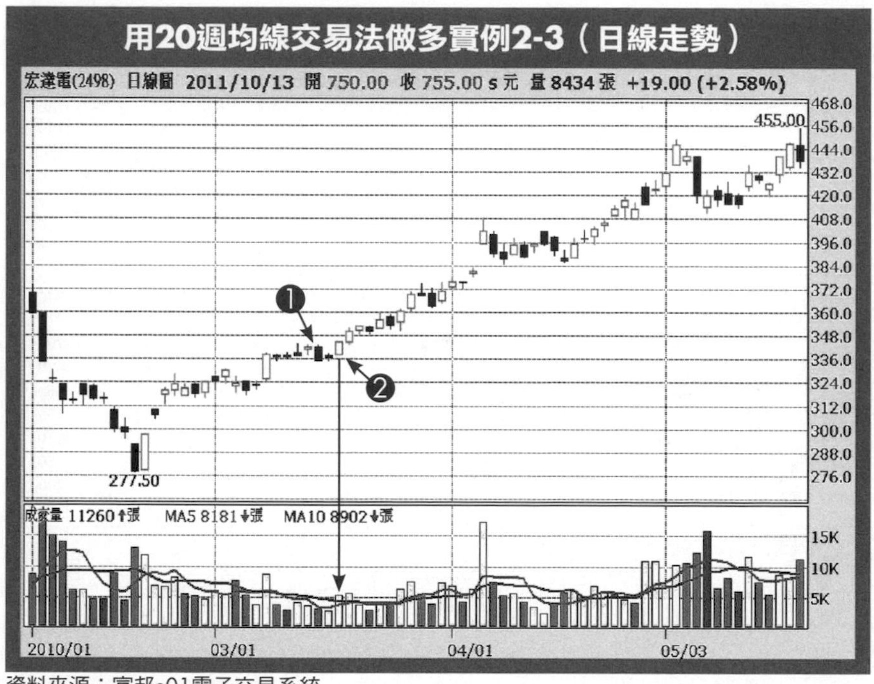

資料來源：富邦e01電子交易系統

▲上圖說明：

❶ 宏達電週線在2010年3月15日站上20週均線，當天日線回檔出現黑K線，不宜立刻買進。

❷ 在2010年3月17日出量上漲，過前一日最高價以345元買進。

❸ 停損守20週均線，未跌破續抱。

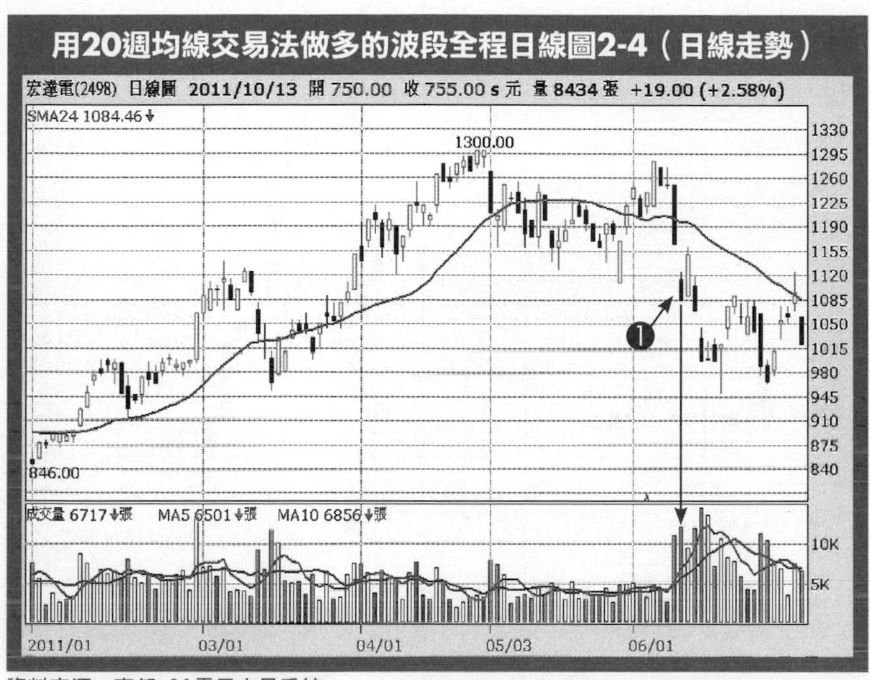

資料來源：富邦e01電子交易系統

▲上圖說明：

❶ 在宏達電股價在2011年6月13日跌破20週均線價1125元，並且出大量，依出場紀律，在日線當天跌破1125元時出場。

宏達電波段操作摘要

1. 以20週線操作，全程約15個月。

2. 波段操作獲利為226%【（1125－345）÷345】。

3. 用月線、週線確認波段趨勢，要回到日線找適當位置進出場。

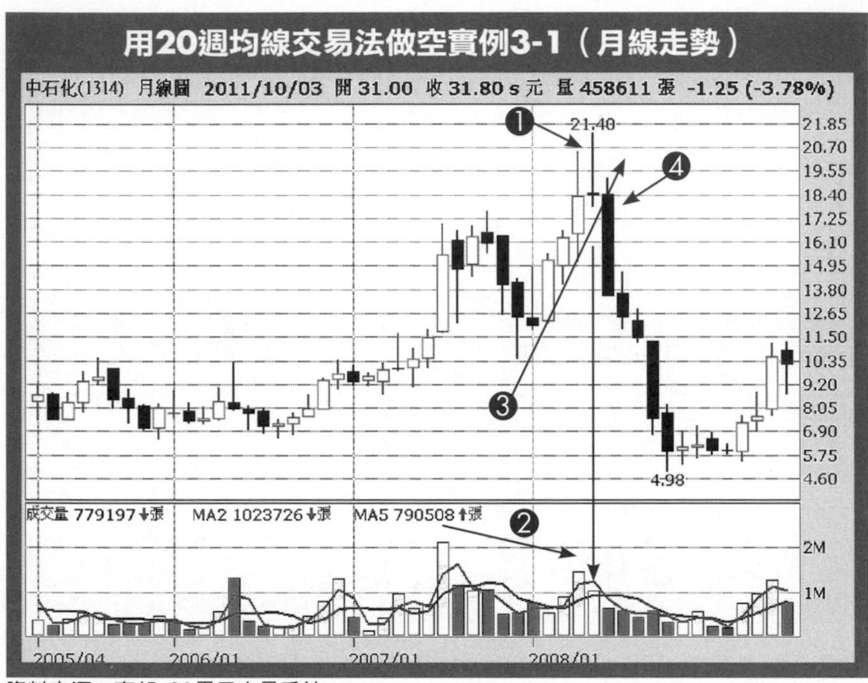

資料來源：富邦e01電子交易系統

▲上圖說明：

❶ 中石化（1314）月線出現長上影線的十字變盤線。

❷ 月線出現價量背離現象。

❸ 中石化在2008年6月2日的月線跌破上升切線，開始往下。

❹ 月線符合波段高檔做空條件，再看週線。

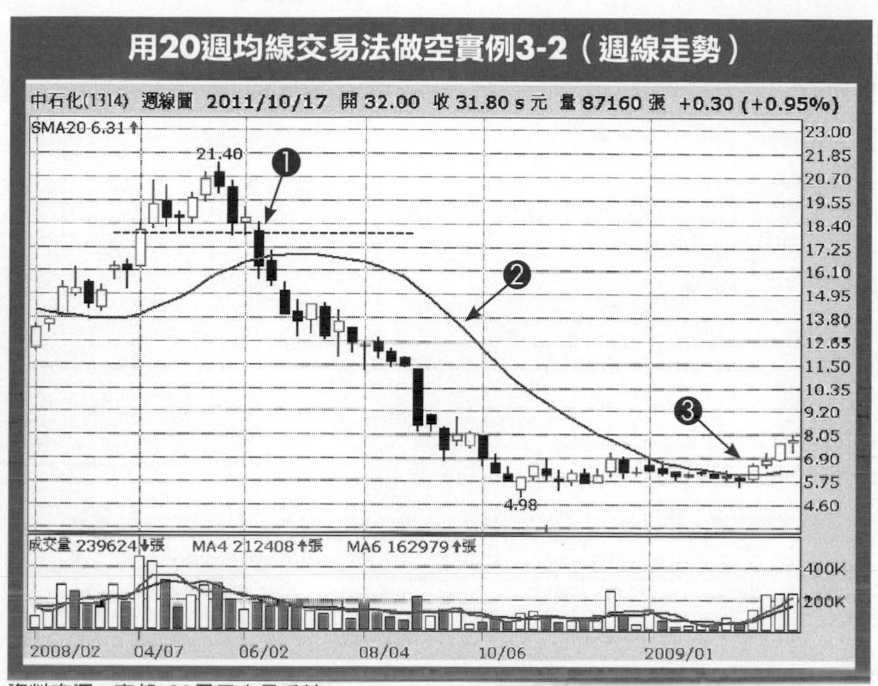

資料來源：富邦e01電子交易系統

▲上圖說明：

❶ 中石化週線在2008年6月9日跌破20週均線。

❷ 看日線找買進點，停損點守20週均線。

❸ 中石化在2009年3月9日股價突破20週均線價6.1元，並且出大量，依出場紀律，要回到日線適當位置出場。

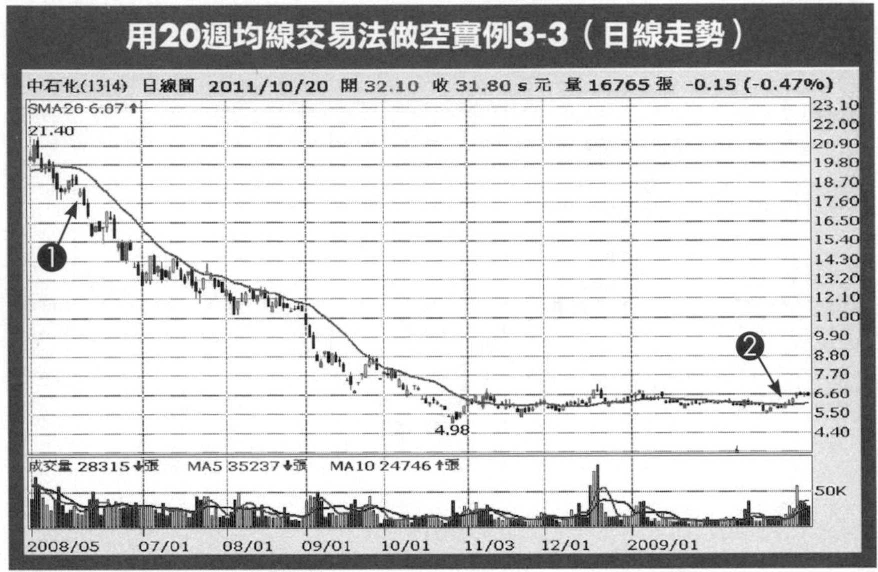

資料來源：富邦e01電子交易系統

▲上圖說明：

❶ 中石化週線在2008年6月9日跌破20週均線，看當天日線在18.25元放空。停損點守20週均線，未跌破續抱。

❷ 中石化在2009年3月9日，週線突破20週均線，看日線在2009年3月11日的6.12元處回補。

中石化波段操作摘要

1. 以20週線操作，全程約9個月。
2. 波段操作獲利為66%【（18.25－6.12÷18.25】。
3. 在月線、週線確認波段趨勢，要回到日線找適當位置進出場。
4. 做空成本比較高，獲利無法超過100%。

第4章

長波段操作戰法②：5週均線＋12週均線交易法

前面提到的20週均線交易法要等到月線出現突破切線的機會，有時要等很久。因此，我們可以把波段的周期縮短一些，用5週均線及12週均線這兩條週線來操作，這樣做波段的機會比較多，同時具有賺大錢的優點，同樣是機會來時，就能夠操作一段時間，而且不必每天盯著盤面。

5週均線＋12週均線交易法重點

「5週均線＋12週均線交易法」就是用週線的2條均線交易法，由於是依據週線操作，所以時間會比較長，可以做為長波段的操作方法。

戰法優點：

1. 規則簡單清楚，容易執行。
2. 中波段操作，進出次數少，獲利高。
3. 不需要看盤，盤後看收盤，次日交易。
4. 操作簡單，參考成交量、基本面即可。
5. 適合一般大、中、小額資金操作。

6. 操作EQ高。

基本功力：

熟練技術分析的「四大金剛」，執行能力要100%。

操作目標：

走勢明確時，波段獲利能夠達到20%以上。

交易條件：

1. 以波浪型態為最優先考量，順勢交易。多頭做多，空頭做空，不逆勢交易。
2. 採用技術指標：看週線走勢圖，用5週均線及12週均線兩條均線，以5週均線做進出，以12週均線做趨勢方向判斷。
3. 趨勢依據：股價在12週均線之上，而且該均線上揚，趨勢為多，操作只做多。股價在12週均線之下，而且該均線下彎，趨勢為空，操作只做空。
4. 用週線選股，守週線紀律，在日線進出。

在多頭走勢做多的操作定法

用5週均線搭配12週均線的交易法在多頭走勢做多，要抓住進場時機，須配合波浪型態，看趨勢方向。主要操作方法說明如下：

進場 (1) 週線低檔打底完成，盤整的波浪型態符合「底底高」格局。

(2) 週線連續長黑，出現突破下降切線的暴大量長紅K線，而且站上12週均線之上，或者突破底部盤整區上頸線（要等到星期五收盤才確認）。

(3) 均線走平或開始上揚。

(4) 低檔5週均線反轉向上穿過12週均線，產生黃金交叉，股價站在5週均線之上時。

(5) 股價跌破12週均線，均線維持上揚，當股價再次站上12週均線時買進。

(6) 符合前述(1)至(5)條件的個股，回到日線等到符合進場的位置進場做多。特別提醒讀者：週線確認長紅K棒突破底部盤整，日線可能已上漲一段來到高檔，這時即使週線大機會出現，但是仍然要等待日線出現正確進場位置時切入。

(7) 剛進場時，停損守20日均線。

續抱 股價未跌破5週均線時續抱。

出場 股價接近5週均線時，當日K線跌破5週均線的價位時出場。例如當日是星期二，當週的5週均價是98元，如當日收盤前股價跌破98元就要出場，而不是等到星期五收週線時才做處理，這是控管風險第一的觀念。

續勢 12週均線保持向上走勢，股價未跌破12週均線之前，繼續做多；股價站上5週均線時，進場繼續操作。

在空頭走勢做空的操作定法

用5週均線搭配12週均線的交易法在空頭走勢做空，要抓住進場時機，須配合波浪型態，看趨勢方向。

主要操作方法說明如下：

進場 (1) 週線在高檔做頭完成，波浪型態符合「頭頭低」（峰峰低）格局。

(2) 週線連續長紅，出現跌破上升切線的暴大量長黑K線，而且股價在12週均線之下，或者跌破頭部盤整區下頸線。（要等到星期五收盤才確認）。

(3) 在高檔均線走平或開始下彎。

(4) 在高檔5週均線反轉下彎，向下穿過12週均線產生死亡交叉，股價跌落5週均線之下時。

(5) 股價突破12週均線，均線維持下彎，當股價再次跌破12週均線時，續空。

(6) 符合前述(1)至(5)條件的個股，回到日線等到符合進場的位置進場做空。

(7) 剛進場時，停損守20日均線。

續抱 股價未突破5週均線時，續抱。

出場 股價接近5週均線時，當日K線突破5週均線的價位時出場。例如當日是星期二，當週的5週均價是98元，如當日在收盤前股價突破98元時就要出場，而不是等到星期五收週線時才做處理，這是控管風險第一的觀念。

續勢 12週均線保持向下走勢，股價未突破12週均線之前，繼續做空；股價跌破5週均線時，進場繼續放空操作。

5週＋12週均線交易法也可將週線圖換成20日均線（月線）及72日均線（季線）來操作，可參看第233頁圖例説明。

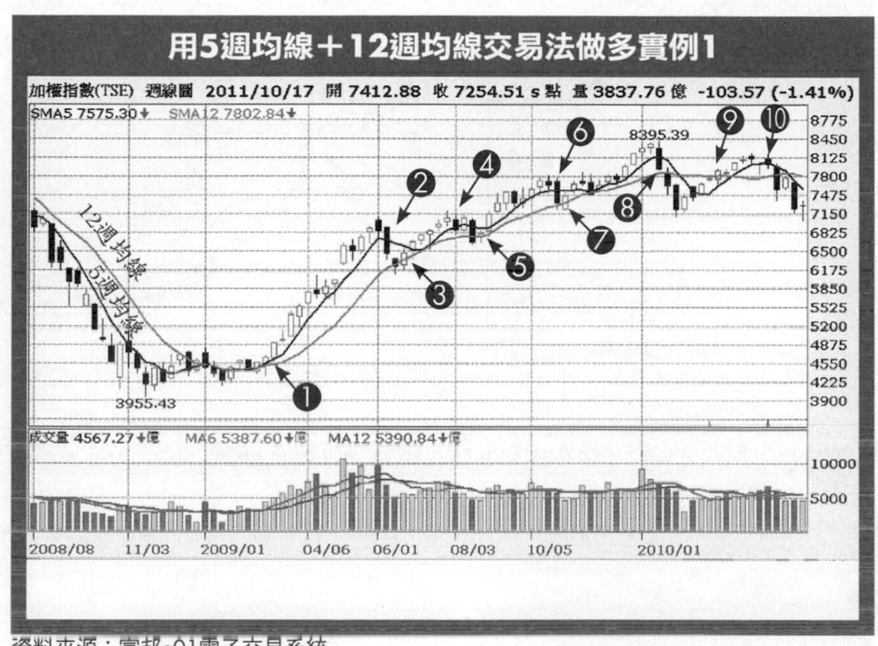

資料來源：富邦e01電子交易系統

▲上圖說明：

❶ 5週均線及12週均線出現黃金交叉、波形出現「底底高」，股價站上均線，看日線買進。

❷❹❻❽❿ 跌破5週均線，看日線賣出。

❸❺❼❾ 股價站上12週均線，均線上揚，看日線買進。

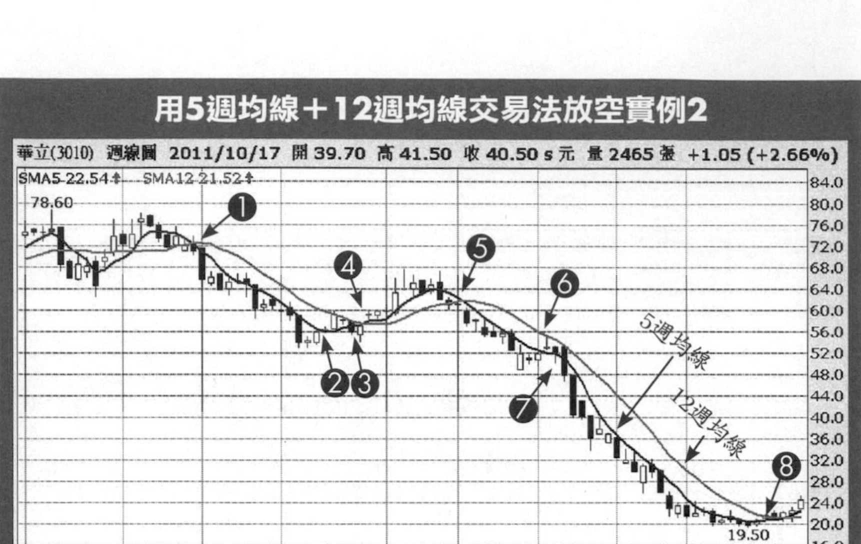

資料來源：富邦e01電子交易系統

▲上圖說明：

❶ 5週均線及12週均線出現死亡交叉、波形出現「頭頭低」，股價跌破均線，看日線放空。

❷ 突破5週均線，看日線回補。

❸ 股價跌破5週均線，看日線放空。

❹ 突破5週均線，黃金交叉，看日線回補，停損一次。

❺ 5週均線及12週均線出現死亡交叉，股價跌破均線，看日線放空。

❻ 突破5週均線，看日線回補。

❼ 股價跌破5週均線，看日線放空。

❽ 突破5週均線，看日線回補。

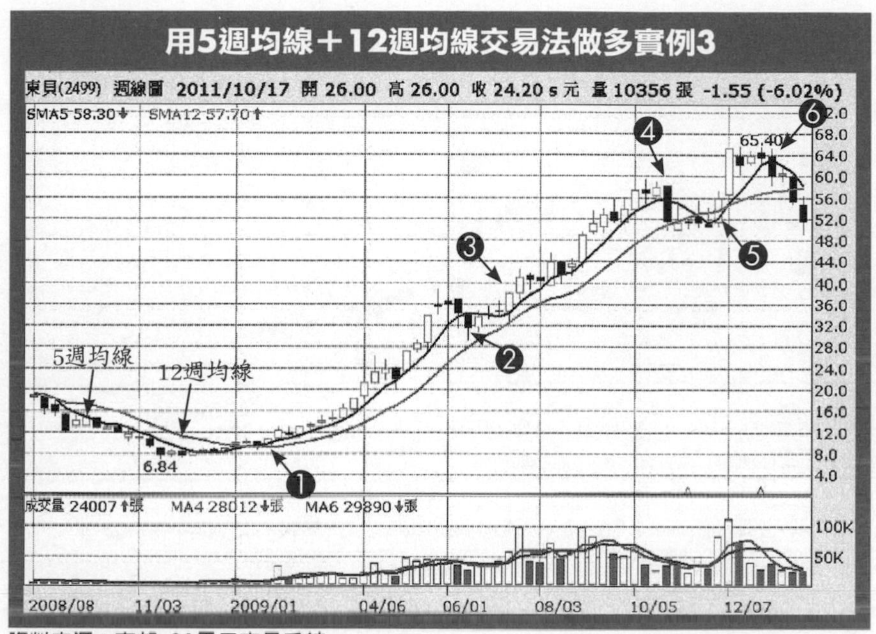

資料來源：富邦e01電子交易系統

▲上圖說明：

❶ 5週均線及12週均線出現黃金交叉、波形出現「底底高」，股價站上均線，看日線買進。

❷ 跌破5週均線，看日線賣出。

❸ 股價突破5週均線，看日線買進。

❹ 跌破5週均線，看日線賣出。

❺ 5週均線及12週均線黃金交叉，股價站上均線，看日線買進。

❻ 跌破5週均線，看日線賣出。

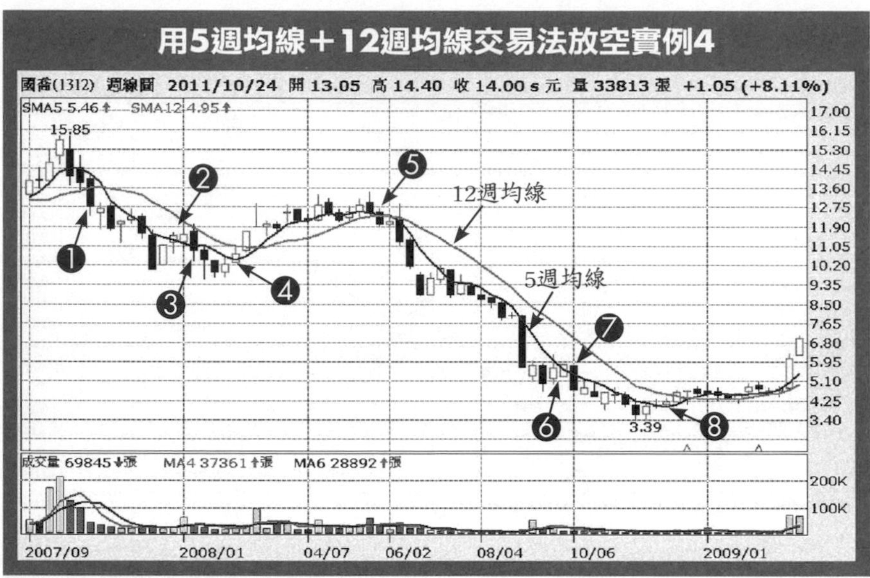

資料來源：富邦e01電子交易系統

▲上圖說明：

❶ 股價跌破5週均線及12週均線之下，5週均線開始下彎，看日線放空。

❷ 股價突破5週均線，看日線回補。

❸ 股價跌破5週均線，看日線放空。

❹ 股價突破5週均線，看日線回補。

❺ 股價跌破5週均線及12週均線之下，5週均線開始下彎，出現死亡交叉，看日線放空。

❻ 股價突破5週均線，看日線回補。

❼ 股價跌破5週均線，看日線放空。

❽ 股價突破5週均線，看日線回補。

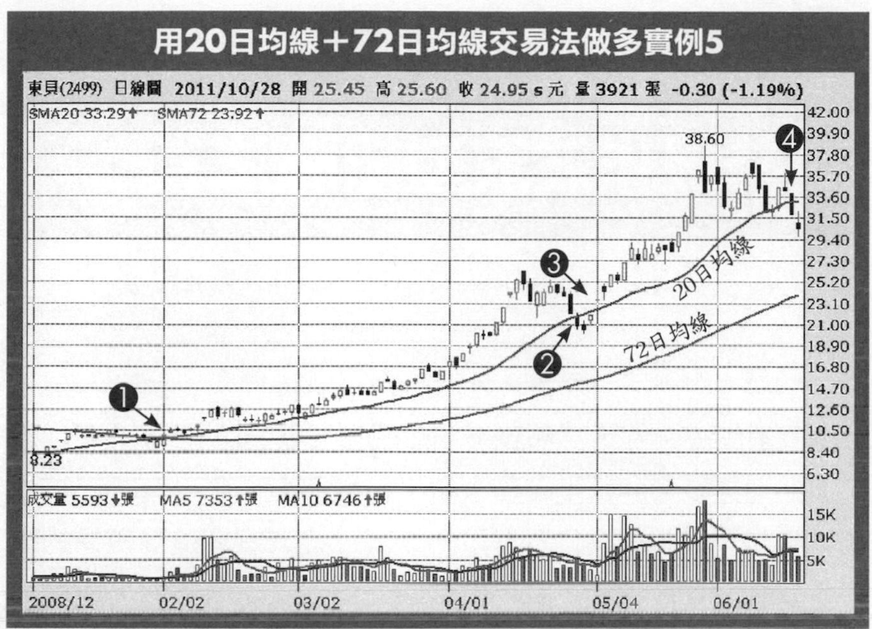

資料來源：富邦e01電子交易系統

▲上圖說明：

❶ 股價突破20日均線與72日均線，兩條均線黃金交叉，買進。

❷ 股價跌破20日均線，賣出。

❸ 股價突破20日均線，均線仍然呈現多頭排列上揚，買進。

❹ 股價跌破20日均線，賣出。將近5個月，只進出操作2次。

第5章

長短皆宜的順勢操作波浪型態戰法

有位劉同學，在上完技術分析的波浪型態課程之後，立刻利用波浪型態多頭的進場位置去買了一檔股票，經過兩、三天之後，賺到了錢，高興得不得了。她說，從來沒有這樣輕易的賺到股票錢，我告訴她，因為她是順著波浪的趨勢去做，所以很容易成功。

順勢操作波浪型態戰法重點說明

依據道氏（Charles H.Dow）的「股價理論」，多頭市場走勢會持續走一段時間，行進中每次都會繼續創新高點，每次下跌回檔的修正，都不會跌破前面的波底就再往上上漲，如此，股票趨勢就是上升的多頭市場。相反來說，股價往下走，每次下跌都一再破新低價，而反彈時無法過前面高點，繼續下跌，如此，股票趨勢就是下跌的空頭市場。

我們利用道氏的多頭特性順勢做多、空頭特性順勢做空，如果股票趨勢沒有改變，就維持原來方向操作，做長或做短都可以的操作方法，這就是順勢操作波浪型態戰法。

當然，既然要順著趨勢操作，必須對趨勢進行方向、趨勢改變訊號、趨勢反轉的型態要精練，讀者可以參看作者在第一本書《抓住飆股輕鬆賺》中第1篇所詳述的波浪型態變化。

戰法優點：

1. 規則簡單清楚，容易執行。
2. 做長做短都可獲利，長線多頭可以保護短線的回檔。
3. 可以看盤操作，也可以不要看盤。
4. 紀律守好，賺多賠少，趨勢走多遠，獲利就多少。
5. 適合一般資金操作。

基本功力：

熟練技術分析中的「波浪型態」，執行能力要100%。

操作目標：

走勢明確時，隨趨勢操作，賺到趨勢改變為止。

交易條件：

1. 以波浪型態為最優先考量，順勢交易，趨勢向上做多，趨勢向下做空，盤整或趨勢不明時則不做。
2. 進場前要先做好功課，慎選型態明朗、走勢清楚的標的，平日做好鎖股、研究產業及追蹤主流股等功課。準備要進場的股票，對進場位置的設定、停損價位的設定、操作策略及停利目標，都要在事先做好。
3. 做多，要等波段下跌之後，出現底部型態或反轉完成（至少出現底底高）、上升波確立（頭頭高、底底高）、續勢盤整突破等關鍵位置出現再進場。做空，要等波段上漲之後，頭部出現型態或反轉完成（至少出現頭頭低）、下跌波確立（頭頭低、底底低）、續勢盤整跌破等關鍵位置出現再進場。

4. 採用日線K線，再配合5日均線為操作依據。
5. 順勢操作波浪型態戰法可用在飆股、強勢股、多頭股票，但不能在盤整區間使用。
6. 無論進出，均以收盤價確認。

在多頭走勢做多的操作定法

想用順勢操作波浪型態戰法在多頭走勢做多，必須配合波浪型態，看趨勢方向為多頭時才能進場。同時，一定要在回檔止跌再上漲時買進，以及在盤整末端向上突破時買進。主要操作方法說明如下：

進場 (1) 低檔打底出現底底高的第2支腳，暴大量拉出上漲紅K線，且股價站上5日均線。

(2) 低檔打底完成，出現突破底部盤整上頸線的大量上漲紅K線。

(3) 上升一段後回檔，出現止跌回升的大量上漲紅K線，股價站上5日均線。

(4) 在盤整末端，股價向上，出現突破盤整上頸線的大量長紅K線。

續抱 收盤沒有跌破5日均線時，續抱。

出場 收盤確認股價跌破上升切線，且股價跌破5日均線時，出場。

停損 進場當日波浪轉折的最低點，以及盤整突破上頸線的位置。

在空頭走勢做空的操作定法

想用順勢操作波浪型態戰法在空頭走勢做空，必須配合波浪型態，看趨勢方向為空頭時才能進場。同時，一定要在反彈止漲再下跌時放空，以及在盤整末端向下跌破時放空。主要操作方法說明如下：

進場 (1) 股價高檔做頭，出現「頭頭低」（峰峰低）的第2個頭及下跌的黑K線，股價跌破5日均線。

(2) 下跌一段時間後反彈，出現止漲回跌的黑K線，股價跌破5日均線。

(3) 在盤整末端股價向下，出現跌破盤整下頸線的長黑K線。

續抱 收盤沒有突破5日均線時，續抱。

出場 收盤確認股價突破下降切線，且股價突破5日均線時，回補。

停損 進場當日波浪轉折的最高點，以及盤整跌破的下頸線位置。

在盤整區間的操作策略

前述有提到順勢操作波浪型態戰法可以用在飆股、強勢股、多頭股票，但不能在盤整區間使用。如果遇到盤整的情況，可以採取以下5種因應策略。

1. 進入盤整可以採取做或不做兩種策略，除非價差很大，否則不宜操作。
2. 如果前波走勢是多頭，盤整區間以「低接高出」操作。

3. 如果前波走勢是空頭，盤整區間以「高空低補」操作。
4. 盤整時要以單邊操作，避免兩頭被巴。
5. 要把握盤整末端突破的方向，抓住進場機會。

▌順勢操作波浪型態戰法的9點提醒

1. 一般投資人比較偏向做多，前面說過要順勢操作，因此股票在走空的時候千萬不要做多，做多一定要等到打底，底部型態完成（至少出現底底高），上升波確立（頭頭高、底底高）後，再找做多進場時機。
2. 回後買上漲是指上升走勢中，在股價回檔修正後再次上漲時買進，而不是在回檔中自認為是低價就去買。
3. 依據波浪型態操作，股價跌破5日均線時出場。但是下列情況可做調整：
   (1) 在關鍵進場點進場，獲利未達5%且未跌破停損價位時，可暫不出場。
   (2) 往上走出趨勢，且獲利達20%以上時，下列情況可先獲利出場：
      - 當日出大量上漲到高點，股價折返下跌超過3%時。例如當日股價上漲到5%，然後回跌至漲幅只剩2%時，要先賣出一半；拉回到平盤時，要全部出清持股，將獲利先入袋為安。
      - 當日暴量不漲，股價創新高之後，收盤跌破前一日最低點。
      - 前面連續幾日是急漲，當日跌破上升趨勢線（急切線）時，先獲利入袋。

- 波形產生「頭頭低」的格局，股價不過前高就往下跌時。
- K線出現長黑、長上影線、帶大量的十字線等出場訊號，先賣出一半；次日開盤不往上再攻，要全部出清持股。

4. 多頭就是不斷的在創新高價，回檔時不會跌破前面的低點，當多頭走勢不創新高就回檔，就是多頭改變的訊號，此時要密切注意手中持股，往後走勢不對時，要趕快出場避險。
5. 在多頭走勢中，長線會保護短線，回檔套牢時比較容易解套，但是遇到反彈沒有過前高時，即使小賠也要立刻逃命。像這種反彈沒有過前面高點就下跌的走勢，俗稱為「逃命波」。
6. 空頭就是不斷的創新低價，反彈不過前次高點，當空頭走勢不再破新低就回升，就是空頭改變的訊號，放空的股票要注意回補點，空手者觀察是否有做多的機會。
7. 在空頭走勢中做多，一旦套牢很難解套。所以在空頭走勢中做多，一定要執行停損。
8. 多頭走勢的進場好時機，是買在回檔止跌再上漲的位置，而不是突破前面高點的位置。因為過高必拉回是多頭的特性。
9. 空頭走勢的放空好時機，是賣在反彈止漲再下跌的位置，而不是跌破前面低點的位置。

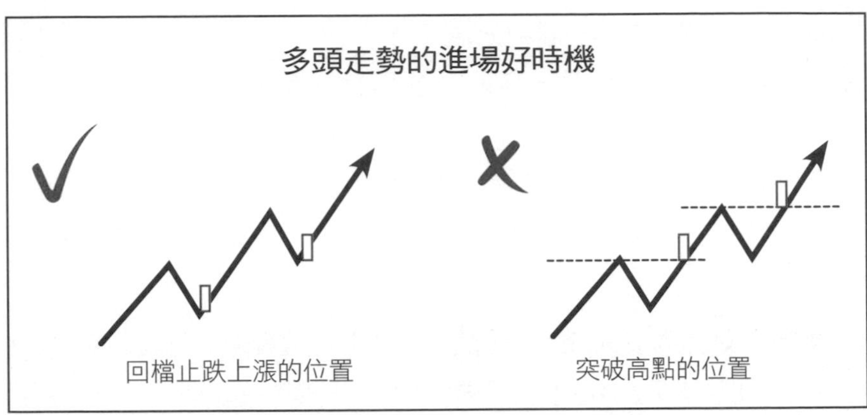

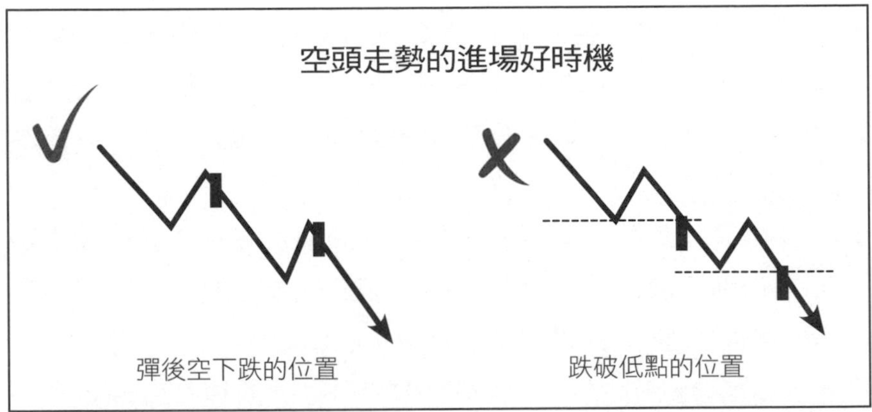

小不忍則亂大謀，股票方向不明、位置不好，都要忍住，不要隨意出手買進。

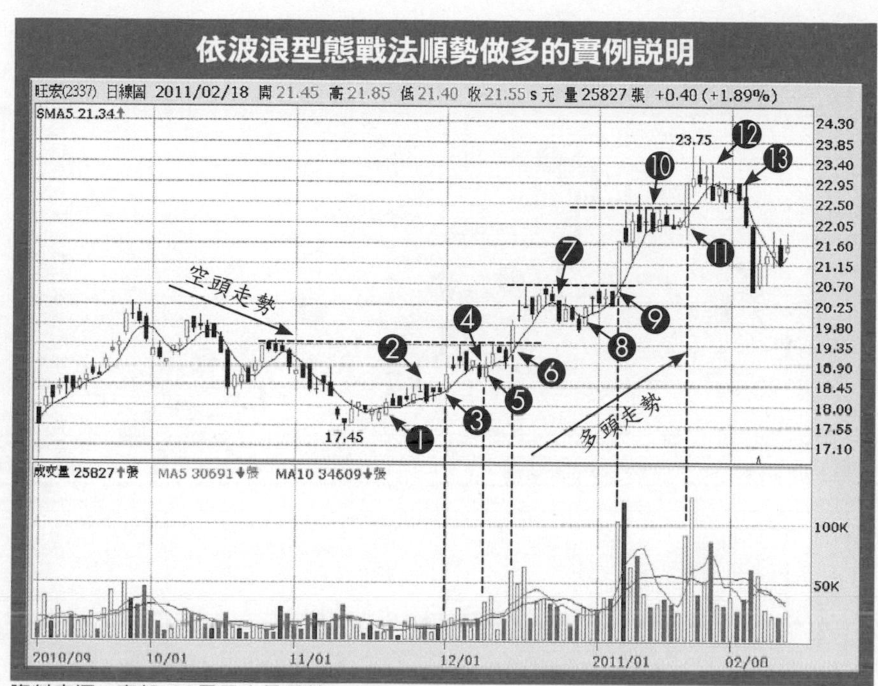

資料來源：富邦e01電子交易系統

▲上圖說明：

❶ 在底部出現「底底高」現象，站上5日均線，買進。

❷ 收盤跌破5日均線，賣出。 ❸ 收盤突破5日均線，買進。

❹ 收盤跌破5日均線，賣出。 ❺ 收盤突破5日均線，買進。

❻ 帶量突破盤整區，加碼買進。 ❼ 收盤跌破5日均線，賣出。

❽ 回後買上漲。 ❾ 帶量突破前高加碼，買進。

❿ 收盤跌破5日均線，賣出。 ⓫ 帶量突破盤整，買進。

⓬ 收盤跌破5日均線，賣出。

⓭ 出現「頭頭低」現象，波形改變，退出操作。

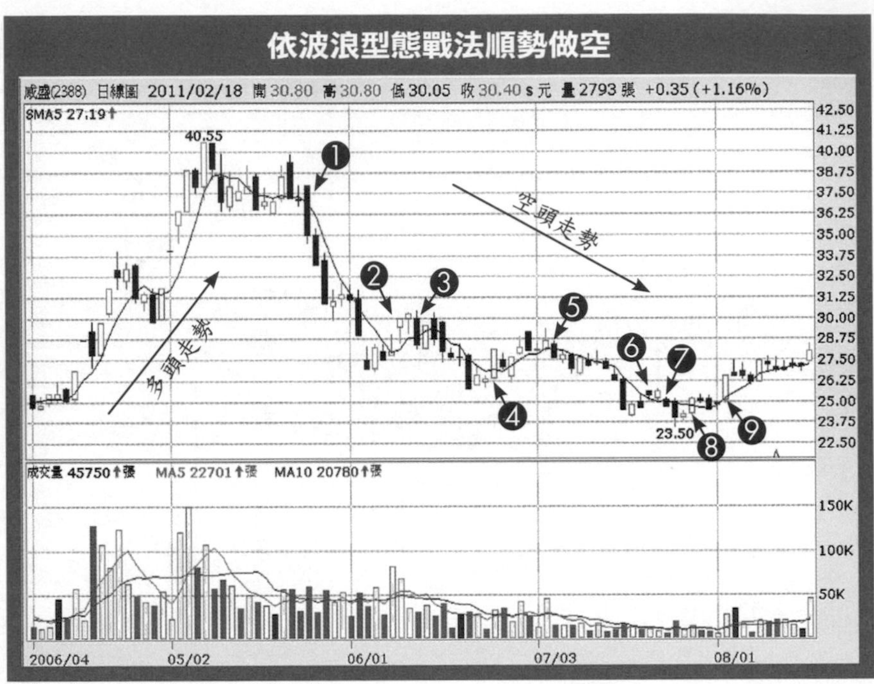

資料來源：富邦e01電子交易系統

▲上圖說明：

❶ 在頭部出現「頭頭低」現象，跌破5日均線，做空。

❷ 收盤突破5日均線，回補。 ❸ 收盤跌破5日均線，做空。

❹ 收盤突破5日均線，回補。 ❺ 收盤跌破5日均線，做空。

❻ 收盤突破5日均線，回補。 ❼ 收盤跌破5日均線，做空。

❽ 收盤突破5日均線，回補。

❾ 出現「底底高」現象又突破前高，結束操作。

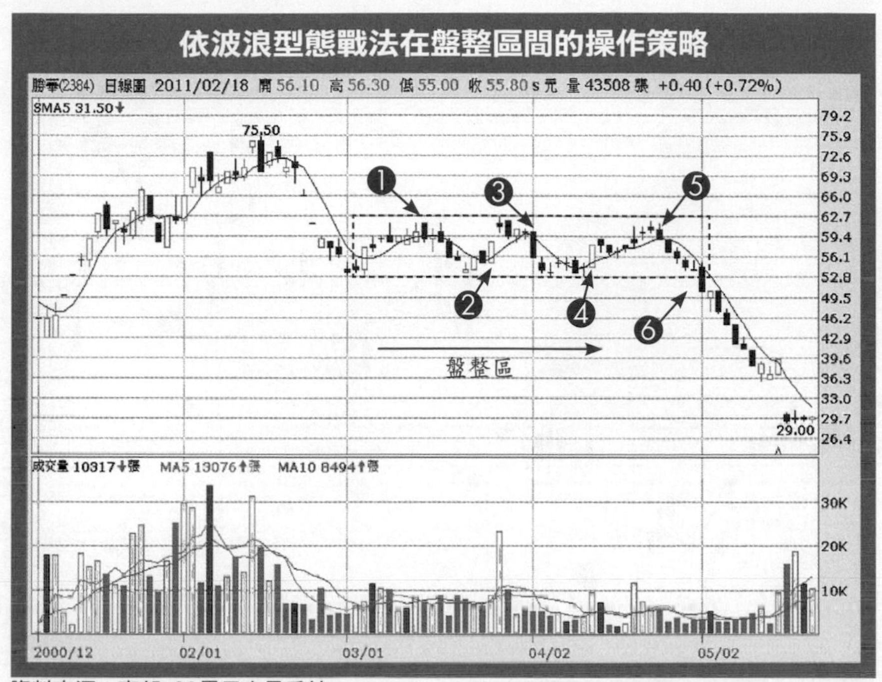

資料來源：富邦e01電子交易系統

▲上圖說明：

❶ 空頭，繼續做空。

❷ 收盤突破5日均線，回補。

❸ 收盤跌破5日均線，做空。此時出現高不過高、低不破低的盤整盤。

❹ 收盤突破5日均線，回補。

❺ 收盤跌破5日均線，做空。

❻ 跌破盤整區，確立繼續空頭，可向下加碼做空。

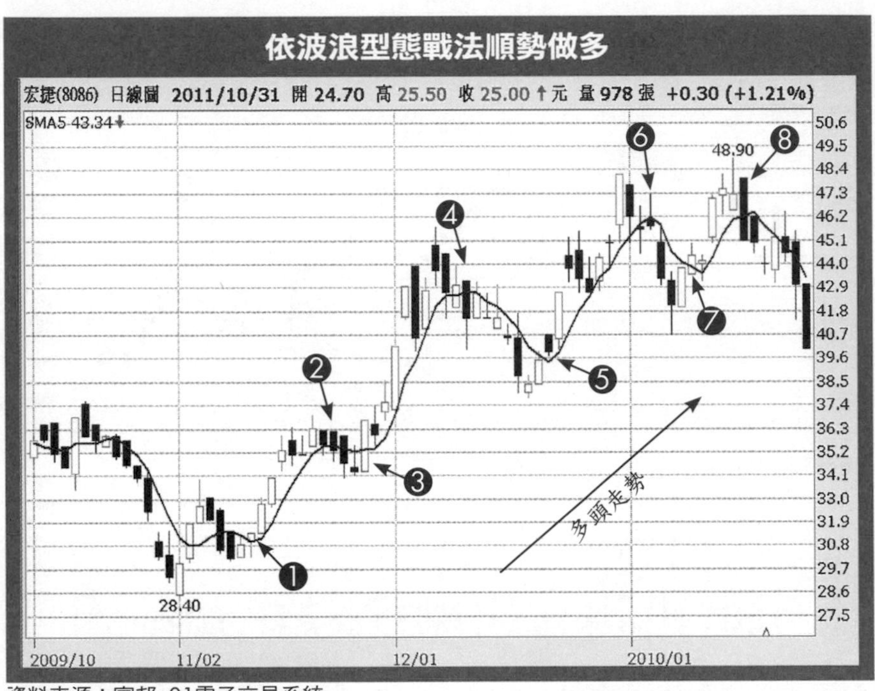

資料來源：富邦e01電子交易系統

▲上圖說明：

❶ 出現底部「底底高」現象，收盤站上5日均線，買進。

❷ 收盤跌破5日均線，賣出。

❸ 收盤站上5日均線，回檔後上漲，買進。

❹ 收盤跌破5日均線，賣出。

❺ 收盤突破5日均線，買進。

❻ 收盤跌破5日均線，賣出。

❼ 收盤突破5日均線，買進。

❽ 收盤跌破5日均線，賣出。

第6章 輕鬆就能賺 智慧K線戰法

智慧K線戰法屬於短線操作法，擷取明顯上漲或下跌的一段，由於規則簡單，操作容易，又稱為「傻瓜操作法」。這種簡單的方法是根據「市場慣性原理」，當價格突破前一天的最高點，買進力道大於昨日，依慣性股價會繼續往上；當股價跌破前一天最低點，表示多方力竭，空方力道大於昨日，股價容易繼續往下。

智慧K線戰法重點說明

我們利用「市場慣性原理」下單操作，是最省時間的下單選擇方式，也是最可能買在發動點的第1天及賣在高點結束的第1天。主要操作方法說明如下：

戰法優點：

1. 規則簡單清楚，容易執行。
2. 短線即可獲利，停利明確。
3. 不需要看盤，收盤前5分鐘看盤即可。
4. 不會賠大錢，獲利很好。

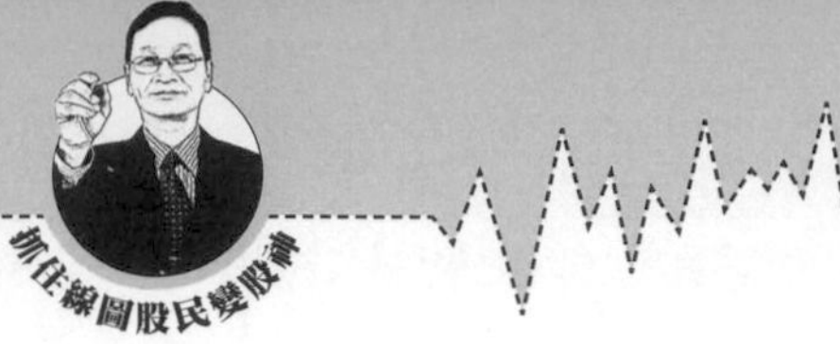

5. 不用顧及技術分析指標、成交量、基本面。
6. 適合一般資金操作。
7. 解決盤中上下震盪的困擾。

基本功力：

熟練技術分析的「四大金剛」，執行能力要100%。

操作目標：

走勢明確時，每次獲利能夠達到7%以上。

交易條件：

1. 以波浪型態為最優先考量，順勢交易。搶空頭急跌的反彈做多，或是末升段急漲的回檔放空。
2. 做多買進遇到走勢急漲、做空賣出遇到走勢急跌時，可立刻採取智慧K線戰法操作，找到最佳的停利位置。
3. 採用日線K線為操作依據。
4. 智慧K線戰法可用在飆股、強勢股，但不能在盤整區間使用。
5. 此一方法屬於短線交易，因此要在行情剛發動時介入，不適宜提前布局使用。
6. 無論進出，均以收盤價確認。

在多頭走勢做多的操作定法

用智慧K線戰法在多頭走勢做多，要配合波浪型態、趨勢方向多頭及K線進場訊號。主要操作方法説明如下：

進場時機：

1. 低檔打底完成，出現暴大量上漲的紅K線，股價要突破前一日最高點，或突破底部盤整上頸線。

2. 上漲途中回檔，出現再上漲紅K線，股價突破前一日最高點時。
3. 續勢盤整完畢，股價向上，出現突破盤整的暴大量長紅K線時。
4. 強勢飆股的第1根上漲長紅K線最高點，被第2根紅K線越過之後，可以買進。

交易規則：

進場 收盤前確認股價，突破前一日最高點時買進。

續抱 每天收盤前檢視股價，沒有跌破前一日最低點時，續抱。

出場 收盤前確認股價跌破前一日最低點時，出場。

停損 進場當日K線股價的最低點（不能超過7%）。

在空頭走勢做空的操作定法

用智慧K線戰法在空頭走勢做空，要配合波浪型態、趨勢方向空頭及K線出場訊號，主要操作方法說明如下：

進場時機：

1. 高檔出現不過前面高點的「頭頭低」下跌黑K線，以及確認頭部完成的下跌黑K線，股價跌破前一日最低點、跌破頭部盤整下頸線的位置。
2. 下跌途中出現反彈再下跌的黑K線，股價跌破前一日最低點。
3. 下跌中，續勢盤整完畢，股價向下跌破盤整區。
4. 確認空頭的第1根下跌黑K線最低點，被第2根黑K線跌破，可以放空。

交易規則：

進場 收盤前確認股價跌破前一日最低點時，放空。

續抱 每天收盤前檢視股價，沒有突破前一日最高點時，續抱。

出場 收盤前確認股價，突破前一日最高點時，出場（回補）。

停損 進場當日K線股價的最高點（不能超過7%）。

遇到一日反轉的操作定法

當遇到一日反轉情況時，此時如要採取智慧K線戰法，必須配合波浪型態、看趨勢方向及K線進出場訊號，主要操作方法說明如下：

進場時機：

1. 出現跌深或急跌的一日反轉或V形反轉型態。
2. 出現漲多或急漲的一日反轉或倒V形反轉型態。

交易規則：

進場 (1) 在前面急跌的前提下：

- 出現大量。
- K線呈現長下影線、十字線、墓碑線、錘子等止跌變盤線訊號。
- 第2天出現上漲的紅K線，股價收盤過前一日最高點，進場做多。

(2) 在前面急漲的前提下：

- 出現大量。
- K線呈現長上影線、十字線、T字線、吊人線等止漲變盤線訊號。
- 第2天出現開低下跌，收盤跌破前一日最低點的黑K線，進場做空。

續抱 每天收盤前檢視股價，做多的股票沒有跌破前一日的最低點時，續抱，做空的股票沒有突破前一日的最高點時，續抱。

出場 做多，收盤前確認股價，跌破前一日最低點，出場；做空，收盤前確認股價，突破前一日最高點時，出場（回補）。

停損 做多，以進場當日K線股價的最低點為停損點；做空，以進場當日K線股價的最高點為停損點。

智慧K線戰法的7項重點整理

1. 如果想操作長波段，可採用個股的週線圖，以週線圖走勢按照紀律操作。
2. 無論何時進場，必須遵守停損停利的紀律。
3. 資金的分配投入要靈活，走勢明朗時可加大資金投入，走勢不明或有疑慮時，應小量資金投入或退出操作。
4. 如果行情走單邊市場（一直多或一直空）這個方法就很好用，但是遇到上下震盪盤整時就會經常停損，因此在選擇商品標的時要特別注意，要挑選走勢清楚的個股。
5. 走勢平緩時不易獲利，上升或下跌的角度低於45度的走勢，則不建議用此方法。
6. 走勢強勁時，進行短線快速獲利的交易（上升或下跌的斜率在45度以上），往往能夠簡單輕鬆快速獲得最大利潤。
7. 在快速上漲或下跌時應用此一方法，能夠明確的停利，對不知道如何停利的投資人來說，是很好的方法。

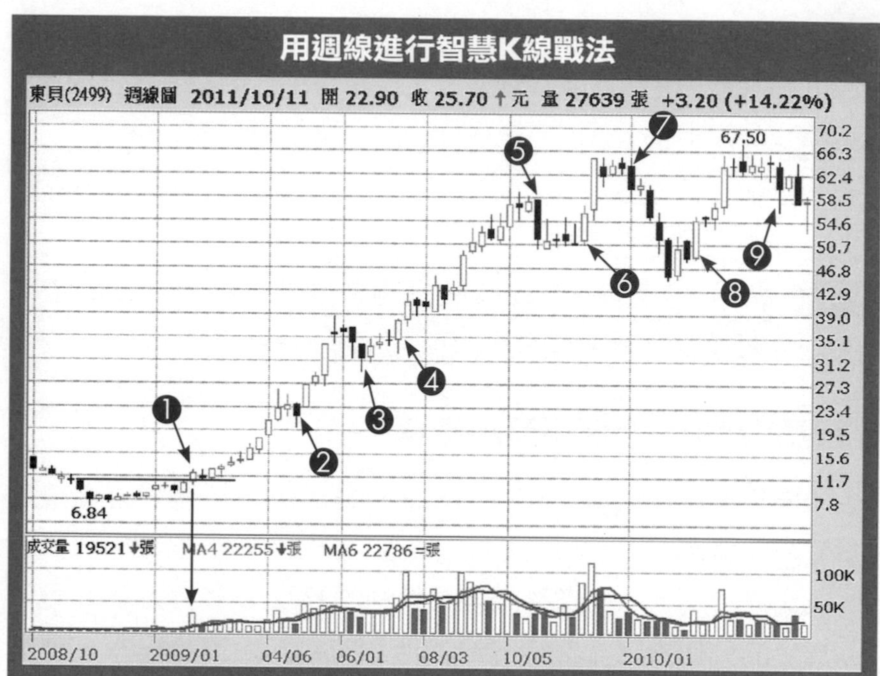

資料來源：富邦e01電子交易系統

▲上圖說明：

❶ 出現「底底高」、暴大量突破底部盤整格局，看日線進場後，用週線的智慧K線戰法操作。

❷ 當週收黑K線，但是收盤價並未跌破前一週的最低價，持股續抱。

❸❺❼ 當週收黑K線，收盤價跌破前一週的最低價，持股賣出。

❹❻❽ 趨勢維持多頭，收盤價突破前一週最高點，買進。

❾ 當週收黑K線，收盤價跌破前一週的最低價，持股賣出。走勢繼續下跌，頭部形成，多頭結束。

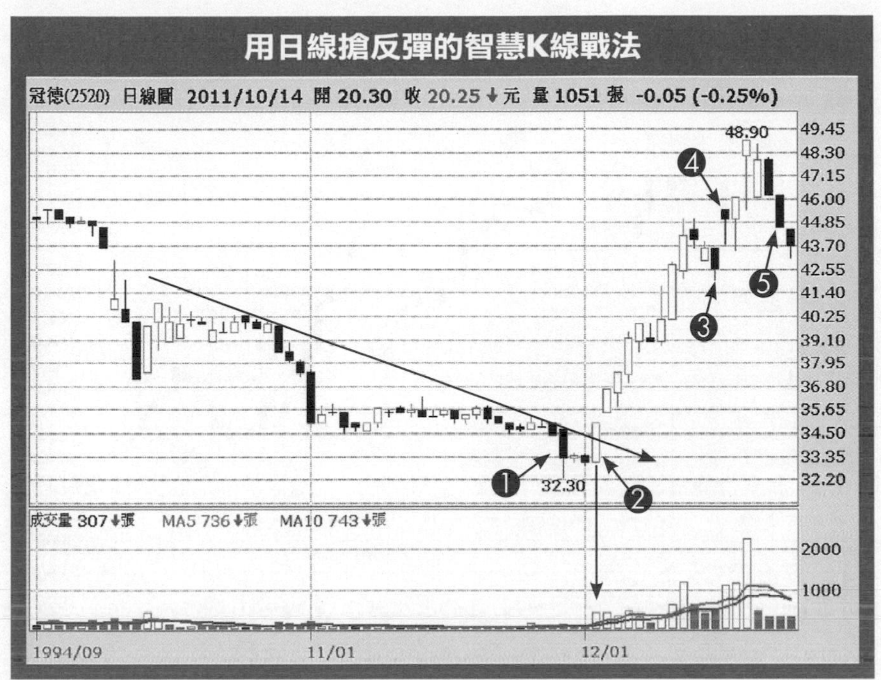

資料來源：富邦e01電子交易系統

▲上圖說明：

❶ 跌深，出現長下影線、長黑K線的止跌訊號。

❷ 出現大量長紅K線，收盤價突破前面3天最高點，同時突破下降切線，可以進場搶反彈。（此處是跌深的第1支腳反彈，並不是打底回升。）

❸ 用智慧K線戰法操作。當日收黑K線，收盤價跌破前一日的最低價，持股賣出。

❹ 收盤價突破前一日最高點，買進。

❺ 收盤價跌破前一日最低價，持股賣出。

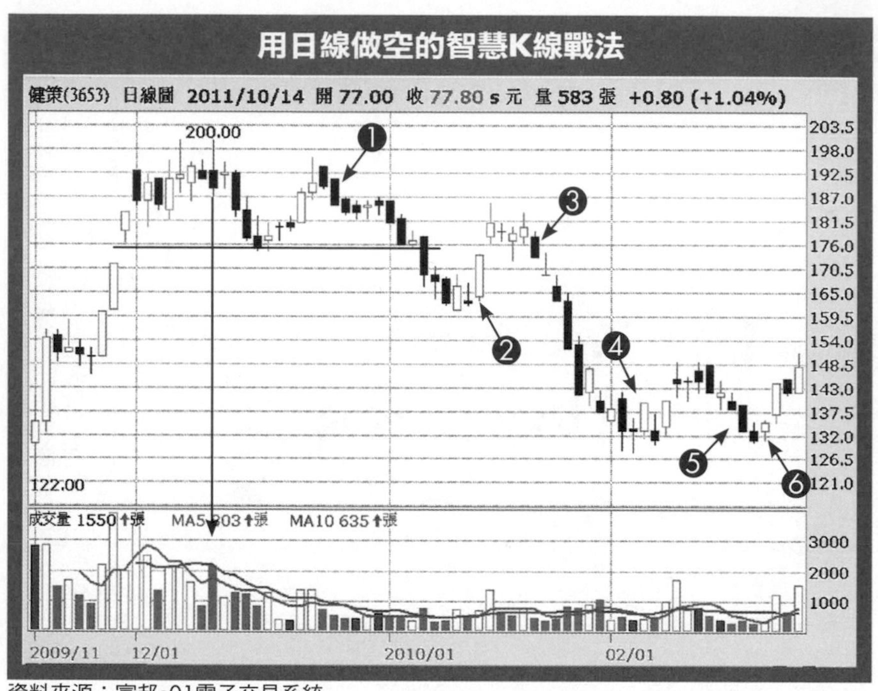

資料來源：富邦e01電子交易系統

▲上圖說明：

❶ 高檔出現「頭頭低」的長黑K線，股價跌破前一日的最低點，做空。

❷ 用智慧K線戰法操作。收盤價突破前一日的最高點，回補。

❸ 收盤價跌破前一日的最低點，繼續做空。

❹ 收盤價突破前一日的最高點，回補。

❺ 收盤價跌破前一日的最低價，繼續做空。

❻ 收盤價突破前一日的最高點，回補。底部出現打底的第2支腳，結束做空。

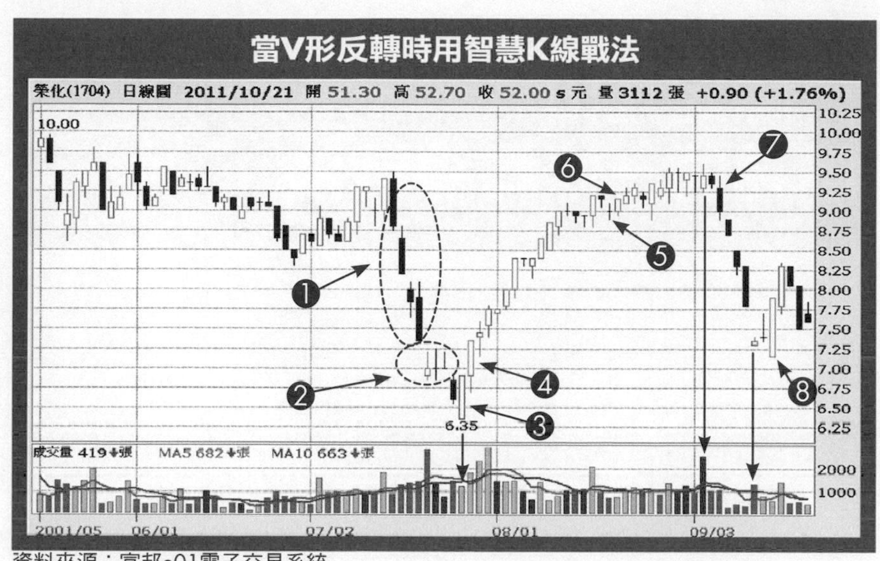

資料來源：富邦e01電子交易系統

▲上圖說明：

❶ 末跌段出現長黑K線，連續急跌。

❷ 後3日K線收盤都沒有跌破前一日的最低點，但未出現過高的K線，不可搶反彈。

❸ 底部出現破底穿頭的長紅K線，為止跌訊號。但是收盤沒有過前一日的最高點，觀察即可。

❹ 次日過前一日的最高點，在7.35元處買進

❺ 收盤跌破前一日的最低點，在9元處賣出。

❻ 收盤價突破前一日的最高點，在9.1元處買進。

❼ 收盤價跌破前一日的最低價，在9.3元賣出。頭部暴量後的跌破盤整，在收盤9元處放空。

❽ 收盤價突破前一日的最高點，在7.4元處回補。

第7章

一線定江山 簡易的一條均線戰法

操作要簡單而且容易執行，我們用一條均線做方向及進出的依據，同樣可以很容易操作，但是同樣要在規定的條件之下進行，否則容易失敗。一條均線戰法是根據「均線支撐的特性」，當價格在均線之上，均線方向向上，此時的均線就具有支撐和助漲的功能。

一條均線戰法重點說明

當然，採取不同週期的均線，會產生不同的績效，原則上，建議不要用太短期的均線，否則會頻繁的進出，而且趨勢方向也會變來變去，無法有效掌握。以下說明一條均線戰法的主要操作方法。

戰法優點：

1. 規則簡單清楚，容易執行。
2. 不需要看盤，收盤前5分鐘看盤即可。
3. 不會賠大錢，用長期均線可以做到波段。

4. 不用顧及技術分析指標、成交量、基本面。
5. 適合任何資金操作。
6. 解決盤中上下震盪的困擾 。

基本功力：

熟練技術分析的「四大金剛」，執行能力要100%。

操作目標：

走勢明確時，每次獲利能夠達到10%以上。

交易條件：

1. 以波浪型態為最優先考量，順勢交易。不逆勢交易。
2. 多頭或空頭走勢明確時可用此法，輕鬆操作。
3. 採用20日均線為操作依據。也可自行調整使用其他均線，例如10日均線、24日均線、60日均線等。
4. 跌深要經過打底、出現「底底高」現象，多頭走勢要確認。
5. 漲多高檔要做頭下跌，出現「頭頭低」（峰峰低），空頭走勢要確認。
6. 一條均線戰法適合用在一般上漲的多頭股票或空頭股票，不適合強勢上漲或在盤整區間使用。
7. 此一方法屬於波段交易，因此要在走勢確認時介入，不適宜提前布局使用。無論進出，均以收盤價確認。
8. 走勢明確時賺多賠少，而且可以大大減少進出操作的次數，容易控制操盤EQ。

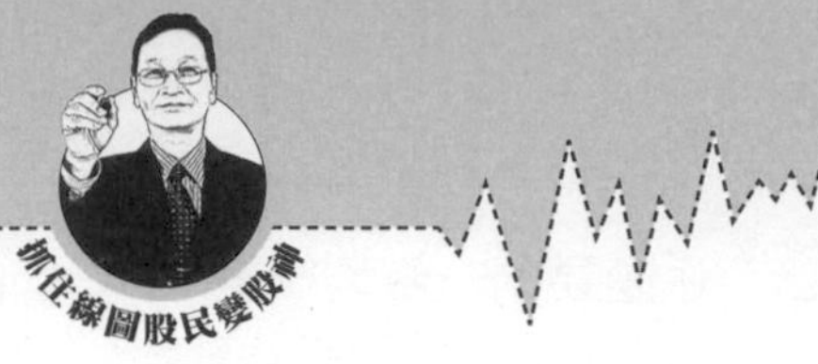

在多頭走勢做多的操作定法

想用一條均線戰法在多頭走勢做多，必須注意以下的交易規則：

進場 低檔打底完成出現暴大量上漲的紅K線，股價站上20日均線之上，且均線走平或上揚，買進。上漲行進中，跌破20日均線後出場，當股價再站上20日均線，且20日均線仍持續向上時，繼續做多。

續抱 收盤股價沒有跌破20日均線時，續抱。

出場 收盤前確認股價跌破20日均線時，出場。

停損 進場後，守20日均線。

在空頭走勢做空的操作定法

想用一條均線戰法在空頭走勢做空，必須注意以下的交易規則：

進場 高檔做頭完成的下跌長黑K線，股價跌破20日均線之下，且均線走平或下彎，做空。行進中，突破20日均線出場後，當股價再跌破20日均線，而且20日均線仍持續向下時，繼續做空。

續抱 收盤股價沒有突破20日均線時，續抱。

出場 收盤前確認股價突破20日均線時，出場（回補）。

停損 進場後，守20日均線。

一條均線操作法的5點提醒

1. 採用一條均線操作，固然方便，但是採用不同週期均線的差別很大。
2. 採用短期3日或5日均線操作，股價與均線會出現頻繁交叉的現象，不斷的發出買進賣出訊號，因此，錯誤的訊號及騙線機會比較多。
3. 採用3日或5日短期均線，由於上下變化快速，均線方向忽上忽下，不易把握長期趨勢方向。這個問題可利用長短期不同的2根均線來解決，或者用3根均線來解決。讀者可以參看本篇第8章「穩健獲利方法：三條均線操盤法」或第11章「獲利目標達成利器1：短線攻擊的二條均線戰法」。
4. 採用長週期的均線，例如20日、60日均線，所產生的錯誤及騙線的訊息及進出次數會少很多，但卻有緩不濟急的現象，因為，等待股價與均線交叉時，往往都是漲了一段或已下跌一段了，容易延誤進出場的時機。
5. 建議用一條均線時，不要用太短或太長的均線，採用10日或20日均線為宜。

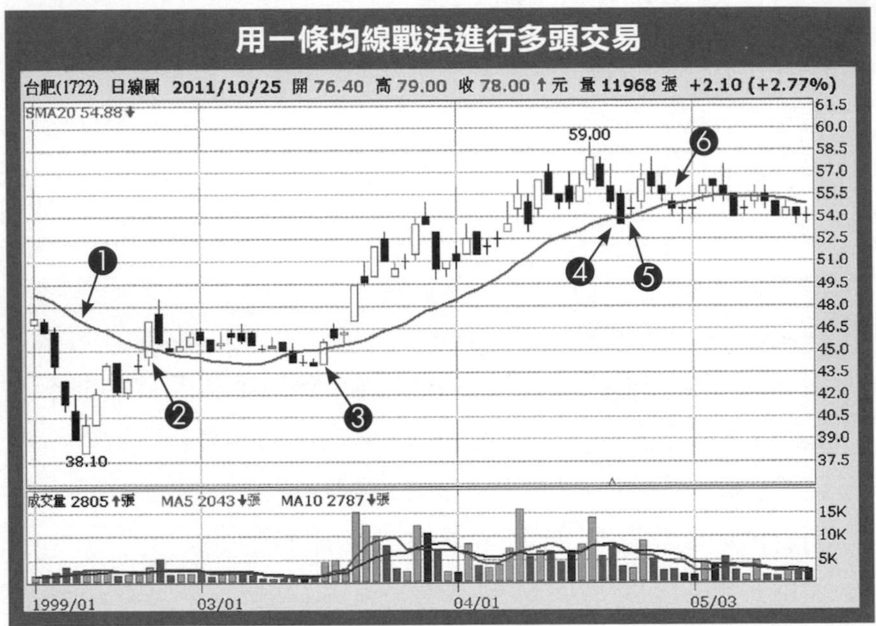

資料來源：富邦e01電子交易系統

▲上圖說明：

❶ 20日均線。

❷ 出現一根長紅K線站上20日均線，但是多頭型態未打底，而且均線仍然下彎，觀察即可，不可動作。

❸ 出現「底底高」的紅K線，而且站上20日均線，均線上揚，買進。

❹ 收盤價跌破20日均線，賣出。

❺ 收盤突破20日均線，均線方向向上，買進。

❻ 收盤價跌破20日均線，賣出。波浪型態已出現「頭頭低」（峰峰低），股價盤整，停止操作。

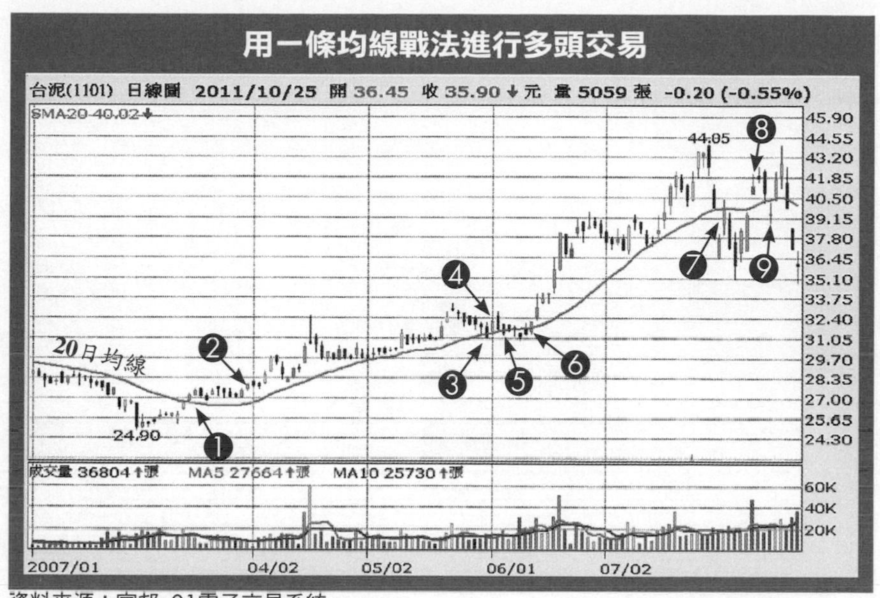

資料來源：富邦e01電子交易系統

▲上圖說明：

❶ 出現長紅K線站上20日均線，但是均線仍然下彎，不可動作。

❷ 出現「底底高」突破盤整，站上20日均線，均線上揚，買進。

❸ 收盤價跌破20日均線，賣出。

❹ 收盤突破20日均線，均線方向向上，買進。

❺ 收盤價跌破20日均線，賣出。

❻ 收盤突破20日均線，均線方向向上，買進。

❼ 收盤價跌破20日均線，賣出。

❽ 收盤突破20日均線，均線方向向上，買進。

❾ 收盤價跌破20日均線，賣出。波浪型態已出現「頭頭低」（峰峰低），股價盤整，停止操作。

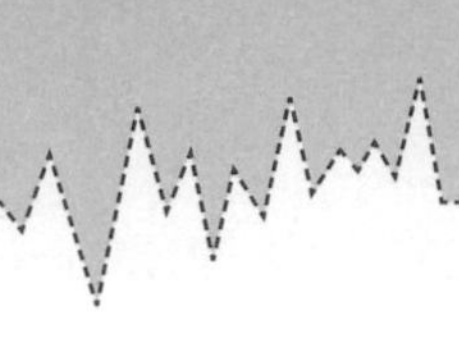

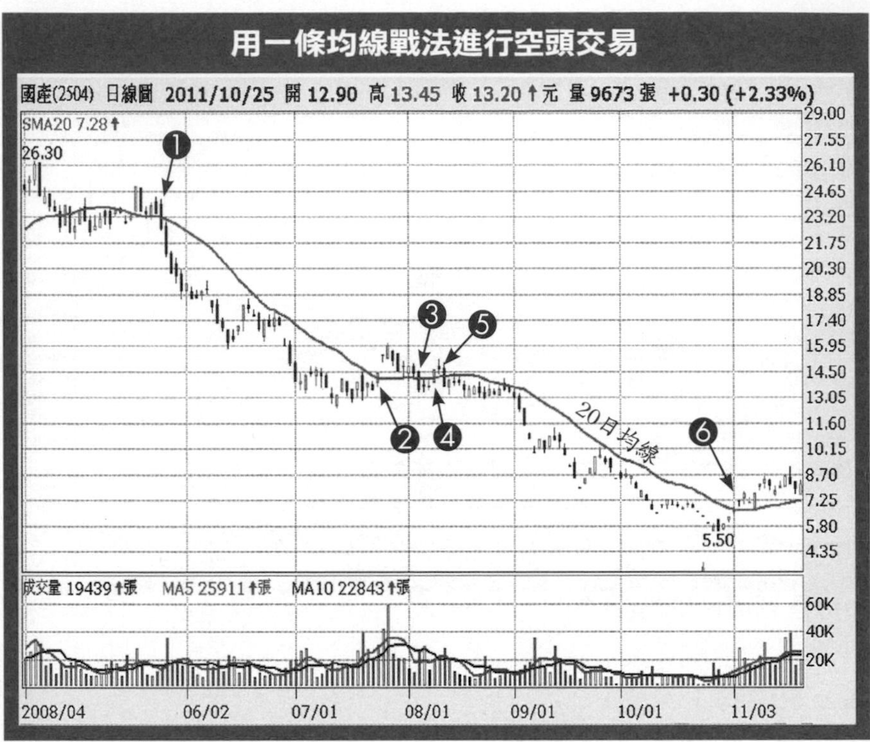

資料來源：富邦e01電子交易系統

▲上圖說明：

❶ 長黑K線跌破20日均線，型態為「頭頭低」，而且均線下彎，做空。

❷ 收盤突破20日均線，回補。

❸ 收盤價跌破20日均線，做空。

❹ 收盤突破20日均線，回補。

❺ 收盤價跌破20日均線，做空。

❻ 收盤突破20日均線，回補。

第8章

穩健獲利密技 三條均線戰法

如果利用均線交叉特性做為操作方法，其中比較穩健的做法，可以用二條均線的黃金交叉與死亡交叉的訊號，來代替前面股價與一條均線的交叉。

當出現黃金交叉時，買進；出現死亡交叉時，賣出，同時，再設定一條長期均線做為趨勢方向的基準，如此可以降低失誤率，不失為一種穩健的操盤法。

三條均線戰法重點說明

以下說明三條均線戰法的主要操作方法：

戰法優點：

1. 規則簡單清楚，容易執行。
2. 不需要看盤，收盤前5分鐘看盤即可。
3. 不會賠大錢，用長期均線可以做到波段獲利。
4. 不用顧及技術分析指標、成交量、基本面。
5. 適合任何資金操作。
6. 解決盤中上下震盪的困擾 。

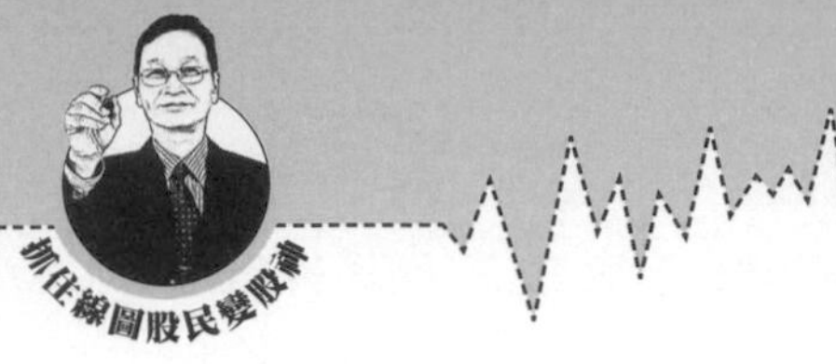

基本功力：熟練技術分析的「四大金剛」，執行能力要100%。

操作目標：走勢明確時，順勢交易，每次獲利能夠達到20%以上。

交易條件：

1. 以波浪型態為最優先考量，順勢交易。不逆勢交易。
2. 採用3日均線及10日均線為操作進出依據。24日均線做為趨勢方向及多空的依據。
3. 跌深要經過打底，出現「底底高」現象，多頭走勢要確認。
4. 漲多高檔要做頭下跌，出現「頭頭低」（峰峰低），空頭走勢要確認。
5. 無論進出，均以收盤價確認。
6. 可以減少進出操作的次數，容易控制操盤EQ。

在多頭走勢做多的操作定法

想用三條均線戰法在多頭走勢做多，必須注意以下的交易規則：

進場 當3日均線與10日均線出現黃金交叉，股價在24日均線之上，且24日均線向上，當股價站上3日均線時，買進。

續抱 在3日均線與10日均線沒有出現死亡交叉前，續抱。

出場 在收盤前確認3日均線與10日均線出現死亡交叉，股價跌破3日均線時，出場。

停損 進場後，守10日均線。

趨勢 股價在24日均線之上，且均線保持上揚，趨勢為多頭，順勢做多。

在空頭走勢做空的操作定法

想用三條均線戰法在空頭走勢中做空，必須注意以下的交易規則：

進場 當3日均線與10日均線出現死亡交叉，股價在24日均線之下，且24日均線向下，股價跌破3日均線時，做空。

續抱 在3日均線與10日均線沒有出現黃金交叉前，續抱。

出場 收盤前確認3日均線與10日均線出現黃金交叉，股價站上3日均線時，出場。

停損 進場後，守10日均線。

趨勢 股價在24日均線之下，且均線保持下彎，趨勢為空頭，順勢做空。

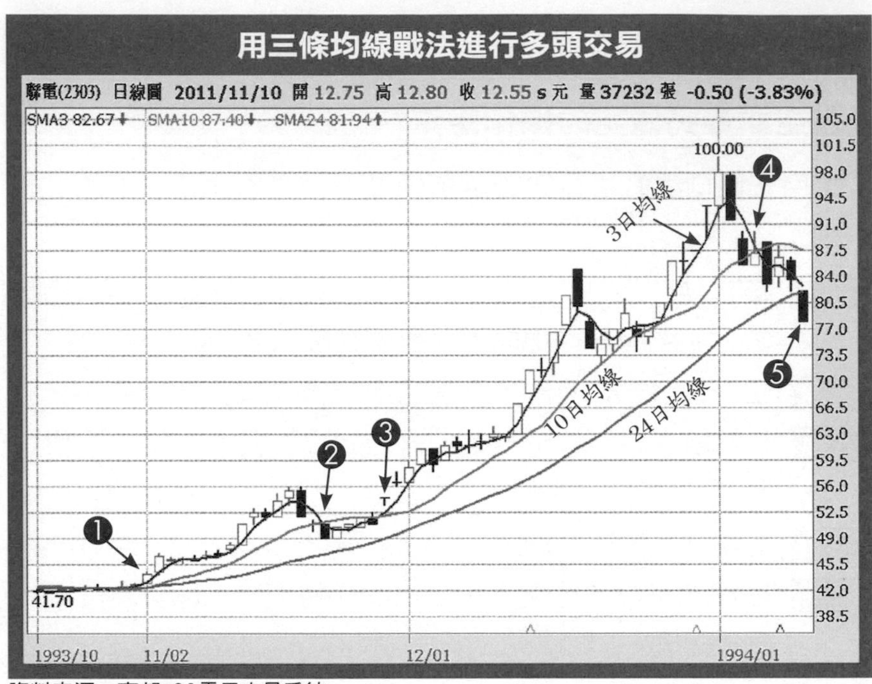

資料來源：富邦e01電子交易系統

▲上圖說明：

❶ 出現紅K線站上三條均線，且均線上揚，買進多單。

❷ 當3日均線與10日均線出現死亡交叉，股價跌破3日均線之下，出場。

❸ 當3日均線與10日均線出現黃金交叉，股價跳空站上三條均線，且均線上揚，買進多單。

❹ 當3日均線與10日均線出現死亡交叉，股價跌破3日均線之下，出場。

❺ 當股價跌破24日均線之下，不能做多。

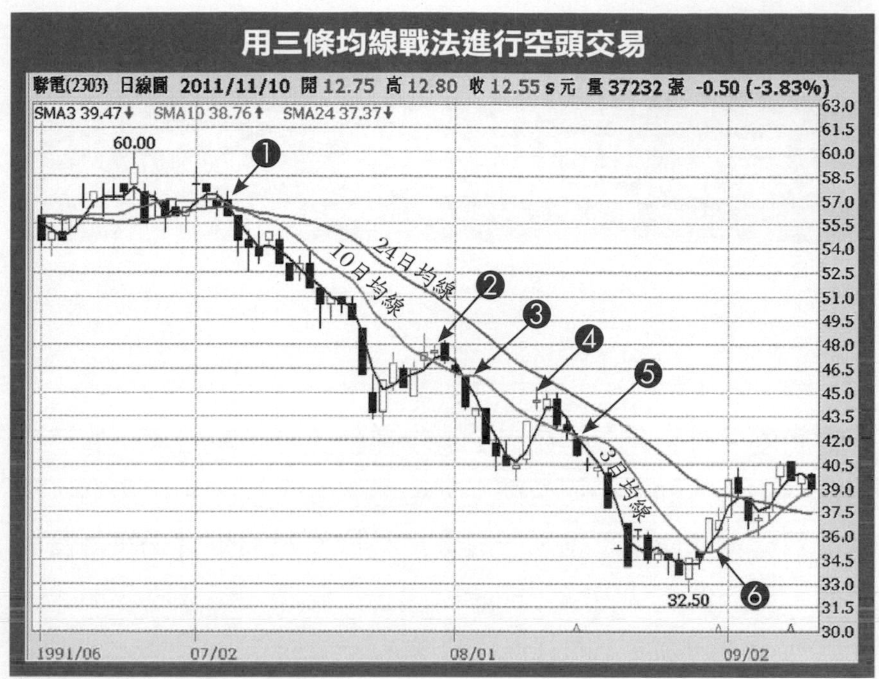

資料來源：富邦e01電子交易系統

▲上圖說明：

❶ 當波浪型態出現「頭頭低」，跌破3日、10日及24日均線這三條均線，做空。

❷ 當3日均線與10日均線出現黃金交叉，回補。

❸ 當3日均線與10日均線出現死亡交叉，股價跌破3日均線，做空。

❹ 當3日均線與10日均線出現黃金交叉，回補。

❺ 當3日均線與10日均線出現死亡交叉，股價跌破3日均線，做空。

❻ 當3日均線與10日均線出現黃金交叉，回補。

第9章

一年賺1倍獲利方法：股票獲利目標管理

有制度、有企圖心的公司，每年都會設定營業目標。有了目標即有中心方向，公司全體上下全力以赴，找方法擬策略，以完成目標為使命。不過，一般散戶在操作時很少會去設定獲利目標，做股票一切隨緣，能賺就賺，不能賺，賠錢就認命了，如此在股海中漂浮，因此很難有成就。

其實，剛開始進入股票市場，就要建立獲利目標管理的觀念。例如，要在多少時間學習完技術分析？要用多少資金操作？操作的獲利目標有多少？如此有計畫的去執行，才能作為後續檢討精進的依據。

股票獲利目標管理，能夠避免對股價漲跌情緒的反應，訂定出目標，做好交易計畫，依據計畫執行，能夠冷靜的進行每一次交易，是在股市中勝出的重要功課。

股票獲利目標管理應以一年為周期

股票獲利目標管理，可以年度計畫為周期，因為設定的目標時間如果太短，當遇到行情不好時就很難達成。因此，建議初步目標設定一年獲利50%為目標，那麼，平均每月的獲利目標約4.2%，加上手續費支出，每月的獲利目標設定為4.25%，這樣去執行，比較容易。

假設你用100萬元操作，全年獲利目標希望能夠賺到50萬元，那麼平均每個月要獲利4萬2500元，這樣有金錢的具體數字，就容易控管你的資金了。

股票獲利目標管理具有以下5項優點：

1. 目標設定，才能有目的執行動作。
2. 目標設定能夠避免人性的貪婪。
3. 做多，選股一定都是上升走勢的個股，會避開下跌或盤整的股票，賠錢立刻出場，因此風險相對最小；做空，選股一定都是下跌走勢的個股，會避開上漲或盤整的股票，賠錢立刻出場，因此風險相對最小。
4. 掌握波段趨勢方向，長線短做，短期內累積獲利，一樣可以達到波段操作的效果結果。
5. 以事業經營角度做股票獲利的目標管理，可長可久。

做股票不是賭博，是有技術、有方法、有策略、有紀律的一項長久的事業經營。

執行股票獲利目標管理必須注意的重點

選股條件： 以主流股、強勢股、開始發動的股票、快速上漲的股票、明日能續漲的股票為操作的標的。

集中火力： 以3～5檔股票為原則。

操作戰法：
(1) 用智慧K線戰法、快進快出策略，快速達到獲利目標。
(2) 採飆股戰法，條件符合、機會出現，立刻進場；出現虧損，立刻出場；達到獲利目標或出現出場條件，按紀律停利出場。
(3) 採取短線攻擊戰法，利用二條均線選股進出，可以中小波段操作，並且達到獲利目標。

其他要點：
(1) 以題材面、主流面加技術分析進場，完全以技術面操作，並且依據智慧K線戰法的紀律出場。
(2) 每月20個交易日，不在乎出手次數的多寡，而是以達到每月獲利4.25%為最低目標，以這個方式認真選股，專注操作，如果一個月只等到兩次好機會，要達成每次獲利2.2%的目標，實非難事。
(3) 要以長期穩定的態度經營股票操作。

每天2個買股票的黃金時段

股票市場雖然每天開市交易時間4.5小時，但是交易熱絡的時間是前後1個小時。

早上9點開盤，大盤指數在反應昨天收盤後的國際股市情形，或是發生的重大利多或利空消息，個股則在反應主力大戶今天的企圖或策略。10點以後，交易比較緩慢，大多是散戶在動作。

到了收盤前1小時，一些當沖的單開始找機會出場，布局明天的單開始進場，或者主力決定是否要調節的動作，交易開始頻繁，因此我們買股的黃金時間是：

1. 開盤 9:00～9:30，搶當日強勢上漲的多頭攻擊的股票。
2. 尾盤13:00～13:30，觀察尾盤拉升、次日會漲的強勢多頭股票。

6個進場的黃金機會

當我們看到強勢上漲的股票時，不能見紅就搶，比如是第3根的長紅K線，很容易引來獲利賣壓。在接近套牢壓力的位置，很容易遇壓折返修正。在空頭走勢中的突然大漲，也要小心切入。

以下6個位置是進場的黃金機會，一定要把握：

1. 打底完成「底底高」後，回測不破低點的上漲位置。
2. 多頭盤整完成的出大量突破位置。
3. 均線糾結後的放量上攻位置。
4. 強勢股回檔後強勢續攻的起漲點。
5. 創新高後，回測有撐的再上漲位置。
6. 末升段的噴出行情。

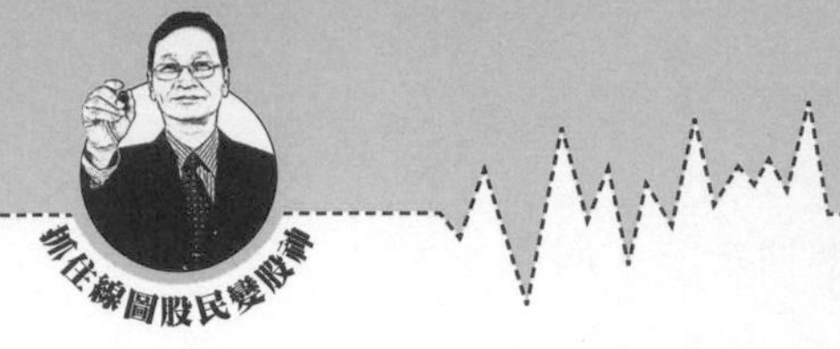

股票獲利目標管理的4個致勝關鍵

股票獲利目標管理的成功關鍵，在於選股能力要強及百分之百的執行力。以下並提供4個致勝關鍵：

1. 要達成目標→停利比停損重要

要達成獲利目標，一定要執行停利，否則獲利回跌，浪費一次獲利機會及操作的時間。

2. 獲利要有效率→短線比長線重要

短線能夠快速獲利，目標才易於達成，除非等到大波段的機會，否則要抓住每個能夠快速獲利的操作機會。當買進後是飆股走勢，利用飆股戰法操作；如果是強勢波段股，可以長線短做，無論如何都要以獲利為第一目標。

3. 注意時間成本→強勢比漲勢重要

由於股票獲利目標管理有時間上的限制，所以要選擇強勢股操作，一些緩慢牛步上漲的股票，一週半月上上下下漲不到5%的多頭股票，都要換成強勢股操作。

4. 紀律執行→執行與選股一樣重要

選到好股票，要實現獲利必須執行操作的紀律，例如選股條件的紀律、進場位置的紀律、停損的紀律、持股續抱的紀律、停利的紀律，每一步都要執行紀律，如此才能順利完成每一次的賺錢交易。

第10章 認清短線操作的優勢及必備條件

短線交易為交易策略的一種，一般包括當沖、隔日沖、2日到5日的交易。只要屬於短時間內完成進場出場的交易，都算是短線交易。無論是做長線波段，或是短線快進快出，只要方法正確，執行力百分之百，都能在股市中累積財富。

短線操作的6大優點

短線操作戰法尤其適合一般資金不大的投資人，利用短線交易是最佳快速累積資本的方法。在後面文章介紹短線操作戰法之前，本章先説明短線操作的特性及重要觀念。

以下為短線操作的6大優點：

1. 任何趨勢、任何大小波段都有交易機會賺錢

(1) 多頭時，賺上升波或乖離過大的回檔。

(2) 空頭時，賺下跌波或反彈波。

(3) 盤整時，賺高低差價。

(4) 以短線交易累積利潤的方式，績效往往比不長不短的操作更好。

2. 資金運用效率更高

資金效率是指在某一固定期間內的獲利率，也就是要加上時間成本的觀念。例如，甲股進場一個月時間獲利30%，乙股進場4個交易日獲利12%，以資金運用效率而言，乙股優於甲股。

3. 能夠快速累積交易經驗

股市進出，無論是投資期間的長短、交易知識及方法大體相同。換句話說，如果短線做不好，中長線一樣也不會做好，因此，頻繁的短線進出，反而能夠快速累積經驗。

對於初進股市的投資人而言，最缺乏的就是操作經驗，短線交易正好可以練習自己的「定法」是否正確，當知道如何進出獲利之後，要不要做中期或長期操作，只是個人的選擇而已。

4. 更容易控制風險

短線交易謀取短時間的利潤，當交易失敗時要立刻出場，因此交易風險反而控制在極小範圍。短期交易的進出點，不完全考慮公司的基本面，純粹以技術面為進出依據，反而交易紀律明確。

5. 最適合資金小的投資人快速累積第一桶金

資金只有20萬元、30萬元的投資人，可以操作小型飆股，買進的數量不多，可以快進快出，適合利用短線交易的戰法，集中火力，專注在快速獲利的強勢股票進出，快速累積人生第一個一百萬。

6. 短線機會多

經驗法則告訴我們，以下狀況都會造成短線股價的波動，對操作短線的人來說，都是值得注意的賺錢機會。

(1) 季報公布前，行情變動很大。

(2) 台指期貨及摩台指期貨結算時，股價波動明顯。

(3) 明顯的利多不漲或下跌，明顯的利空不跌或上漲。

(4) 美國股市的大跌，市場容易反應開低走高。美國股市大漲，市場容易反應開高走低。

(5) 一些季節題材，如節氣變盤說、寒暑假旺季的觀光股及遊戲股、年初的生技股、年底航運股旺、長假的消費性支出、選舉行情等等。

(6) 反應完突發性利空造成的恐慌下跌後的上漲，或是反應完突發性利多造成的急漲後的回跌。

大賺小賠是股市致富的不變道理，要會「停利」才能大賺，要會「停損」才能小賠，因此「停利」及「停損」是股市操作必修的功夫。

短線交易1次的成本計算

短線交易的次數比較頻繁，因此會造成交易成本的增加，以下舉例說明股票交易1次的成本計算方式。

以某股票為例：買進50元，賣出53元，買5張

1. 融資買進：成交金額：50元 × 5000股＝250,000元

買進手續費：50元 × 5000股 × 0.001425＝356.25元

應付券商款項：250,000元＋356.25元＝250,356元

2. 融券賣出：成交金額：53元 × 5000股＝265,000元

賣出手續費：53元 × 5000股 × 0.001425＝377.625元

交易稅：265,000元 × 0.003＝795元

融券手續費：265,000元 × 0.0008＝212元

投資人應收款項：265,000元－377元－795元－212＝263,616元

3. 獲利：263,616元－250356元＝13,260元

以上面股票為例：買進50元，賣出53元，買5張

簡便計算方式：一次當沖成本≒股價 × 1.007倍

成交金額：50元 × 5000股＝250,000元

買進成本 × **1.007**倍：50元 × 1.007＝50.35元

獲利：（53元－50.35元）×5000股＝13,250元

短操作的基本功

想要短線操作能夠成功，建議你要具有以下4項基本功：

1. 掌握國際及大盤的趨勢方向

順勢操作永遠是事半功倍，短線操作的人更要注重趨勢的方向，從大環境評估目前的股票處在何種市場氛圍中是很重要的。

2. 精通技術分析具備選股能力

短線操作不能光靠感覺去判斷，必須熟稔技術分析所反應的股市真實心理狀態。技術分析約有數十種，基本上只要學好波浪型態、K線、均線、成交量、KD指標、RSI指標，就足以應付短線操作。

3. 專注在1到3檔股票的操作，最多不能超過5檔

短線操作必須全神貫注，如果持股家數太多，往往無法面面俱到，一有風吹草動，將會手忙腳亂，而且過多的持股，會造成獲利及損失的互抵，降低獲利率。

4. 百分之百的操作執行力

短線操作的成敗即在於果斷的執行力，否則機會往往稍縱即逝，因此，膽要大，心要細。

第11章

獲利目標達成利器①：短線攻擊的二條均線戰法

短線攻擊的二條均線戰法，是以進場3～5天，每次獲利達到5～10%為目標，是一年賺1倍的必要操作方法。

二條均線戰法的重點說明

二條均線戰法是我個人達成每年獲利1倍的操作方法，在此分享給股友同好做參考，希望對大家的操作有幫助。

戰法優點：

1. 簡單清楚，容易執行。
2. 短線快速獲利，停利明確精準。
3. 需要看盤，若修正部分出場規則，也可不看盤。
4. 適合300萬元以下資金操作。
5. 固定操作模式。
6. 解決看對行情抱不住、賺不到、漲高不敢買的狀況。

基本功力：

熟練技術分析的「四大金剛」，執行能力要100%。

操作目標：

每月獲利8.4%，全年獲利1倍。

重點說明：

1. 以波浪型態為最優先考量，波形為空頭，不考慮做多；波形為多頭，不考慮做空。符合特殊條件時，可搶空頭急跌的反彈，但是不做多頭的回檔放空。
2. 採用10日均線及24日均線這兩條均線操作。
3. 二條均線戰法是以短線獲利為目標，選股以強勢攻擊股票為主，進出點配合波浪型態、K線型態、均線方向、飆股特性及價量關係的綜合使用。

二條均線戰法在多頭趨勢下的操作定法

當盤勢出現由空轉多的低檔反轉現象，想要短線致勝，採取二條均線戰法，就要進一步觀察是否有出現下列現象：

1. 反轉型態至少要出現「底底高」。
2. 10日均線與24日均線同時向上，或是10日均線向上，即將與24日均線形成黃金交叉，股價站上10日均線，買進，成交量要配合放大。
3. 同時看第1個壓力位置是否形成上升的嚴重阻礙，以及距離進場位置的遠近，以評估可能獲利幅度。
4. 進場後，停損守10日均線或24日均線中離股價最近的一條均線。
5. 開始上漲，守10日均線，當獲利超過10%以上，依K線出場訊號出場，或急漲後跌破上升急切線出場。
6. 出現飆升情形，改以飆股戰法操作。

二條均線戰法在多頭趨勢下的操作紀律

採取二條均線戰法時，在多頭行進間也要注意以下的操作紀律：

1. 當24日均線方向維持向上，持續做多。
2. 當10日均線、24日均線同時向上呈多頭排列，股價在上方，依波浪型態回檔後上漲再買進，或盤整突破上頸線後再買進，持續做多。
3. 股價收盤跌破10日均線一定要先出場。10日均線持續上揚，股價收盤站上10日均線，再進場買進。
4. 途中獲利超過10%以上，依K線出場訊號出場，遇到「頭不過前頭高」時，出場避險。
5. 當股價回檔到24日均線有支撐，再上漲時買進。回檔跌破24日均線，如24日均線仍向上，要等到股價再站上24日均線時再買進。
6. 不追第3根長紅K線，持股上漲到第3根長紅K線，觀察出場訊號，準備獲利出場。
7. 當10日均線開始走平或10日均線下彎，K線出現該攻不攻時，要立刻出場，避免短期回檔的風險。
8. 當波形進入盤整，退出，直到方向明確時再操作。

二條均線戰法在空頭趨勢下的操作定法

當盤勢出現由多轉空的高檔反轉位置，想要採取二條均線戰法，短線致勝，就要進一步觀察是否有出現下列現象：

1. 反轉型態至少出現「頭頭低」（峰峰低）。
2. 當10日均線與24日均線同時向下，或是10日均線向下即將與24日均線形成死亡交叉，當股價跌破10日均線，做空，成交量不一定放大，如果成交量放大更好。
3. 同時看第1個支撐位置是否形成下跌的重要支撐，以及距離放空位置的遠近，以評估可能獲利幅度。
4. 進場後，停損守10日均線或24日均線中離股價最近的一條均線。
5. 開始下跌，守10日均線，當獲利超過10%以上，依K線出場訊號出場，或急跌後突破下降急切線回補。
6. 出現急跌情形，改以K線智慧戰法操作。

二條均線戰法在空頭趨勢下的操作紀律

採取二條均線戰法時，在空頭行進中也要注意以下的操作紀律：

1. 24日均線方向維持向下，持續做空。
2. 10日均線、24日均線同時向下呈空頭排列，股價在下方，依波浪型態反彈後再下跌時做空，或盤整跌破下頸線位置，持續做空。
3. 股價收盤突破10日均線一定要先回補。10日均線持續下彎，股價收盤跌破10日均線，再進場做空。

4. 途中獲利超過10%以上，以K線出場訊號出場，遇到「底不破前底」時，要出場避險。
5. 股價反彈到24日均線遇壓力不過，再下跌時做空。反彈突破24日均線，24日均線仍向下彎，股價再跌破24日均線時，做空。
6. 不追第3根長黑K線，手中空單如出現下跌到第3根長黑K線情況，觀察出場訊號，準備獲利出場。
7. 當10日均線開始走平或10日均線開始上揚，K線出現「該跌不跌」時，要立刻出場，避免短期反彈的風險。
8. 當波形進入盤整，退出觀望，直到方向明確時再操作。
9. 波形出現「底底高」時，要結束空頭做空的想法。

操作二條均線戰法的重點提醒

操作二條均線戰法，有以下4個選股時機：

1. 收盤看每日強勢股。
2. 盤中看強勢股訊息。
3. 收盤前找明日攻擊強勢股。
4. 開盤前以市價買進強勢股。

不過，如遇到盤整期，則要注意以下2點：

1. 一般盤整期不操作。
2. 出現大箱形盤整，獲利有10%以上空間，均線符合方向時，在箱形高低點的位置，配合急切線操作。

遇到跌深反彈走勢時，這時如要逆勢做多，必須符合以下3種條件：

1. 股價急跌，與24日均線乖離率達15%以上，K線出現止跌訊號，並且出量往上的單腳反彈過前一日最高點時，要搶反彈做多。
2. 嚴格執行停損，以進場當日K線的1/2價為停損點。
3. 上漲出現黑K線，立刻出場。獲利10%以上，一旦K線出現出場訊號，或跌破上升急切線時，立刻出場。

最後提醒讀者，在操作二條均線戰法時，也要嚴守以下3條紀律：

1. 凡是10日均線與24日均線同時往下，股價在均線下方時不做多，即使反彈到上方也不做。
2. 當兩條均線上下穿梭或糾結時要小心應對，最好不做。
3. 股價位於高檔（走第3波）時，10日均線走平或下彎，要小心行情可能的結束。

股市中強者恆強，弱者恆弱。
股市要賺錢，永遠要買強勢股，汰換弱勢股。

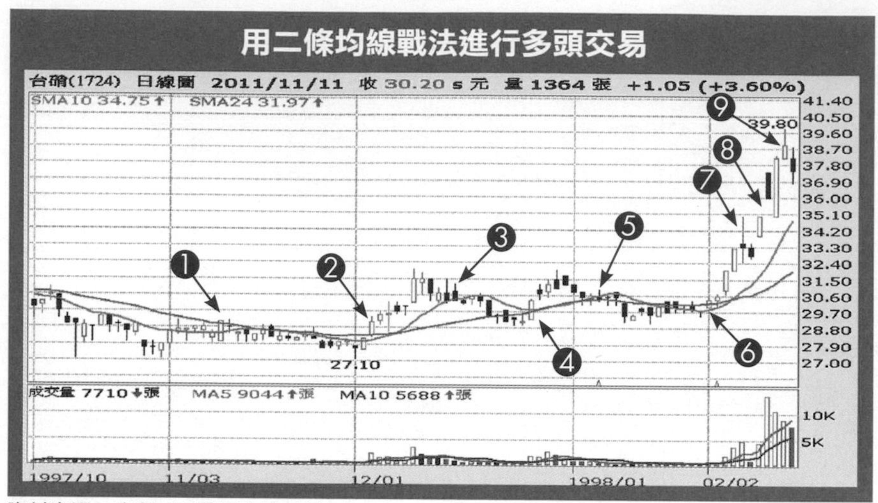

資料來源：富邦e01電子交易系統

▲上圖說明：

❶ 1997年11月10日，台硝股價上月線，但是月線往下，不進場。

❷ 1997年12月3日，台硝股價再站上月線，月線往上，在收盤價29.1元買進。

❸ 1997年12月9日，股價跌破10日均線，在30.2元賣出。

❹ 1997年12月26日，股價再站上月線，月線往上，在收盤價30.3元買進。

❺ 1998年1月7日，股價跌破10日均線，在30.4元賣出。

❻ 1998年2月2日，股價再站上月線，月線往上，在收盤價30.4元買進。

❼ 1998年2月6日，股價連漲3紅，高檔出量，出現長上下影線的紡錘線，在收盤價33.3元賣出。

❽ 1998年2月9日，股價暴大量跳空上漲拉出長紅K線，在收盤價35元買進。

❾ 1998年2月12日，股價高檔價量背離，出現長上影線，次日開低，在38.2元出場。

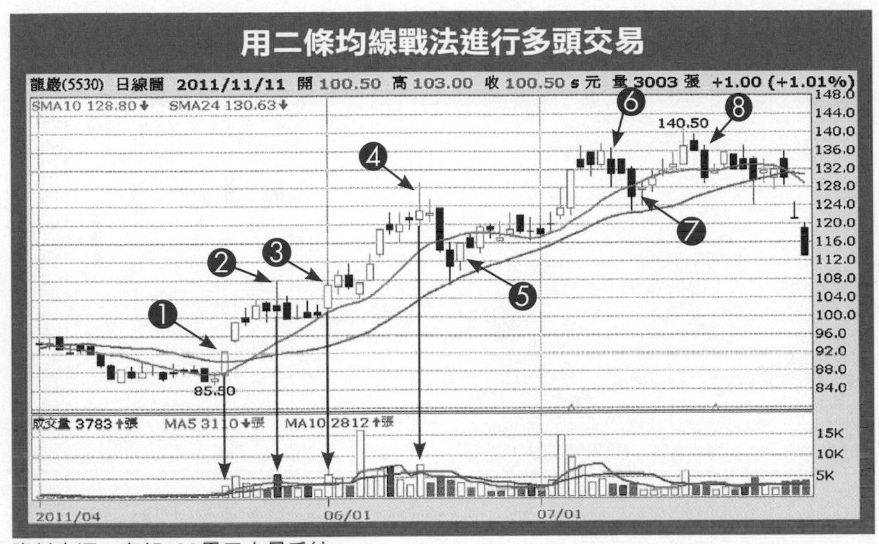

資料來源：富邦e01電子交易系統

▲上圖說明：

❶ 2011年5月18日，龍巖股價在低檔盤整有量突破，收盤站上24日均線，在92元買進。

❷ 2011年5月25日，K線出現出場訊號，獲利超過10%，在105元出場。

❸ 2011年6月1日，盤整有量突破，在106.5元買進。

❹ 2011年6月15日，K線出現出場訊號，獲利超過10%，在125元出場。

❺ 2011年6月21日，24日均線有撐，回後買上漲，在116元買進。

❻ 2011年7月12日，K線出現出場訊號，獲利超過10%，在131元出場。

❼ 2011年7月15日，24日均線有撐，回後買上漲，在128元買進。

❽ 2011年7月26日，高檔跌破10日均線，價量背離，在132元出場。

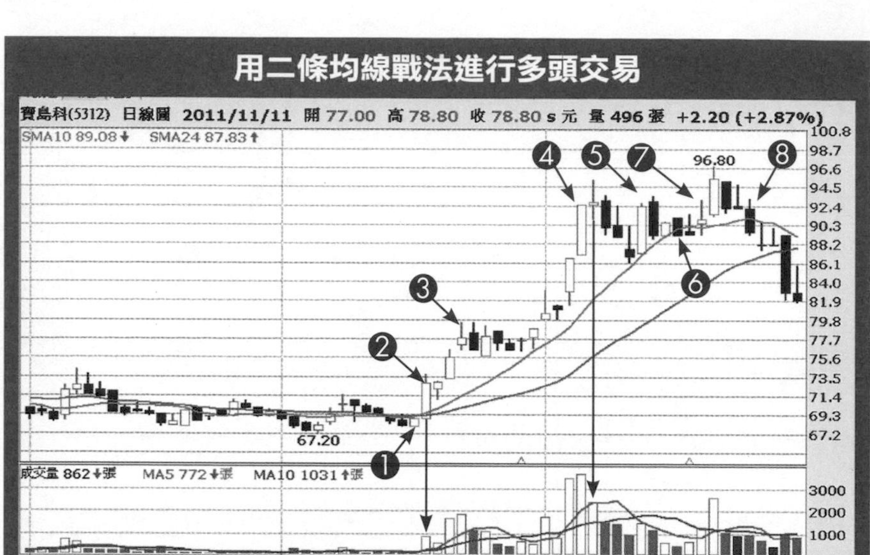

資料來源：富邦e01電子交易系統

▲上圖說明：

❶ 2010年1月16日，寶島科的波浪型態盤整出現「底底高」的現象。

❷ 2010年11月17日，盤整有量突破，站上10日均線及24日均線，在72元買進。

❸ 2010年11月22日至11月30日，獲利不到10%，守10日均線。

❹ 2010年12月7日，高檔K線出現出場訊號，獲利超過10%，在92.5元出場。

❺ 2010年12月13日，10日均線有撐，回後買上漲，在92.4元買進。

❻ 2010年12月16日，跌破10日均線，在89.2元出場。

❼ 2010年12月20日，有量站上10日均線，在91元買進。

❽ 2010年12月24日，高檔跌破10日均線，在90元出場。

結算：操作1個月3天，進出3趟，獲利16.3元，獲利率22.6%。

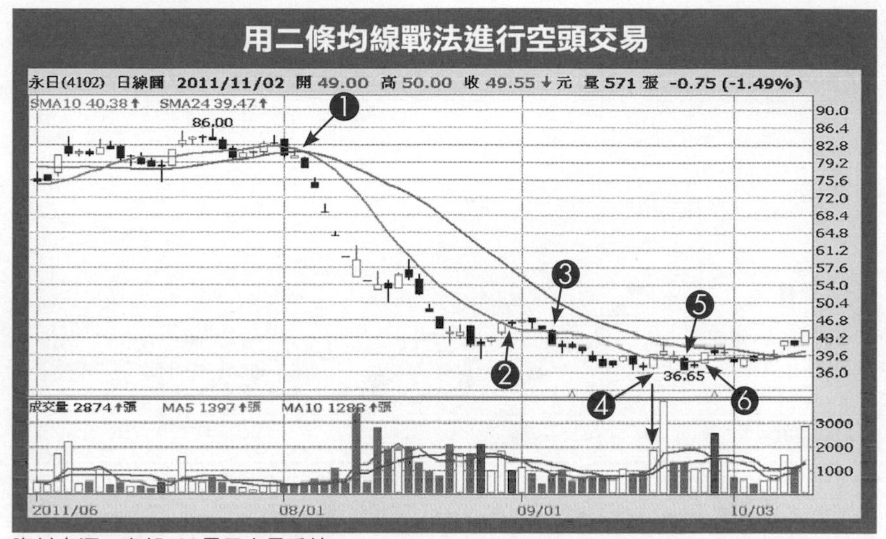

資料來源：富邦e01電子交易系統

▲上圖說明：

❶ 2011年8月2日，永日的波浪型態盤整出現「頭頭低」，10日均線下彎，收盤股價跌破10日及24日兩條均線，在80.5元放空，停損點守24日均價81.4元。

❷ 2011年8月31日，收盤股價突破10日均線，在46.15元回補。

❸ 2011年9月6日，收盤股價跌破10日均線，兩條均線向下，在41.85元繼續放空。

❹ 2011年9月21日，收盤股價突破10日均線，在39.8元回補，出現大量紅K線，注意是否止跌。

❺ 2011年9月26日，收盤股價跌破10日均線，兩條均線向下，在36.5元繼續放空。

❻ 2011年9月28日，收盤股價突破10日均線，在40.1元回補，10日均線上揚，進入盤整，結束操作。

結算：操作2個月，進出3趟，獲利32.95元，獲利率40.9%。

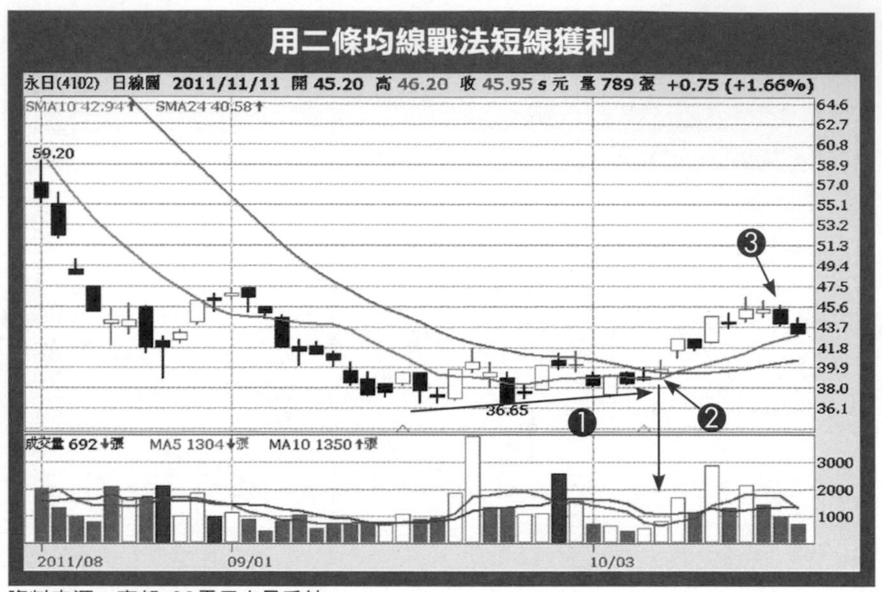

資料來源：富邦e01電子交易系統

▲上圖說明：

❶ 股價跌深，低檔盤整，出現「底底高」。

❷ 2011年10月7日，收盤站上10日均線及24日均線，在39.8元買進。

❸ 2011年10月19日，K線跌破前一日最低點，獲利估計有10%，在44.5元出場。

結算：操作8個交易日，進出1趟，獲利4.7元，獲利率10.6%。

補充說明：2011年10月，正逢歐債危機最嚴重的時刻，台股大盤處於跌勢的短線反彈，利用短線攻擊戰法，保持獲利。

第12章 獲利目標達成利器②：短期賺高報酬的飆股戰法

飆股人人愛，可是沒有一套方法是不容易操作的，不但技術分析功力要超強，還要具備過人的膽識，當機立斷的執行力更是操作飆股的必備條件。想要嘗試快速賺錢快感的讀者，除了仔細閱讀以下的飆股戰法外，個人情緒的掌控要更穩定。

構成飆股的要件

飆股是指起漲時快速發動，經常在開盤後半小時內就漲停板，讓人措手不及上車，以後數日連續上漲，短時間獲利驚人，行進中有時停留一或兩天，又繼續飆漲。

構成飆股的要件如下：

1. 股性活潑，曾經飆漲過，股本不大，為中小型股。
2. 新產業、新技術、獨占性、轉機題材股。
3. 法人持股不多，資券同步增加。
4. 大盤處於多頭時出現飆股的機會較多，大盤在多頭處於盤整盤時也會出現飆股。

同時，飆股也須具備以下8種圖形條件：

1. 經過長期盤整（2～3個月以上）。
2. 底部漸漸高的型態。
3. 盤整期出現草叢吸貨量。
4. 突破頸線，帶量發動。
5. 發動前，短中長期均線糾結。
6. 發動時，力道夠強，量價均佳，短期上檔無壓。
7. 每日瀏覽強勢股，歸納出主流股，搜尋符合潛在飆股要件的標的商品，置入個人鎖股的資料，鎖股，等待發動時機。
8. 盤中即時選股，出現符合飆股條件的標的，立刻行動。

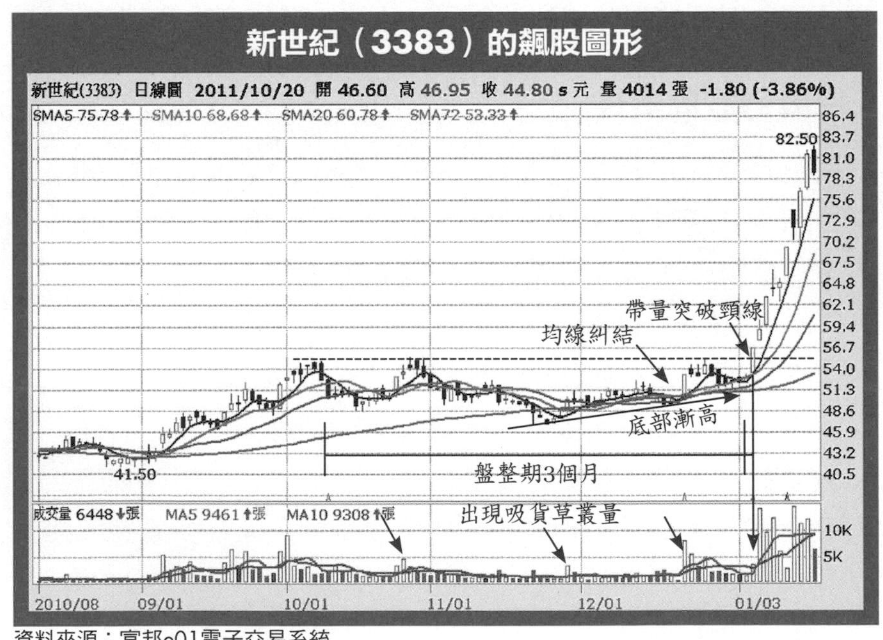

新世紀（3383）的飆股圖形

資料來源：富邦e01電子交易系統

抓住飆股才能輕鬆賺

想要學到短期賺高報酬的飆股戰法精髓，你要先認識飆股戰法，說明如下：

戰法優點：

1. 選股標的明確。
2. 快速進出、低風險。
3. 短期達到高獲利。
4. 不考慮基本面、消息面，以技術面進出。
5. 適合100～200萬元資金操作。
6. 需要盯盤操作。

基本功力：

1. 快速精準的選股能力：精通熟練的技術分析功力，熟悉飆股的特性及技術型態，掌握主流類股。
2. 盤中變化的解讀力：包括近日大盤方向、當日大盤可能變化、盤中各項數據變化的判斷。
3. 當機立斷的執行力：要具備買進時「敢不敢」，賣出時「狠不狠」的執行力，一切均以技術面操作。
4. 操作飆股不要想買在最低點、賣在最高點。
5. 要大膽違反人性，以技術面操作，遵循紀律規則。

操作目標：

機會確認時，短時間獲利50%，甚至倍數以上。

交易條件：

1. 以波浪型態最優先考量，順勢做多交易為主。不做逆勢單。
2. 採用日線選股進場，看日線出場。

3. 飆股戰法以用在中小型股為原則，並不適合大型股。

操作飆股的13項教戰守則

飆股操作的重要前提是大環境要處在大多頭趨勢，也就是説國際行情穩定，且台股大盤趨勢確認為多頭行情的情況下。以下提供操作飆股的13項教戰守則：

1. 以個人資料庫鎖股及當日盤中即時出現的強勢股為標的。
2. 以開盤後在9:00～9:10內強勢拉向漲停的個股為第一優先追進的強勢標的。當出現這種個股時，要立刻打開走勢圖，在10秒內做下列圖形研判：
   (1) 看波浪型態，是否為多頭起漲點？是否有飆股型態？是否有上漲空間？
   (2) 看價量結構，是否價漲量增？
   (3) 看均線排列狀況，是否符合上攻的多頭排列？
   (4) 如果這檔個股的圖形很好，或者原本就是自己已經鎖定的股票，當機立斷，勇敢的立刻買進。
3. 在9:30前奔向漲停的股票，為第二強勢股。如果這檔個股的圖形符合飆股條件，可以買進。
4. 在9:30到10:00間，盤中慢慢漲停的股票列為一般觀察名單，可能是走多頭的股票，但是不一定是會飆的股票。
5. 在10:00至12:00中間時段勿隨便就追高，強勢股票的主力早在10:00前就已完成今天的策略動作，而10:00至12:00時段大多是散戶在交易，或者是主力為配合期貨多空而在現貨進出，這段時間除非手中持股出現紀律出場的狀況，才要處理，否則不要隨便做動作。

6. 在12:00至13:30期間，要觀察是否有尾盤強勢往上拉向漲停的股票，這是明日會續強上漲的股票，檢查線形後買進。
7. 當日個股出現大量長紅K棒突破盤整區、均線糾結區、下降切線、反轉的「底底高」的第2支或第3支腳成立時的強勢發動位置，當股價往上時，立刻追進。
8. 當日追進的股票，走勢不如預期時，可採取當日券出。因此要先開好信用帳戶，當日才能做券出。
9. 持股次日開盤，漲幅在3.5%以上續抱；如果漲幅在3.5%以下，在回跌接近平盤時出場。
10. 持股次日漲停，當漲停打開，回跌到漲幅剩5%時，出脫停利。
11. 先前高點賣出的股票，當股價殺低出現買點時，可再買進。
12. 股價已上漲一段，在前一日收黑K線時賣出。如當日再發動往上，拉出長紅K線過前一日最高點時，再進場繼續操作。
13. 漲停鎖住的股票不可賣，要賣弱勢股，抽出資金，換買強勢股。

操作飆股的5大心法

1. 膽大心細，飆股發動前後經常會有洗盤的動作，仔細觀察前後價量的關係。參考第293頁振維（3520）圖例。
2. 操作飆股也可以長線短做，用長線保護短線，同樣能夠賺到整個波段。
3. 飆股戰法著眼股市「強者恆強」的慣性，以追強勢股為操作

的主軸，進出快速，追求短期獲得高利潤，因此需要專注及高超的操盤技巧及心法。總之，進場不對，在小賠時就要立刻出場。抓對飆股獲利既快又大，是獲利效率最高的方法。

4. 做飆股不看基本面，飆股為主力資金及籌碼的作戰，速戰速決，短時間漲幅驚人。要享受這種快速賺錢的滋味，除了技術分析要精通之外，更要具備當機立斷的執行力。
5. 操作飆股要集中精神注意盤中變化，要具備百分之百的執行力，操作飆股，當股價轉弱（不一定是賠錢）時就立刻出場，所以風險反而較小。

操作飆股的4大致勝祕訣

1. 要具備紮實技術分析能力，熟練飆股型態，每日檢視強勢股。
2. 要具備「敢不敢」、「狠不狠」的執行力，當符合飆股條件時，勇敢介入，並以個人飆股操作守則執行出場紀律。
3. 操作飆股基本面勿放心上，一切以技術圖形走勢及進出場守則為準。
4. 以飆股特性操作，看清洗盤、續勢等手法，賺到最高點。

操作飆股第一守則，完全依技術面操作。

振維（3520）的飆股圖形

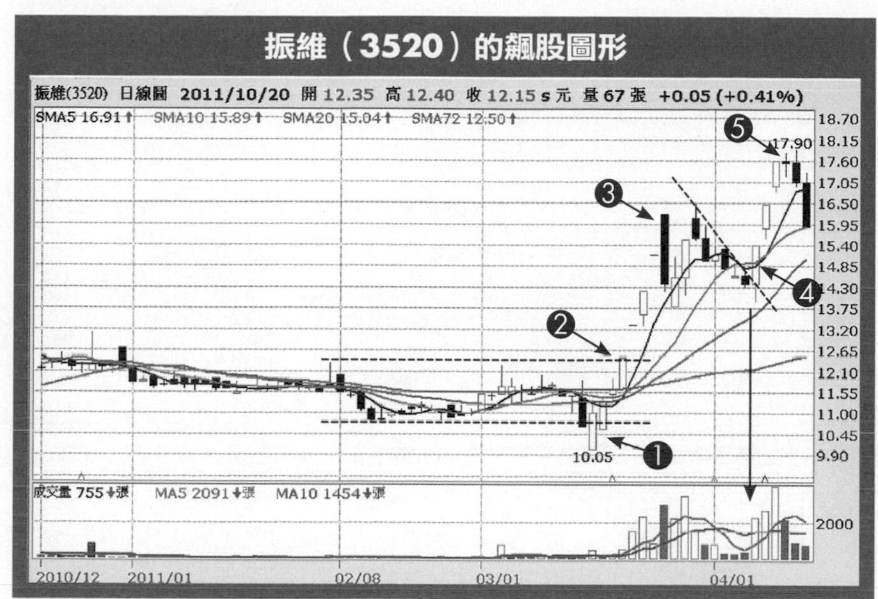

資料來源：富邦e01電子交易系統

▲上圖說明：

❶ 振維（3520）股價在底部盤整1個半月，發動前有洗盤的動作，先跌破盤整下頸線，再往上飆漲。

❷ 2011年3月21日，拉出長紅K線突破盤整區，股價站上均線，在12.45元買進。

❸ 2011年3月25日，開盤漲停，隨後股價往下跌，回跌到漲幅剩5%時，以15.9元賣出。

❹ 2011年4月11日，暴大量拉出長紅K線突破下降急切線，在15.4元買進。

❺ 2011年4月14日，開平盤下跌，立刻以17.5元賣出。

總結：17個交易日，交易2次，獲利5.55元，獲利率44.5%

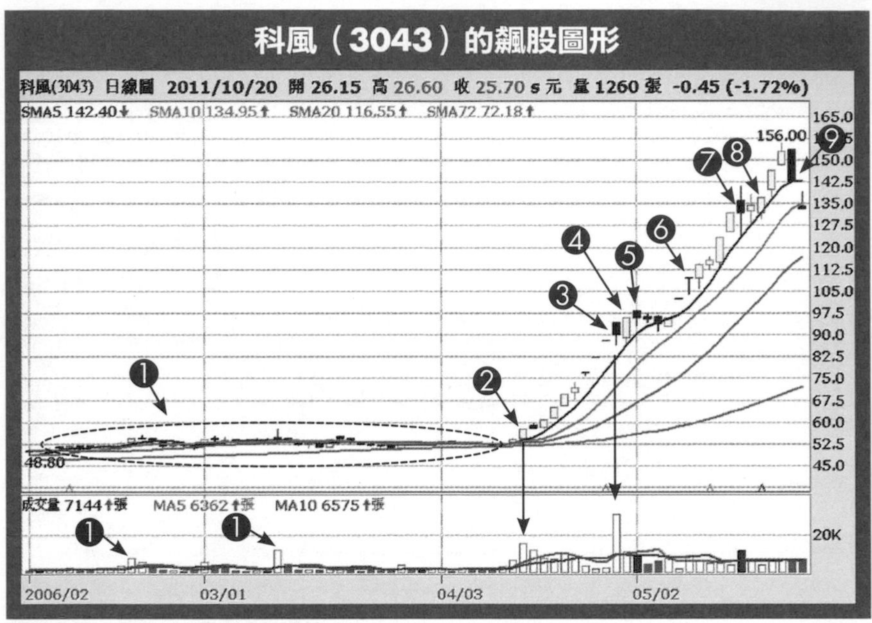

科風（3043）的飆股圖形

資料來源：富邦e01電子交易系統

▲上圖說明：

❶ 科風（3043）股價在底部盤整2個半月，出現的吸貨草叢量現象。

❷ 2006年4月14日，暴大量拉出紅K線突破盤整區，在57.7元買進。

❸ 2006年4月27日開盤漲停，盤中漲停打開，回跌到漲幅剩5%時，以92.5元賣出。

❹ 2006年4月28日，拉出紅K線過前一日最高點，以96元買進。

❺ 2006年5月2日，開高跌回平盤，以96元賣出。

❻ 2006年5月9日，拉升至接近漲停，以109元買進。

❼ 2006年5月16日，開高跌回昨日平盤，在132元賣出。

❽ 2006年5月19日，開高走高，以146.5元買進。

❾ 2006年5月23日，開平下跌，在153元賣出。

總結：27個交易日，交易4次，獲利65.1元，獲利率112%。

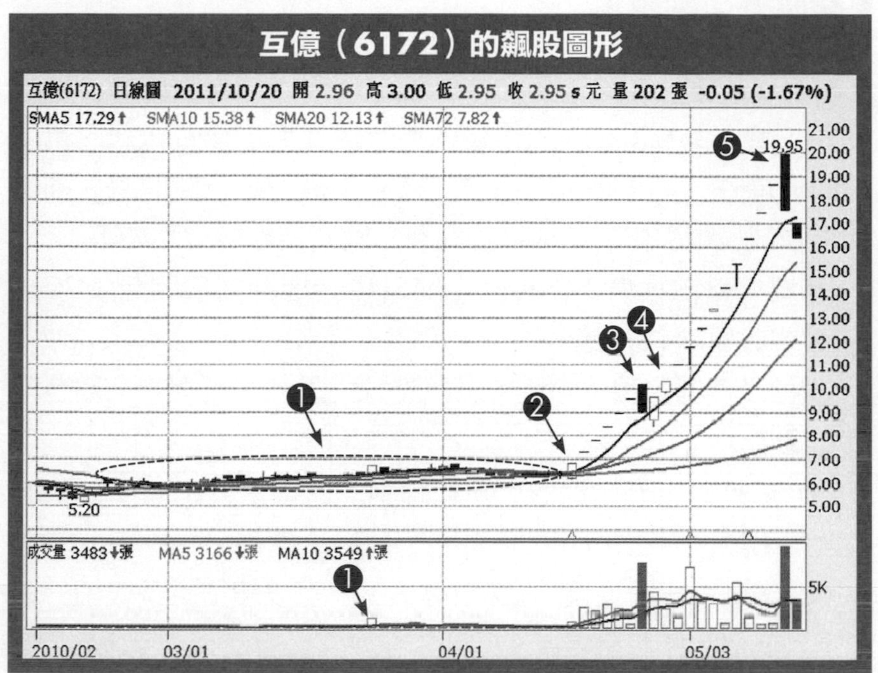

資料來源：富邦e01電子交易系統

▲上圖說明：

❶ 互億（6172）股價在底部盤整2個半月，出現吸貨草叢量。

❷ 2010年4月19日，拉出紅K線突破盤整區，以6.84元買進。

❸ 2010年4月27日，打開漲停，回跌到漲幅剩5%時，以10元賣出。

❹ 2010年4月29日，拉出紅K線，過前一日的最高點，以10.3元買進。

❺ 2010年5月13日，開高回跌到漲幅剩5%時，以19.5元賣出。

總結：19個交易日，交易2次，獲利12.36元，獲利率180%。

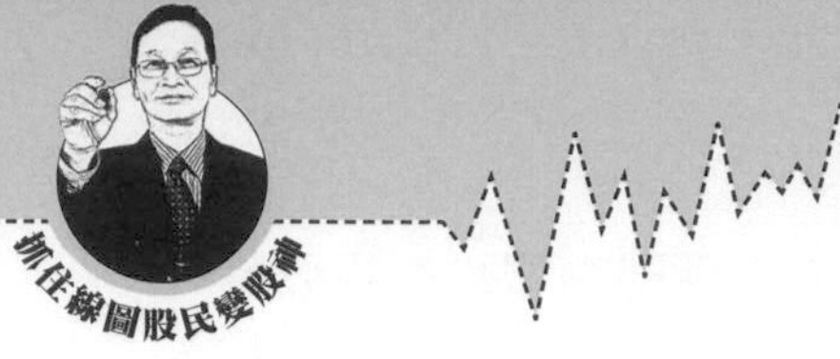

飆股戰法調整術

飆股人人愛，但是如果不是專業操盤的人，受限於個人環境條件，無法全程盯盤，或是個人操作習性無法符合快速、果斷進出的條件，則可在飆股戰法的精神架構下做一些調整，同樣能夠在飆股飆漲中獲取很好的利潤。戰術調整的重點如下：

1. **進場：**盤前準備工作相同，進出場時機為當日開盤後30分鐘或收盤前10分鐘。
2. **續抱及停利出場：**除可參考飆股方式之外，可調整下列各種訊號出場。
   (1) 未跌破上升趨勢線，可以續抱；跌破上升趨勢線，停利出場。
   (2) 未破前一日低價（K線順勢法），可以續抱；跌破前一日低價，停利出場。
   (3) 未跌破3日均線，可以續抱；跌破3日均線，停利出場。
   (4) 未出現黑K線，持股可以續抱；出現黑K線下跌走勢，停利出場。
   (5) 成交量研判重點：
      - 無量飆漲，可以續抱。
      - 量稍放大，價仍穩，可以續抱。
      - 量放大，價大幅震盪，可以先出一半。
      - 量大增，價仍收漲，保守者先出場，或再看次日走勢而定。
      - 量大增，開高走低，出現黑K線，代表高點已到，迅速賣出。

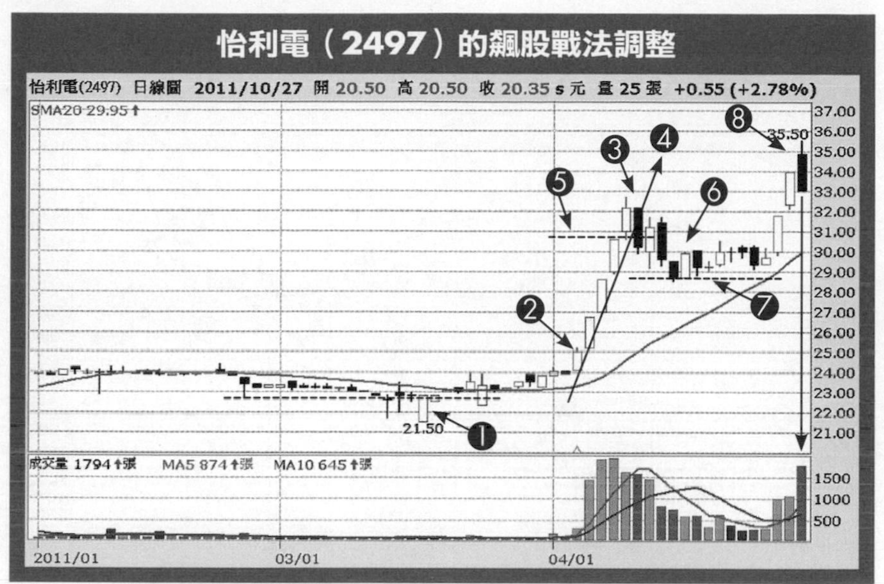

資料來源：富邦e01電子交易系統

▲上圖說明：

❶ 怡利電（2497）股價在底部盤整3個月，發動前有洗盤的動作，先跌破盤整下頸線，再往上飆漲。

❷ 2011年4月7日，拉出長紅K線突破盤整區，股價站上20日均線，買進。

❸ 2011年4月14日開平盤，隨後股價往下跌，以飆股停利紀律立刻出場。以飆股戰法調整跌破上升急切線❹出場，或跌破昨日K線最低點❺出場。

❻ 2011年4月20日，拉出紅K線突破昨日K線最高點，回跌後上漲買進；停損守波段低點❼，買進。

❽ 2011年5月5日開高走低，出大量，以飆股停利紀律，回跌接近平盤時賣出。以飆股戰法調整停利，看到黑K線，出場。

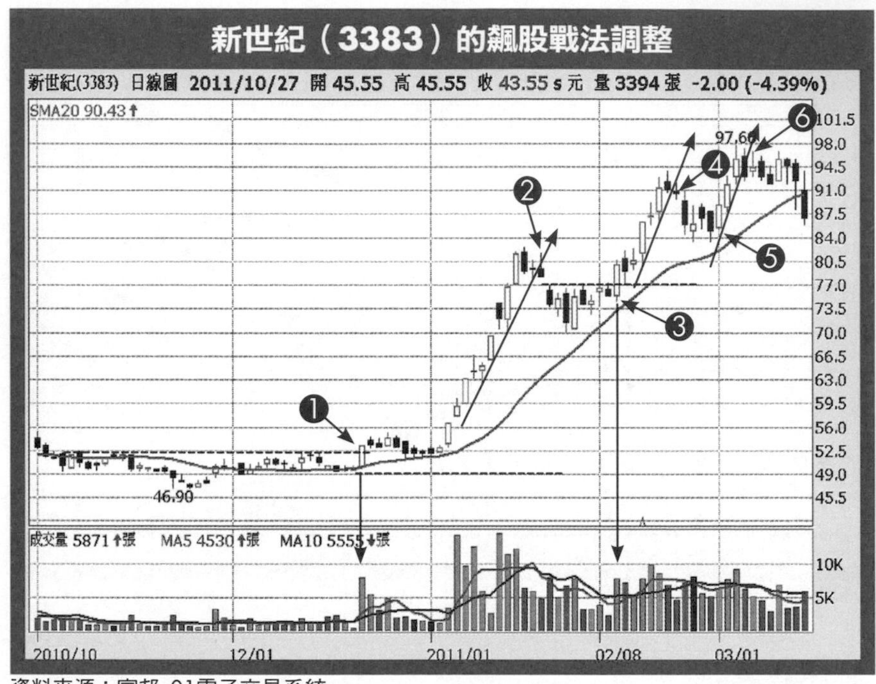

資料來源：富邦e01電子交易系統

▲上圖說明：

❶ 新世紀（3383）股價在底部盤整3個月，拉出大量長紅K線突破盤整上頸線，買進。停損點設在進場當天K線的最低點。

❷ 以飆股戰法調整，跌破上升急切線出場。

❸ 暴大量拉出長紅K線突破盤整上頸線，買進。

❹ 以飆股戰法調整，跌破上升急切線，出場。

❺ 回跌後，紅K線上漲突破昨日最高點，買進。

❻ 以飆股戰法調整，跌破上升急切線，出場。

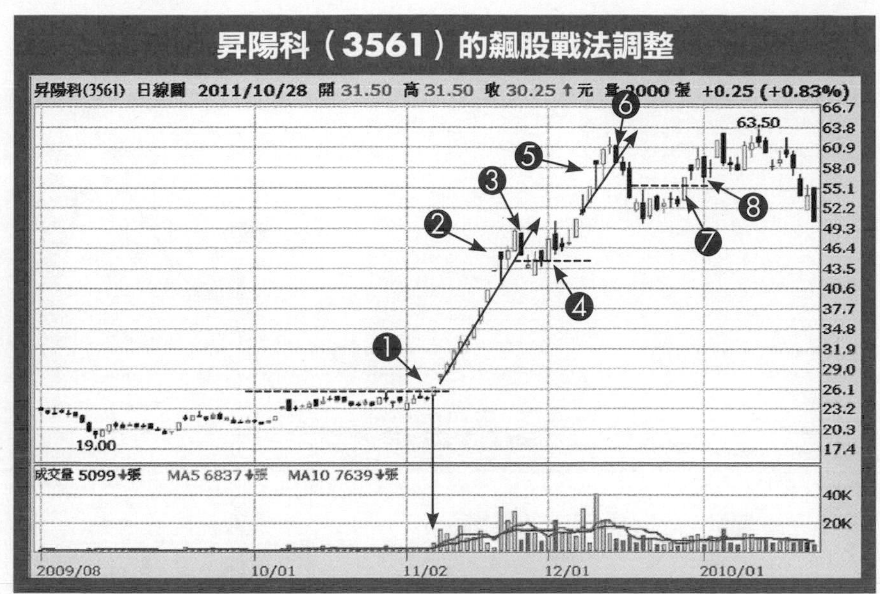

資料來源：富邦e01電子交易系統

▲上圖說明：

❶ 昇陽科（3561）股價在底部盤整3個月，呈現「底底高」走勢，拉出紅K線突破盤整，買進。

❷ 以飆股戰法在此處賣出。

❸ 用飆股戰法調整術操作，跌破上升切線，黑K線也跌破前一日最低點，賣出。

❹ 回檔後，出現紅K線突破前一日最高點，買進。

❺ 以飆股戰法在此處賣出。

❻ 用飆股戰法調整術操作，跌破上升切線，黑K線也跌破前一日最低點，賣出。

❼ 拉出紅K線突破盤整，買進。

❽ 跌破上升切線，黑K線也跌破前一日最低點，賣出。

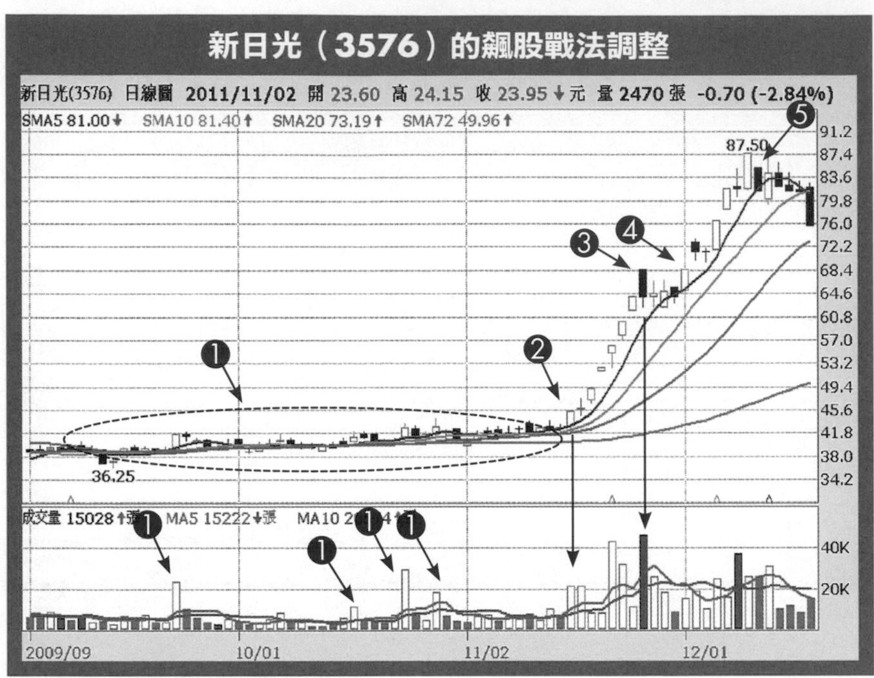

資料來源：富邦e01電子交易系統

▲上圖說明：

❶ 新日光（3576）股價在底部盤整2個半月，多次出現吸貨草叢量。

❷ 2009年11月16日，出大量紅K線突破盤整區，以45.5元買進。

❸ 2009年11月25日，開高走低，暴大量收長黑，以收盤價64.2元賣出。

❹ 2009年12月1日，拉出紅K線過前一日最高點，以68.6元買進。未破前一日最低點，續抱。

❺ 2009年12月10日，跌破前一日最低點，收盤前以81.4元賣出。

總結：20個交易日，交易2次，獲利31.5元，獲利率69.2%

第13章 財神就在眼前 聰明的續勢戰法

依據波浪理論及主力操盤慣用手法，90%的飆股不會只飆漲初升段一波就結束，往往在拉回洗盤修正之後，還有很大的續飆機會。因此，在飆股拉回時，要密切注意再次出現續飆的時機，這就是飆股第2波、第3波進場時機，專心鎖定此類飆股，抓住機會，既輕鬆又好操作。

續勢戰法 抓住強勢飆股的主升段及末升段

這種續勢操作戰法，不需要具備基本分析或是太多的技術分析條件，實際操作時，更不需要自己千辛萬苦的去追逐消息，找會漲的飆股。整套方法就是跟隨初升段已經表態的強勢飆股，繼續做後面的主升段、末升段。

當然，股票多頭能夠持續上攻，先決條件就是大盤要處於大多頭格局，這時當盤面上飆股輩出，這種飆股盤面上已經自己飆出來，所以不需自己去先知先覺。

因為，依據艾略特（Ralph Nelson Elliott）的「波浪理論」，多頭市場走勢會走3段上升，也就是一般所謂的「初升段」、

「主升段」、「末升段」，在每兩段的中間，是下跌回檔的修正，此時正好是我們做好準備、守株待兔的時機。

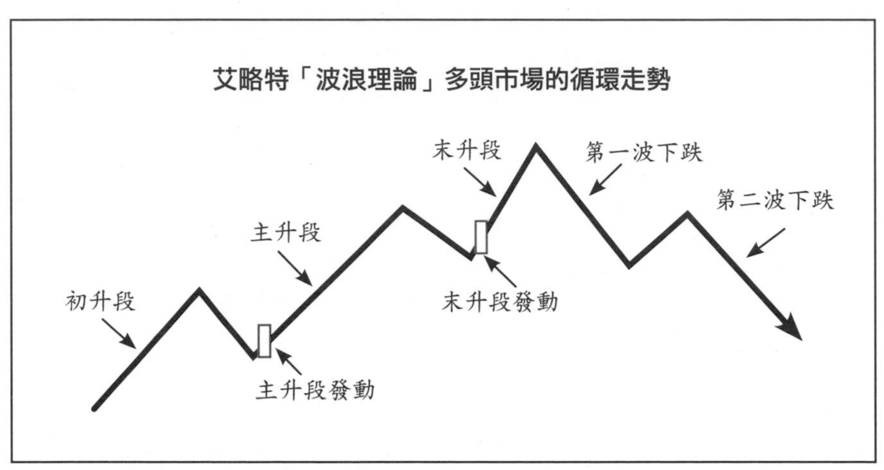

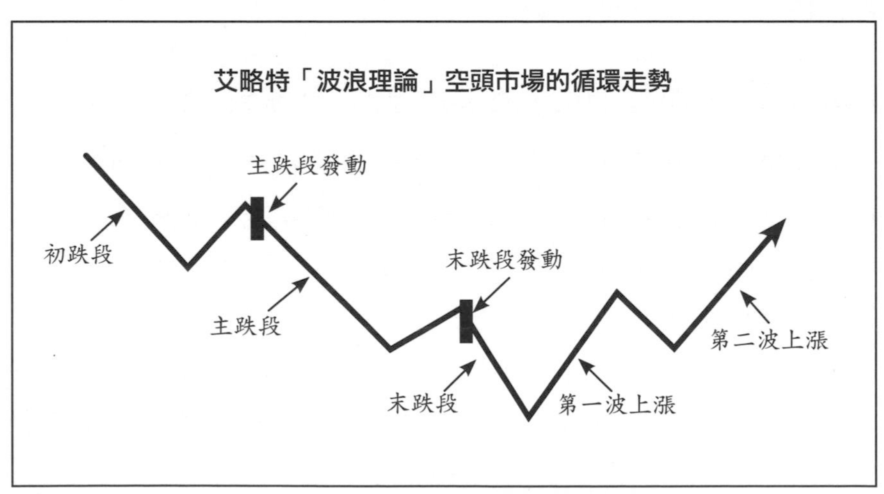

想要提高續勢勝算應注意的重點

想要續勢操作飆股，介入的時間點分為以下2種情況：

1. **強勢續漲**：盤中快速拉上漲停，或是跳空漲停。
2. **弱勢續漲**：股價回檔後，再突破前高後往上續漲。

雖然續勢戰法是一種勝算機率相當高的操作，但是簡單不代表容易，越是簡單的東西往往越需要克服人性先天上的弱點。由於飆股初升段發動得又快又急，股價一下子就拉高不少，稍做拉回之後再度上漲時股價太高，大多數人都不敢買進。

因此，一旦符合飆股連續強勢上漲的條件時，在第2段發動的第一時間，就要以市價搶進，不可猶豫，必須要有果斷的執行力。如果是一般強勢多頭續漲的股票，適合在接近收盤，確認為續漲的型態時，才以市價進場買進。

這套操作戰法的風險控制，可以參考前面「飆股戰法」及「飆股戰法調整術」的停損及停利守則。

續漲，有時不是一次就順利成功，在實際案例中，也會出現沒有如期飆漲，反而拉回的情況。因此，要依紀律執行停損，可是停損出場之後，一旦再度出現續勢飆漲的訊號機會時，要繼續嘗試，不可放棄，否則經常會漏失一次賺大錢的機會。

遇到空頭趨勢時也是一樣，掌握主跌段及末跌段的起跌機會，續勢做空。

續勢戰法的重點說明

每次上課時一講到飆股，最能引起同學的興趣，因為飆股人人愛。記得有一次說明一檔剛開始起飆的股票，連續上漲3支漲停板，同學個個都說：「那麼高價了，怎麼追？」我叫他們每天都盯著它看，總有一天會休息回檔，當回檔休息1或2天，再次發動攻擊時後就要立刻上車。

到了下一星期上課時，追問他們有賺到第2段的3支漲停板嗎？結果整個教室中60位同學，只有3位有去搶到該檔飆股回檔後的再飆行情，其中2位學生只賺到一根漲停板就賣了，另一個學生賺到2根漲停板。

想要賺到飆股的錢，你一定要了解續勢戰法的精髓，說明如下：

戰法優點：

1. 規則簡單清楚，容易執行。
2. 操作成功機率高，獲利高。
3. 看盤等待續勢機會，自在輕鬆。
4. 操作簡單，成交量、基本面參考即可。
5. 適合一般中、小額資金操作。

基本功力：

熟練技術分析的「四大金剛」，執行能力要100%。

操作目標：

走勢明確時，賺取繼續上漲或下跌的波段。

交易條件：

1. 以波浪型態為最優先考量，順勢交易。多頭做多，空頭做空，不做逆勢交易。

2. 採用技術指標看日線走勢圖，專門鎖住第1波上漲的強勢股或飆股。

在多頭走勢中如何操作續勢戰法？

想用續勢戰法在多頭走勢做多，必須注意以下交易規則：

買進 在第1段上漲修正後，符合下列情況，買進。

(1) 當天開低走低，股價在低點出現大量，股價隨即向上突破前一日最高點，並且再創新高價。

(2) 昨日下跌，今日卻上漲拉出紅K線，股價突破昨日最高點。

(3) 回檔修正幾天（最多3～5天，不能回檔太久），拉出長紅K線突破下降急切線。

(4) 橫向整理幾天（最多3～5天，不能盤整太久），拉出長紅K線突破上頸線。

停損 停損點設在進場當天長紅K線的最低點。

續抱 飆股股價未跌破上升切線或前一日低點，續抱。一般上漲走勢股票，採取自行應用的戰法續抱。

出場 飆股用飆股戰法出場，或者用飆股調整戰法出場。一般上漲走勢股票，採取自行應用的戰法出場。

在空頭走勢中如何操作續勢戰法？

想用續勢戰法在空頭走勢放空，必須注意以下交易規則：

放空 在第1段下跌出現反彈後，符合下列情況，放空。

(1) 當天開高走高，股價在高點隨即向下跌破前一日最低點，並且再創新低價。

(2) 昨日反彈上漲，今日卻跌破昨日最低點時。

(3) 一連數天反彈後，出現黑K線跌破上升急切線。

(4) 横向盤整後，出現長黑K線跌破下頸線。

停損 停損點設在進場當天長黑K線的最高點。

續抱 飆股股價未突破下降切線或前一日最高點，續抱。一般下跌走勢股票，採取自行應用的戰法續抱。

回補 飆股用飆股戰法回補，或者用飆股調整戰法回補。一般下跌走勢股票，採取自行應用的戰法回補。

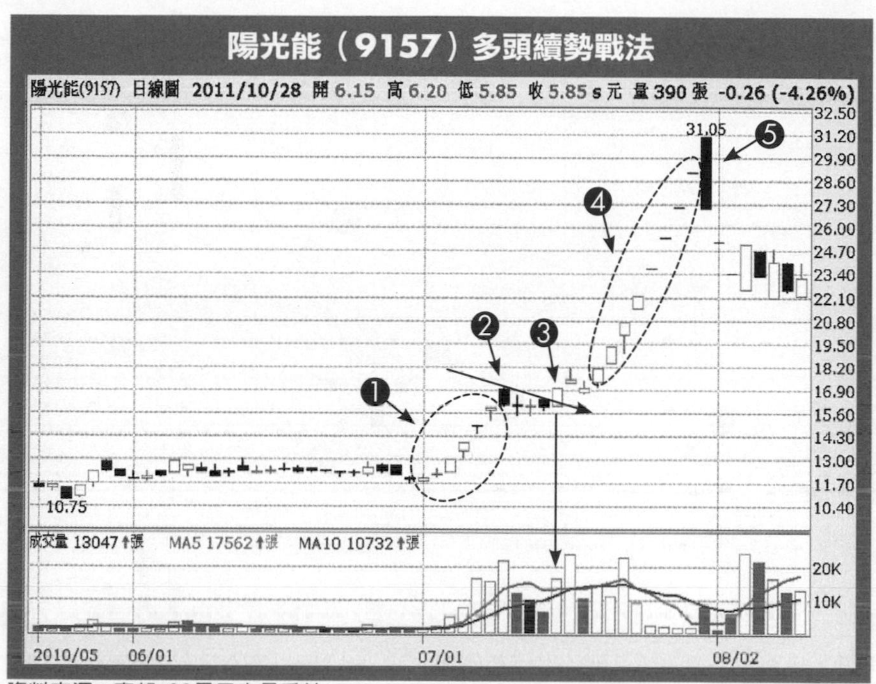

資料來源：富邦e01電子交易系統

▲上圖說明：

❶ 飆股起漲的第1段，沒有買到不要追高。

❷ 回檔修正時，要鎖住續勢的機會。

❸ 修正4天，股價出大量突破下降切線，要抓住續勢機會，立刻買進。

❹ 出現第2段的飆漲。

❺ 不管是用飆股戰法，或是用飆股調整戰法操作，均在黑K線❺處賣出。

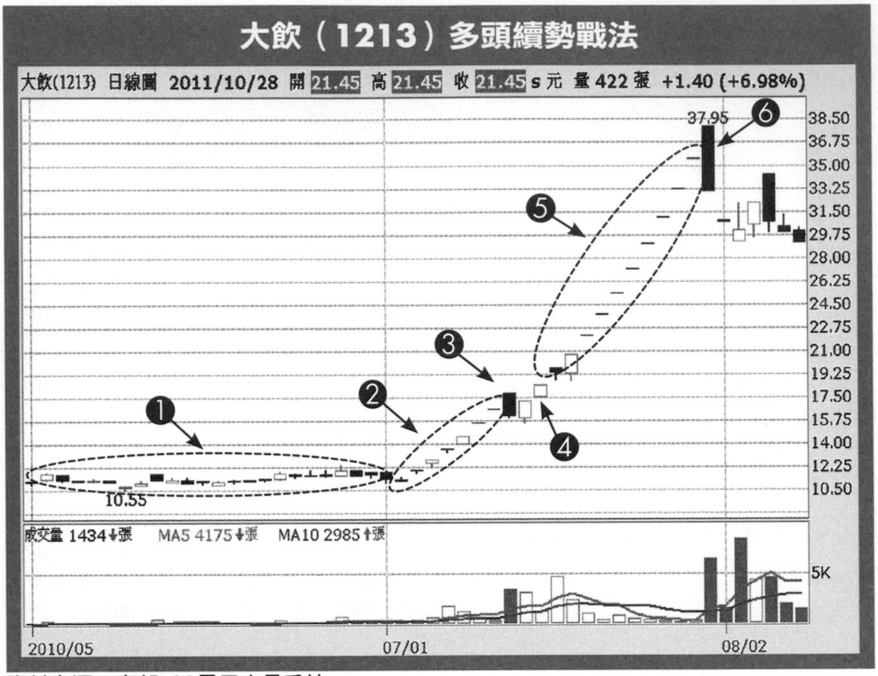

大飲（1213）多頭續勢戰法

大飲(1213) 日線圖 2011/10/28 開 21.45 高 21.45 收 21.45 s元 量 422 張 +1.40 (+6.98%)

37.95 ❻ ❺ ❸ ❷ ❶ ❹ 10.55

38.50 36.75 35.00 33.25 31.50 29.75 28.00 26.25 24.50 22.75 21.00 19.25 17.50 15.75 14.00 12.25 10.50

成交量 1434↓張 MA5 4175↓張 MA10 2985↑張 5K

2010/05 07/01 08/02

資料來源：富邦e01電子交易系統

▲上圖說明：

❶ 大飲（1213）股價在底部盤整3個月以上。

❷ 起漲的第1段，沒買到不要追高。等待回檔續勢再漲的機會。

❸ 出現黑K線，第1段出場。

❹ 修正2天，股價繼續向上突破前一日最高點，抓住續勢機會，立刻買進。

❺ 出現續勢的第2段飆漲。

❻ 不管是用飆股戰法，或是用飆股調整戰法操作，均在黑K線❻處賣出。

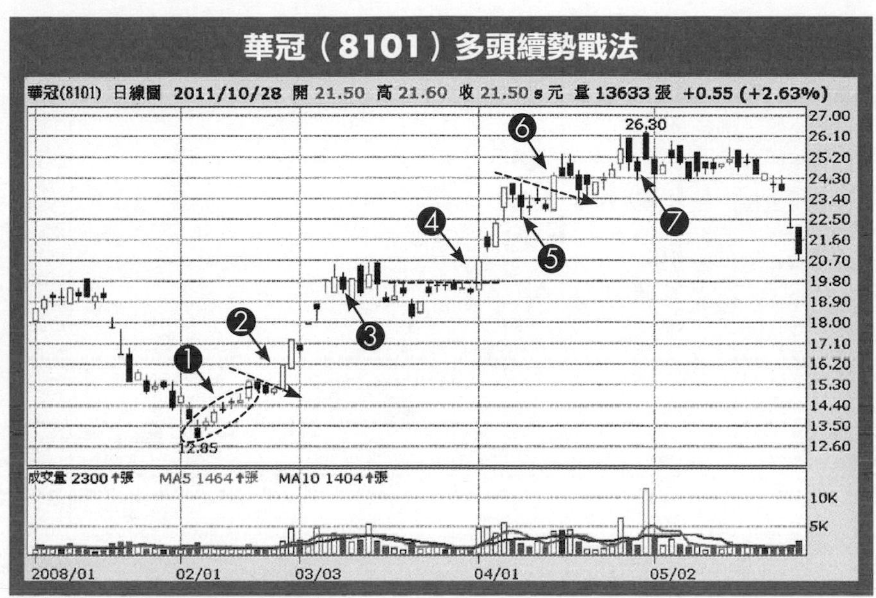

資料來源；富邦e01電子交易系統

▲上圖說明：

❶ 華冠（8101）股價自底部快速反彈第1段。沒有買到不要追高，等待回檔續勢再漲的機會。

❷ 修正3天，股價繼續向上突破下降切線及高點，抓住續勢機會，立刻買進。

❸ 不管是用飆股戰法，或是用飆股調整戰法操作，均在黑K線❸處賣出。

❹ 盤整完的再次暴大量拉出長紅K線突破上頸線，抓住續勢機會，買進。

❺ 不管是用飆股戰法，或是用飆股調整戰法操作，均在此黑K線❺處賣出。

❻ 股價繼續向上突破下降切線及高點，抓住續勢機會，立刻買進。停損點守紅K線的最低點。

❼ 跌破上升切線，出現黑K線，出場。

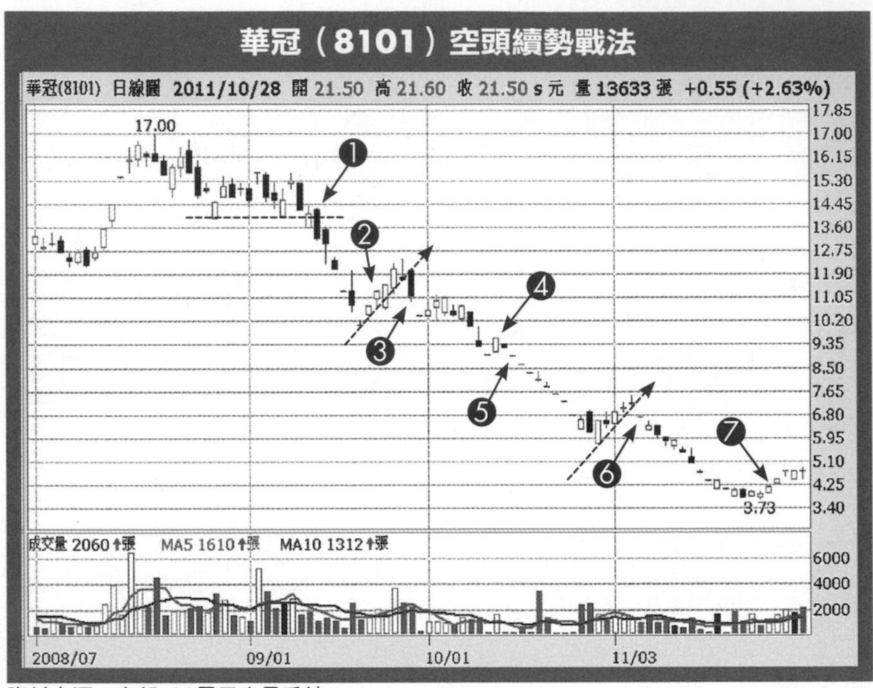

資料來源：富邦e01電子交易系統

▲上圖說明：

❶ 華冠（8101）股價在頭部跌破下頸線，開始空頭走勢。

❷ 突破下降切線，股價過昨日最高點，回補。

❸ 反彈修正5天，出現長黑K線跌破上升切線及前2日最低點，抓住做空續勢機會，放空。

❹ 突破下降切線，股價過昨日最高點，回補。

❺ 當日開盤就跳空跌停，無法券到空單，後面一段下跌沒有做，等待看是否有末跌段的機會。

❻ 反彈4天，向下跳空跌破上升切線及前2日最低點，抓住做空續勢機會，放空。

❼ 按照紀律回補。

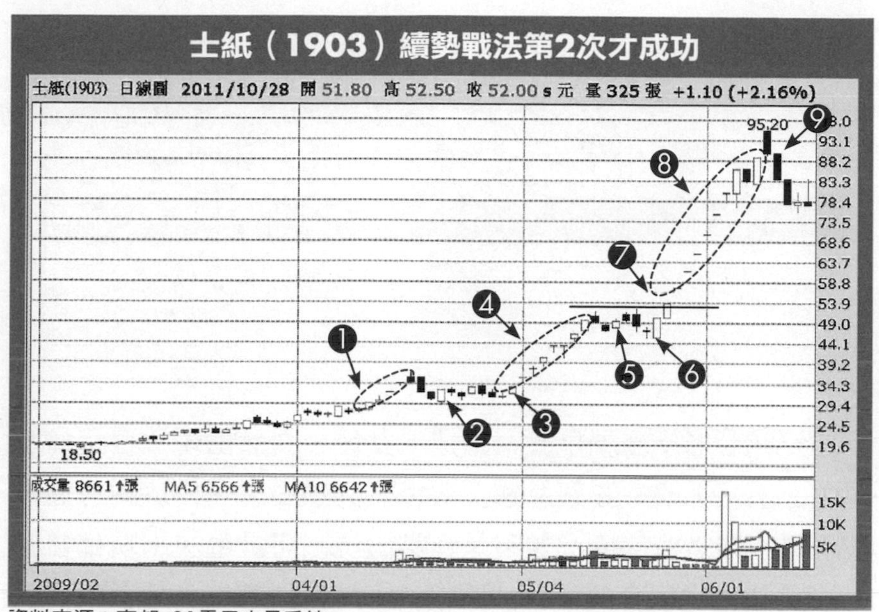

資料來源：富邦e01電子交易系統

▲上圖說明：

❶ 士紙（1903）股價在第1段飆漲5支漲停板，等待回檔續勢再漲的機會。

❷ 修正2天，股價繼續向上突破下降切線及前一日最高點，抓住續勢機會買進，但是後面幾天沒有如預期上漲，會停損1次。

❸ 第2次符合向上突破下降切線及最高點的進場條件，買進。

❹ 做到第2段飆漲。

❺ 修正2天，股價又向上突破最高點，抓住續勢機會，立刻買進，但是後面幾天沒有如預期上漲，會停損1次。

❻ 第2次符合向上突破下降切線及最高點的進場條件，買進。

❼ 股價再度突破回檔盤整的上頸線，為加碼點。

❽ 做到第3段飆漲。

❾ 跌破上升切線，出現黑K線，出場。

第14章

搶反彈及放空密技：V形、倒V形反轉戰法

V形及倒V形反轉就是股票急速下跌後，突然出現一日反轉急速向上上漲，或是股票急速上漲後，突然出現一日反轉急速向下下跌，雖然這種情況並不是經常出現，可是每次出現都會在3～5天內出現很大的漲幅或跌幅，如果能夠掌握這種機會，就能夠快速賺到不錯的利潤。

以下說明V形、倒V形反轉戰法的重點：

戰法優點：

1. 規則簡單清楚，容易執行。
2. 操作成功機率高，能夠快速獲利。
3. 看到急跌或急漲時，鎖住等一日反轉機會。
4. 適合一般中、小額資金操作。

基本功力：

熟練技術分析的「四大金剛」，執行能力要100%，絕對遵守操作紀律。

操作目標：

條件明確時，快速賺取一段急漲或急跌的利潤。

交易條件：

1. 完全以技術面操作，屬於逆勢交易。
2. 以日線操作，專門鎖住急跌急漲或乖離過大的股票。

當空頭出現急跌時的操作定法

由於V形及倒V形反轉的速度很快，許多投資人常常無法在第一時間發現及時介入，因而錯失賺錢的機會。

事實上，只要瞭解它的特性，知道如何操作，大膽進場，果斷出場，要賺這種小飆一段的利潤，實非難事。

以下提供當空頭出現急跌時的操作定法：

買進 一定要同時符合下列條件才可以買進。

(1) 出現連續重挫急殺3天或3天以上的長黑K線或跳空跌停。

(2) 下殺出現暴大量的情況。

(3) 當天出現下列K線止跌訊號：

- 開低走高的長紅K線。
- 長下影線的紅K線或黑K線。
- 長下影線的十字線。
- 股價當天跌破昨日最低點後，收盤時上漲突破昨日最高點的吞噬紅K線。

(4) 具備以上 (1) 至 (3) 項條件時，在以下兩個位置可以買進：

❶ 積極型投資人：在當天收盤前出現（3）項K線止跌訊號，可以立刻搶進。

❷ 穩健型投資人：次日開盤向上，突破下降急切線，或股價突破昨日最高點的紅K線時，可以立刻買進。

停損 停損點設在進場K線的最低點，最多不超過7%。

續抱 股價未跌破上升急切線，續抱；或股價未跌破前日K線低點，續抱。

出場 (1) 跌破上升急切線，立刻出場。

(2) 出現黑K線，出場。

(3) 收盤跌破前一日K線最低點，出場。

(4) 股價跌破3日均線時，出場。

當多頭出現急漲時的操作定法

放空 一定要同時符合下列條件才可以放空：

(1) 出現連續大漲急拉3天或3天以上的長紅K線或跳空漲停。

(2) 上漲出現暴大量。

(3) 當天出現下列K線止漲訊號：

- 開高走低的長黑K線。
- 長上影線的紅K線或黑K線。
- 長上影線的十字線。

● 創下昨日新高價後下跌，出現跌破昨日最低點的吞噬黑K線。

(4) 具備以上 (1) 至 (3) 項條件，以下兩個位置可以做空：

❶ **積極型投資人**：在當天收盤前出現 (3) 項K線止漲訊號，可以立刻放空。

❷ **穩健型投資人**：次日開盤向下，跌破上升急切線或股價跌破昨日最低點時，可以立刻放空。

停損 停損點設在進場當天K線的最高點，最多不超過7%。

續抱 股價未突破下降急切線，續抱；或股價未突破前一日K線最高點，續抱。

回補 (1) 股價突破下降急切線，立刻出場。

(2) 出現紅K線，出場。

(3) 收盤突破前一日最高點，出場。

(4) 收盤突破3日均線時，出場。

乖離過大的逆勢交易法

葛蘭畢（Granvile Joseph）在1960年提出「移動平均線」的理論，根據他對股價走勢與均線關係的觀察發現，股價在一輪漲跌過程中有4個好買點時機及4個好賣點時機，統稱為「葛蘭畢8大法則」。

「葛蘭畢8大法則」中，在下跌趨勢時的逆勢買點及上漲趨勢時的逆勢賣點，基本上是指股價與月均線乖離率達到15%以上，很容易產生下跌時的反彈或上漲時的回檔，這時要搶短線的反彈或回檔的利潤，操作方法可以參考V形、倒V形反轉戰法。

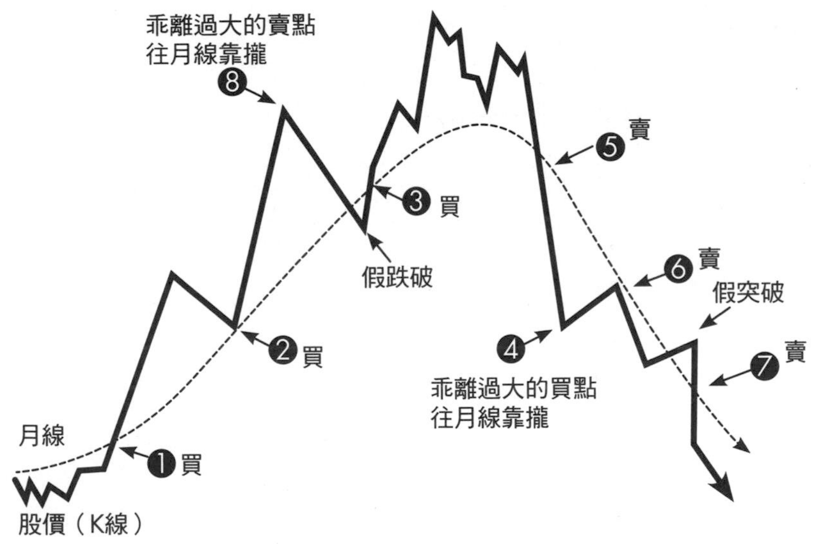

V形反轉與乖離過大的反彈或回檔，這兩者的不同點為：

1. V形反轉是指在底部或頭部的位置，乖離過大的反彈或回檔是指在趨勢行進當中出現的波浪型態走勢。
2. V形反轉的目標價是急跌或急漲的起點，乖離過大的反彈或回檔的目標價是靠近月線。

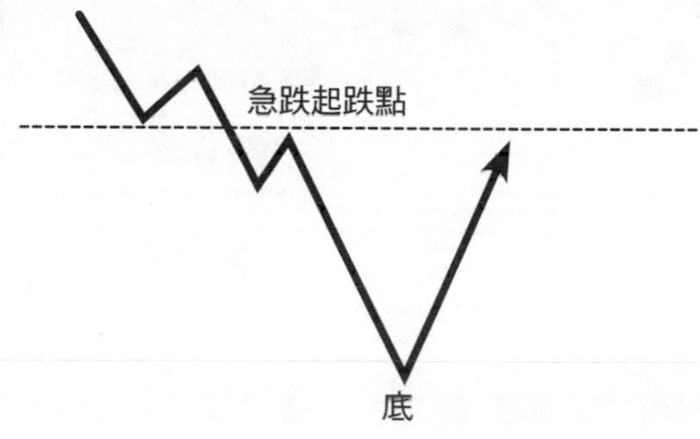

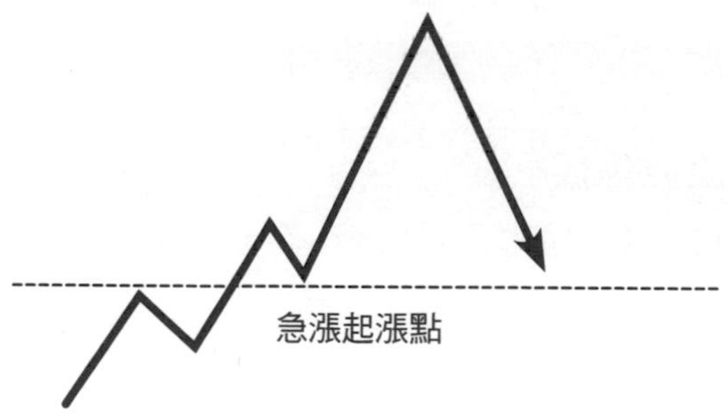

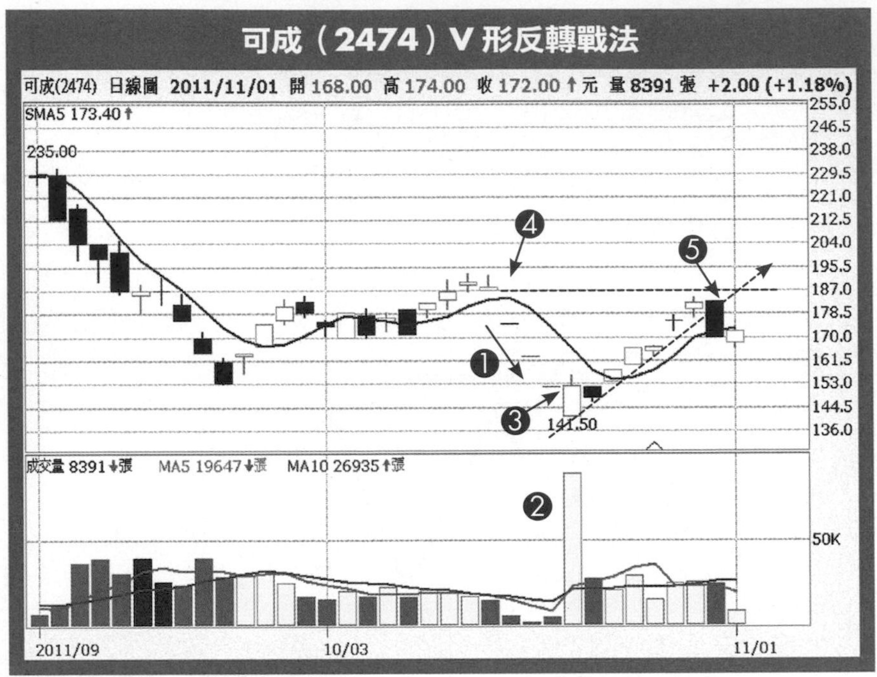

資料來源：富邦e01電子交易系統

▲上圖說明：

❶ 出現連續4支跌停板急殺。

❷ 暴大量開低走高，拉出長紅K線，突破下降切線。

❸ 符合 V 形反轉的條件，在收盤前以 152 元買進，停損點守 K 線最低點 141.5 元。

❹ 反彈目標價在急跌的起跌位置。

❺ 跌破上升急切線，跌破前一日K線最低點，在176元出場。

總結：操作8天，獲利24元，獲利率15.7%。

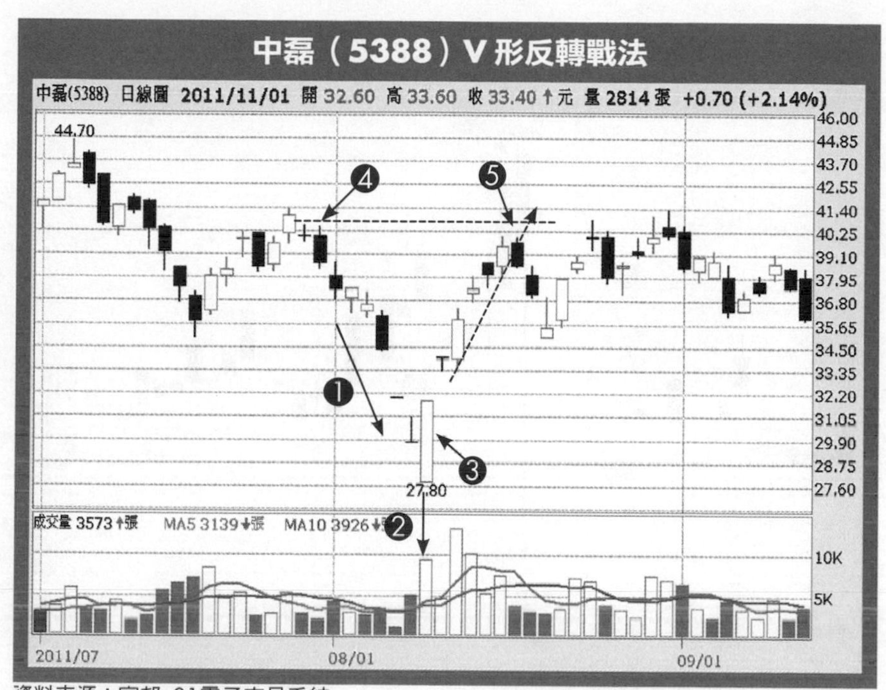

資料來源：富邦e01電子交易系統

▲上圖說明：

❶ 出現連續4支跌停板急殺。

❷ 暴大量開低走高，拉出長紅K線，突破下降切線。

❸ 符合 V 形反轉的條件，在收盤前以 31.8 元買進，停損點守 K 線最低點 27.8 元，但是如此一來，停損幅度超過 12.5% 太大，改守 K 線的 1/2 價位 29.8 元為停損價。

❹ 反彈目標價在急跌的起跌位置。

❺ 跌破上升急切線，接近目標價，在收盤前以38.5元出場。

結算：操作7天，獲利24元，獲利率21%。

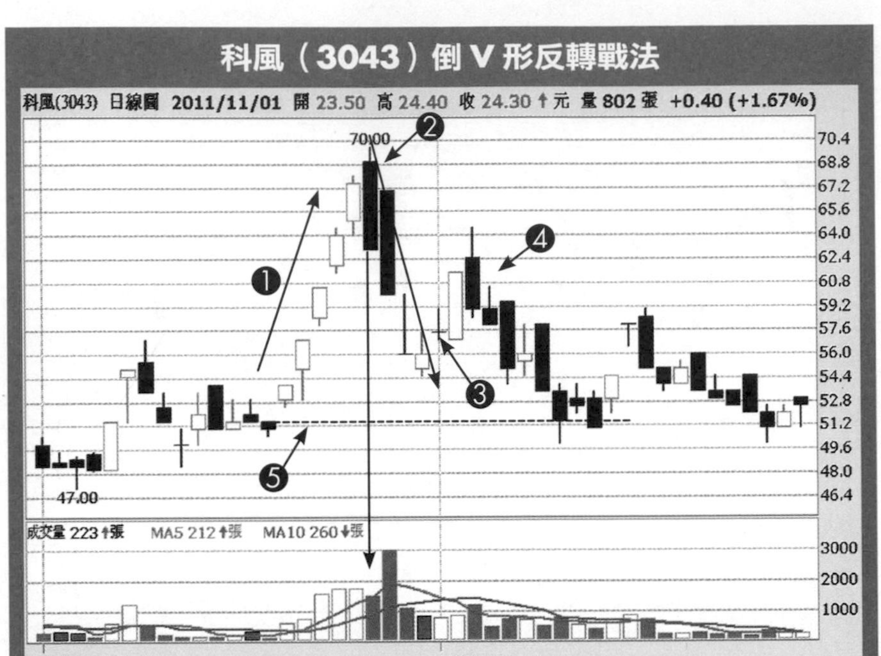

資料來源：富邦e01電子交易系統

▲上圖說明：

❶ 在多頭末升段出現急漲走勢。

❷ 創新高後下跌，跌破上升切線及昨日K線最低點，出現吞噬的長黑K線，多單要立刻出場，空手可以搶倒V形反轉的獲利機會，短空。

❸ 突破下降切線，回補。

❹ 波浪型態出現「頭頭低」的下跌走勢，繼續做空。

❺ 倒V形反轉下跌的目標價在急漲的起漲位置。

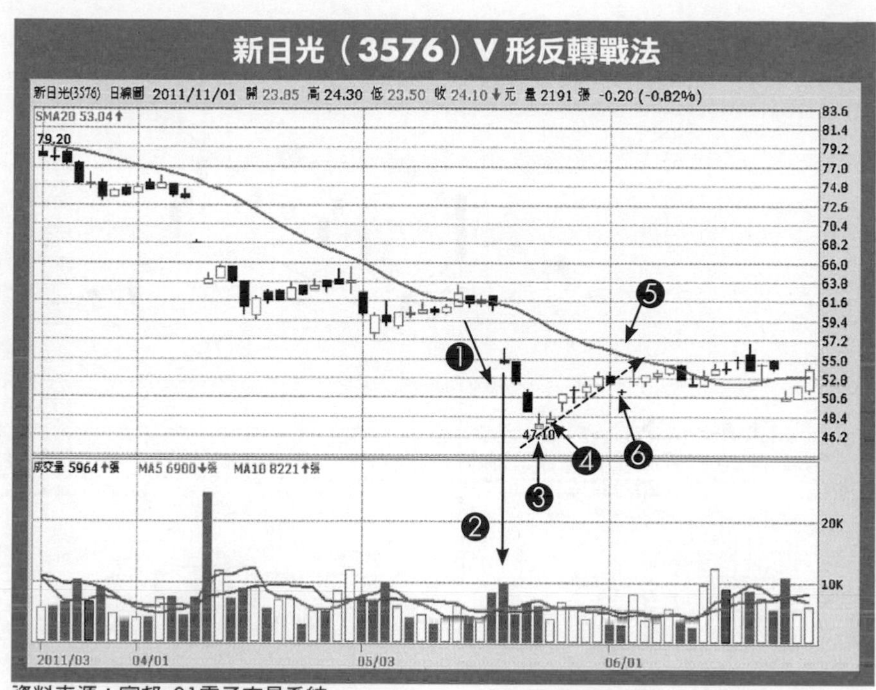

資料來源：富邦e01電子交易系統

▲上圖說明：

❶ 出現連續4支跌停板急殺。

❷ 暴大量繼續下跌。

❸ ❹ 連續出現變盤線的止跌訊號。

❺ 反彈目標價在急跌的起跌位置。

❻ 跌破上升急切線，跌破前一日K線最低點，出場。

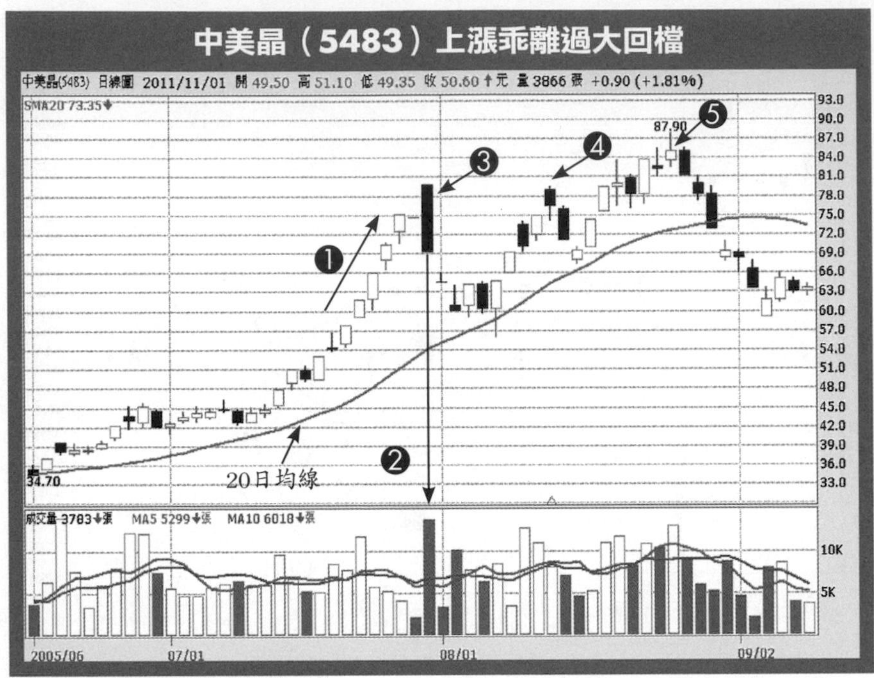

資料來源：富邦e01電子交易系統

▲上圖說明：

❶ 連續上漲。

❷ 暴大量，與月線（20日均線）的乖離率達15%。

❸ 開高走低，出現長黑K線，跌破上升切線，回檔向月線修正。

❹ 與月線的乖離率達23.4%，回檔向月線修正。

❺ 與月線的乖離率達21%，回檔向月線修正。

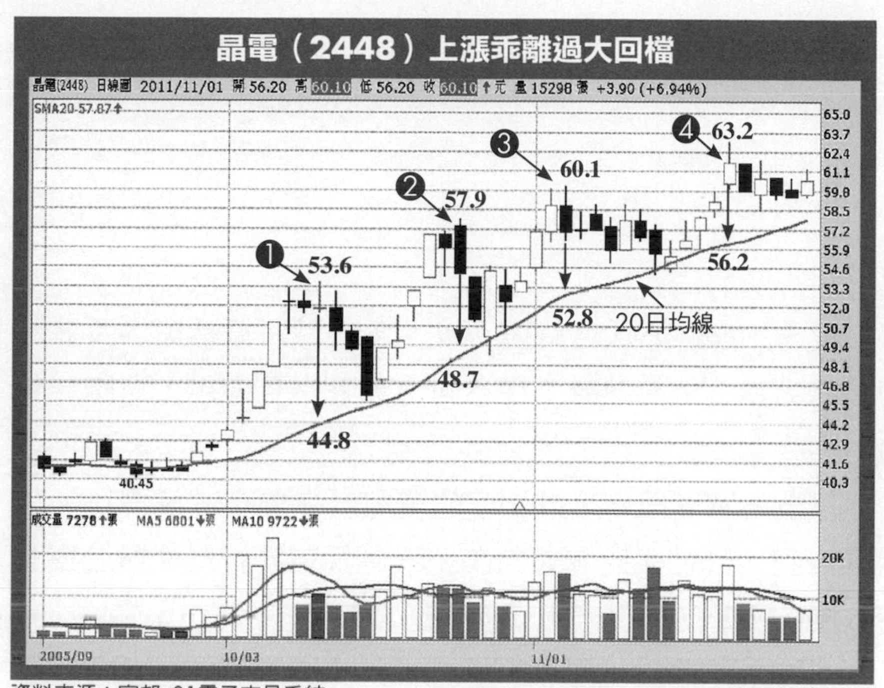

資料來源：富邦e01電子交易系統

▲上圖說明：

❶ 與月線的乖離率達19.6%，跌破上升急切線後向月線修正。

❷ 與月線的乖離率達18.9%，跌破上升急切線後向月線修正。

❸ 與月線的乖離率達13.8%，跌破上升急切線後向月線修正。

❹ 與月線的乖離率達12.5%，跌破上升急切線後向月線修正。

說明：多頭走勢上漲乖離率超過12%，跌破上升急切線後，都容易回檔向月線（20日均線）修正。

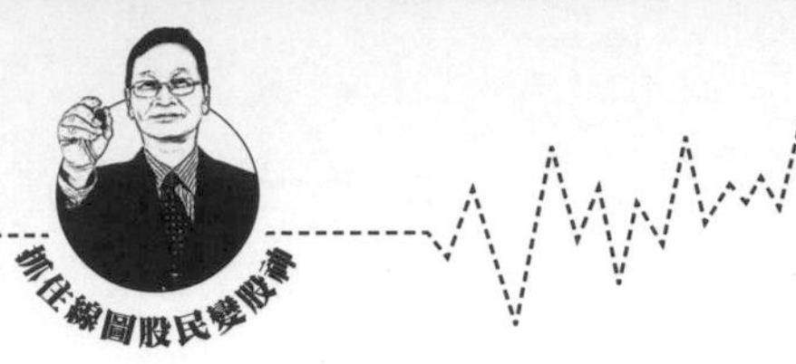

結語

股市的操作方法百百種，以上多種戰法概括短線及波段長線方法，能夠熟練，在不同情況下交互運用，可賺一生財富。

以技術圖形操作，方法愈簡單愈好，簡單才易執行。放棄自我，守紀律機械式操作，該買就買、該賣就賣是獲利致勝的不二法門。

波段操作往往時間長達3～6個月，在這期間只要趨勢沒有改變，持股長抱賺得更多，當然也能長線短做，以長護短擴大利潤。

要有正確操作觀念，勇於認錯，看錯做錯，立刻停損認賠。100萬如賠10萬，還有90萬，另外找好機會低點買進，只要一支漲停、次日開高賣出，10%就賺回來了；如果死不認錯，100萬賠掉90萬，只剩10萬，那麼，要再賺回90萬，可就很難了。因此，做股票千萬不要硬拗，因為不認錯就會永遠無法翻身。

技術分析加各種指標千百種，自己熟練1、2種會賺錢的就好，學太多太繁雜，反而無法果決判斷，猶豫不決是股市操作的大忌。

股票操作祕訣：

1. K線看轉折，均線看方向。
2. 進場做波段，操作做短線。

抓住線圖 股民變股神

作者：朱家泓

總編輯：張國蓮
副總編輯：李文瑜
美術設計：楊雅竹
封面攝影：張家禎

董事長：李岳能
發行：金尉股份有限公司
地址：新北市板橋區文化路一段268號20樓之2
傳真：02-2258-5366
讀者信箱：moneyservice@cmoney.com.tw
網址：www.moneynet.com.tw
客服Line@：@m22585366

印刷：科樂印刷事業股份有限公司
總經銷：聯合發行股份有限公司

初版 1 刷：2012 年 3 月
二版 1 刷：2017 年 9 月
二版 71 刷：2024 年 7 月

定價：320 元
版權所有 翻印必究
Printed in Taiwan

國家圖書館出版品預行編目（CIP）資料

抓住線圖股民變股神／朱家泓著. -初版. -
新北市：金尉, 2017.09
326面；17×23公分
ISBN 978-986-94047-9-2（平裝）
1. 股票投資 2. 投資技術 3. 投資分析
563.53 106014618

Money錢

Money錢

Money錢

Money錢